中国保险行业协会
INSURANCE ASSOCIATION OF CHINA

保险行业职业教育培训系列教材

U1012158

LIFE INSURANCE CLAIM PRACTICE

（初级）人身保险理赔实务

中国保险行业协会 编著

中国财经出版传媒集团
中国财政经济出版社

图书在版编目（CIP）数据

人身保险理赔实务：初级 / 中国保险行业协会编著
. -- 北京：中国财政经济出版社，2020. 9（2022.6重印）
保险行业职业教育培训系列教材
ISBN 978 - 7 - 5095 - 9966 - 2

Ⅰ. ①人… Ⅱ. ①中… Ⅲ. ①人身保险 - 理赔 - 中国 - 岗位培训 - 教材 Ⅳ. ①F842. 62

中国版本图书馆 CIP 数据核字（2020）第 153564 号

责任编辑：胡　懿　　　　责任印制：党　辉
责任校对：徐艳丽　　　　封面设计：田　玉

中国财政经济出版社出版
URL：http：// www. cfeph. cn
E - mail：cfeph @ cfeph. cn

社址：北京市海淀区阜成路甲 28 号　邮政编码：100142
营销中心电话：010 - 88191537
北京时捷印刷有限公司印刷　各地新华书店经销
787 × 1092 毫米　16 开　19. 5 印张　330 000 字
2020 年 9 月第 1 版　2022 年 6 月北京第 3 次印刷
定价：43. 00 元
ISBN 978 - 7 - 5095 - 9966 - 2
（图书出现印装问题，本社负责调换）
本社质量投诉电话：010 - 88190744
打击盗版举报热线：010 - 88191661　QQ：2242791300

Preface 总　序

党的十九大报告指出，我国经济已由高速增长阶段转向高质量发展阶段，高质量发展需要创新驱动，而创新驱动本质上就是人才驱动，需要大量知识型、技能型、创新型的高素质人才。人才资源对经济社会发展的基础性、战略性、决定性作用不断增强，如何继续深化人力资源供给侧结构性改革、大力推行终身职业技能培训制度，构建更高水平的人才培养发展体系，培养更多适应高质量发展的各类专业人才，增强教育培训服务创新发展的能力，从而有效服务经济转型升级和发展方式转变将是各行各业面临的重要课题。

国以才立，政以才治，业以才兴。党和国家一直非常重视职业教育工作，早在 1987 年国务院就下发了《国家教育委员会关于改革和发展成人教育的决定》，明确“把开展岗位培训作为成人教育的重点，把提高从业人员本岗位需要的工作能力和生产技能作为重点，主要岗位的培训必须逐步规范化、制度化”。近年来，习近平总书记多次在不同场合发表重要讲话，为我国人才选拔培养引进工作指明了方向。习近平总书记在全国教育大会上的重要讲话中强调“要高度重视职业教育，大力推进产教融合，健全德技并修、工学结合的育人机制”。党的十八大以来，党中央、国务院对于职业教育改革发展也提出了一系列新要求。2018 年，国务院印发《关于推行终身职业技能培训制度的意见》，强调深化职业技能培训体制机制改革，提升职业技能培训基础能力，发挥院校、行业企业作用，加强职业技能培训教材开发，提高教材质量，规范教材使用。2019 年国务院印发《国家职业教育改革实施方案》，明确了一系列新的政策举措，引导行业企业深度参与技术技能人才培养培训，完善国家职业教育制度体系、巩固和发展国务院教育行政部门联合行业制定国家教学标准，同时强调行业协会要积极配合政府为培训评价组织提供好服务环境支持。

金融业是现代经济的核心和血脉，是国家资源配置和宏观调控的重要工具。在经济供给侧结构性改革中，金融业扮演着举足轻重的角色。金融高质量发展是实现经济高质量发展的重要支撑。保险业作为现代金融业的重要支柱，贯彻落实党的十九大精神，持续推进保险业供给侧结构调整，迈向高质量发展势在必行。保险行业始终把服务人民，满足群众多样化、多层次的保障需求放在首位，保险业只有不断改革创新，提升行业整体服务社会能力，才能更好地承载服务经济社会发展全局的使命和责任。

保险业作为知识密集型产业，从业者的专业服务能力将是行业最核心的竞争力。目前保险行业人才结构失衡，人才供需结构性矛盾突出，主要表现为高端管理人才、业务专业人才及复合型人才供不应求，现有行业从业者知识结构单一、知识技能更新速度滞后等。普遍存在的职业培训短板已导致有效行业人才后备不足。保险行业还得从完善行业专业岗位职业培训体系入手，逐步优化行业人才结构，使行业人才培训与发展规划更好地契合行业高质量健康发展的需要。

中国保险行业协会“保险行业职业教育培训系列教材”就是在这样的时代背景要求下产生的。中国保险行业协会始终本着自律、维权、服务、交流、宣传的服务宗旨，认真落实国家相关职业教育精神，致力于培养更多的行业高素质人才，从更好适应行业需求变化、进一步优化专业结构、引导行业有序开展专业技能培训入手，梳理行业企业工种岗位要求、评价专项职业能力，加快构建多层次行业职业教育标准；逐步构建和完善行业职业资格认证、专项职业技能等级考核评价体系；引导行业创新改革人才评价制度，推动企业建立职业资格认定和职业技能等级与企业认可、工作业绩评价相结合的评价体系，使保险行业职业教育培训与企业内评聘结果有机衔接。

本系列教材包含基础理论系列，实践操作系列，提升、展望、探究系列多个板块，力求逐步覆盖保险行业全产业链的每个主要业务环节，引导行业和社会资源与时俱进创新保险业教育理念和人才培养模式。教材的编写从保险行业专业岗位细分入手，针对每一个岗位的专业特征和能力需求，分级分类多层次展开。为确保专业性和权威性，编写组成员汇集了保险监管专家、国内外保险行业知名专家学者和资深保险实务专家。专家们将国内外最新理论成果和实践成果有机融入教材，力求将高质量的教材呈现在广大读者面前，努力打造让监管部门、业界和读者满意的职业教育培训教材。本系列教材适合作为高等院校保险专业课教材，也可作为各类保险从业人员培训的教材。希望本系列丛书能帮助广大保险从业者迅速掌握保险业相关知识，持续提升自身专业能力和价值创造能力，为推动保险行业高质量发展，构建与中华民族中国梦实现进程相适应的现代保险服务业贡献力量。

Foreword 前　言

自 1982 年恢复开办人身保险业务以来，经过近 40 年的发展，我国人身保险业取得了令人瞩目的成就，中国成为世界第二大寿险市场。截至 2019 年底，我国人身保险公司发展到 90 余家，保费收入达 2.96 万亿元，在防范化解风险、维护社会稳定、促进经济发展等方面发挥了十分重要的作用。随着国内保险市场的发展成熟，保险公司专业化经营不断深入，以专业技术稳健运营、以优质服务求得发展成为行业共识。

核保和理赔是保险经营的核心环节。核保的本质是对可保风险的判断与选择，是承保条件与风险状况适应或匹配的过程，通过有效控制逆选择对保险事故发生率的影响，使被保险人享受公平的保险费率，保险企业得以稳健经营。理赔的核心是审核保险责任和核定保险赔偿额度，是履行保险合同义务的直接体现，决定了客户对整个保险行业的满意度和忠诚度。核保、理赔相辅相成，成为建设行业诚信体系，促进行业健康发展的核心节点。

《人身保险理赔实务》作为中国保险行业协会职业教育培训系列教材之一，经过数次修订，已成为保险行业经典、权威培训教材。编写组充分借鉴和总结国内外人身保险理论和实践经验，经过反复研讨和斟酌，结合多年来各方面反馈的意见，对本教材的结构和内容做了调整，以期更符合行业发展需要。教材内容的设计体现了二个特点：一是内容全面。教材涵盖理赔实务、保险医学、保险法律、再保险知识、行业标准等方面的内容，是人身保险行业理赔人员的全方位从业工具书。二是前瞻性强。除了专业知识外，教材关注目前行业发展的焦点和难点问题，对保险在大数据、物联网时代的未来发展方向做出展望。三是注重实践。教材总结人身保险行业多年来的理赔实践经验，以实际操作专业技能提升为核心，配合大量实际案例指导，深入浅出，便于理解，更加符合持续提升职业能力的需要。

本教材对人身保险理赔的基本理论、工作流程及常见理赔类型进行了系统介绍，阐述了人身保险理赔的工作原则、工作标准，解析了理赔与保险运营其他环节的关系，细分类型说明了各类理赔案件的受理与审核要点；分类集中阐述了人身保险理赔所需的各类常见医学知识和法律实务，介绍了理赔中证据的形式、审核要点、判断规则等，人身保险理赔涉及的服务管理、风险管理、人员管理等内容，引导理赔人员运用大数据原理，管控重点风险，做好优质服务；同时辅以典型理赔案例阐述理赔理论在实务中的应用，以便加深理解。此外，教材专门设置附录，整理汇编了理赔实务相关的主要政策法规及规范文件。

本次教材修订充分借鉴境内外经验，听取多年来各方面的反馈意见，得到中国人寿、泰康人寿、新华人寿、友邦保险等会员单位的智力和技术支持，在撰写、研讨、审议、修订方面精益求精，力求高质量地将相关业务知识呈现在读者面前。本教材是现代职业教育体系“1+X”即“学历证书+若干职业技能等级证书”制度试点工作保险行业入选教材，可作为保险从业者业务能力提升的帮手，也可作为大学和科研机构专家学者教学和研究的参考。

教材的修订得到中国银保监会领导的大力支持和指导，中国保险行业协会会长邢炜多次对行业职业教育培训工作提出要求，副会长董路君亲自指导教材修订工作。教材编写组参阅、借鉴了大量国内外相关保险资料和国家保险业相关法律法规，付出了大量的精力和时间。马小宁、冯二伟、张维、胡婷华、李建萍等同志参与了修订工作，在此表示感谢。中保慧杰教育咨询（北京）有限公司作为保险行业“1+X”项目执行单位之一，为教材的修订出版做了大量的工作，一并表示感谢！

教材修订参阅了大量国内外保险行业及保险公司的文献资料和研究报告，但因时间、资料、作者水平以及其他条件限制，书中难免存在疏漏和不足之处，恳请同行和各位读者批评指正。

编委会

二〇二〇年八月

Contents 目 录

第一章　人身保险理赔概论

第一节　人身保险基本知识

一、人身保险定义

人身保险，也称人身险，是以人的寿命和身体为保险标的的保险。

二、人身保险的分类

（一）按保障范围分类

人身保险分为人寿保险、健康保险和人身意外伤害保险。

1. 人寿保险

人寿保险简称“寿险”，以人的生死为保险标的。业务范围包括生存保险、死亡保险、两全保险。

（1）生存保险：以约定的保险期限届满时被保险人仍然生存为给付条件的保险，如养老年金保险。

（2）死亡保险：以保险期限内被保险人死亡为给付条件的保险。

（3）两全保险：以保险期限内被保险人死亡和被保险人仍然生存为共同给付条件的保险，如简易人身险。

2. 健康保险

健康保险以人的身体为保险标的，当被保险人因疾病或意外伤害而导致伤、病风险时，保险人按合同约定内容给付保险金，使被保险人因伤、病发生的费用或损失得到补偿。

3. 人身意外伤害保险

人身意外伤害保险是以人的身体为保险标的，以被保险人遭受意外伤害导致的残疾（或死亡）为给付条件的保险。

（二）按保险类型分类

人身保险分为传统人身保险和新型人身保险。

1. 传统人身保险

传统保险的产品种类繁多，如人寿保险范畴中的定期寿险、终身寿险、两全保险、年金保险等，又如健康保险范畴中的疾病保险、医疗保险、失能收入损失保险、长期护理保险，再如人身意外伤害保险。

2. 新型人身保险

新型人身保险，是指国内投资市场上出现的将保障和投资融于一体的新型投资型险种，主要包括分红型、万能型、投资连结型三种类型。

（1）分红型保险，指保险公司将其实际经营成果优于定价假设的盈余按照一定比例向保单持有人进行分配的人寿保险。对比传统型人身保险，分红型人身保险增加了分红功能。但是，分红是不固定的，也是不完全保证的，分红水平与保险公司的经营状况有着直接关系。在保险公司经营状况良好的年份，客户可能分到较多的红利，但如果保险公司的经营状况不佳，客户能分到的红利就可能比较少，甚至没有。

（2）万能型保险，也称万能险，指包含保险保障功能并设有保底投资账户的人寿保险。它具有以下特点：第一，兼具投资和保障功能。保费的一部分用于提供身故等风险保障，扣除风险保险费以及相关费用后，剩余保费在投资账户中进行储蓄增值。第二，缴费灵活，收费透明。投保人缴纳首期保费后，可不定期不定额地缴纳保费；同时与传统型人身保险产品及分红型保险不同，保险公司要向投保人明示所收取的各项费用。万能型保险可以并且仅可以收取以下几种费用：一是初始费用，即保险费进入万能账户之前扣除的费用。二是死亡风险保险费，即保单死亡风险保额的保障成本。风险保险费应通过扣减保单账户价值的方式收取，其计算方法为死亡风险保额乘以死亡风险保险费费率。三是保单管理费，即为维护保险合同向投保人或被保险人收取的管理费用。保单管理费应当是一个不受保单账户价值变动影响的固定金额，在保单首年度与续年度可以不同。四是手续费，保险公司可在提供部分领取等服务时收取，用于支付相关的管理费用。五是退保费用，即保单退保或部分领取时保险公司收取的费用，用以弥补尚未摊销的保单获取成本。第三，灵活性高，保额可调整。账户资金可在一定条件下灵活支取。投保人可以按合同约定提高或降低保险金额。第四，通常设定最低保证利率，定期结算投资收益。此类产品为投资账户提供最低收益保证，并且可以与保险公司分享最低保证收益以上的投资回报。

(3) 投资连结型保险，简称投连险，指包含保险保障功能并至少在一个投资账户拥有一定资产价值的人寿保险，其具备万能险第一、第二个特点，但两者之间也有不同。投连险灵活性高，账户资金可自由转换。由于投资连结型保险通常具有多个投资账户，不同投资账户具有不同的投资策略和投资方向，投保人可以根据自身偏好将用于投资的保费分配到不同投资账户，按合同约定调整不同账户间的资金分配比例，并可以随时支取投资账户的资金。另外，投资连结型保险通常不设定最低保证利率。投资收益可以在账户价格波动中反映出来，若具体投资账户运作不佳或随股市波动，投入该投资账户的投资收益可能会出现负数。

（三）按保险对象分类

1. 个人保险

单个被保险人在自愿选择的基础上投保的人身保险称为个人保险，即个人保险的保险对象为个人。

2. 联合保险

将存在一定利益关系的两个或两个以上的人视为同一个被保险人——如父母、夫妻、子女、兄弟姐妹或合作者等多人——作为联合被保险人同时投保的人身保险称为联合保险。

3. 团体保险

以一份总的保险合同承保某 机关、企业、事业单位或其他团体的全体或大多数成员的人身保险称为团体保险。

（四）按保险期限分类

1. 长期业务

长期业务是保险期限超过 1 年的人身保险业务。

2. 1 年期业务

1 年期业务以人身意外伤害保险居多，健康保险也可以是 1 年期业务。

3. 短期业务

短期业务指保险期限不足 1 年的人身保险业务。

（五）按实施方式分类

1. 强制人身保险

强制人身保险也称“法定人身保险”，是国家通过立法规定强制实行的人身保险。

2. 自愿人身保险

自愿人身保险是人身保险双方当事人在公平自愿的基础上，通过订立人身保险合同自愿缔结保险关系的一种人身保险形式，保险公司可以选择被保险人和保险标的，投保人可以自由选择保险公司、投保的险种、保险期限和保险金额。各家商业保险公司经营的都属于自愿人身保险。

第二节　人身保险理赔基本知识

一、人身保险理赔定义

人身保险理赔，是指应投保方给付保险金的请求，保险人以法律规定和人身保险合同为依据，审核认定保险责任并进行保险金给付的行为。

人身保险合同中规定的保险人的最基本的义务就是承担保险金给付责任，投保人也是通过理赔这一途径实现实际的保险保障和自身保险权益的。因此，理赔工作的好坏不仅关系到保险公司的形象和声誉，也关系到保险公司的生存和发展。

二、人身保险理赔分类

人身保险理赔一般分为身故理赔、重大疾病理赔、残疾理赔、医疗理赔、失能理赔、长期护理保险理赔。

1. 身故理赔

身故理赔是指当被保险人因疾病或意外死亡时，保单身故受益人向保险人提交索赔申请和相关材料，保险人依据合同约定审核认定保险责任，并决定是否给付保险金的过程。

身故类型可以分为疾病身故、意外身故、自杀身故和宣告死亡。

2. 重大疾病理赔

重大疾病理赔是指被保险人确诊保险合同约定的疾病，或达到保险合同约定的疾病状态，或实施了约定的手术，如确诊恶性肿瘤、心肌梗死、脑中风后遗症等，被保险人提交索赔申请和相关材料，保险人依据合同约定审核认定保险责任，并决定是否给付保险金的过程。

3. 残疾理赔

残疾理赔是指被保险人因意外或疾病导致残疾时，提交索赔申请和相关材料，保险人依据保险合同约定审核认定保险责任，并决定是否给付保险金的过程。

4. 医疗理赔

医疗理赔是指被保险人因意外或疾病发生医疗行为、产生医疗费用时，被保险人提交索赔申请和相关材料，保险人依据保险合同约定审核认定保险责任，并决定是否给付保险金的过程。

5. 失能理赔

失能理赔是指被保险人发生保险合同约定的疾病或者意外伤害导致工作能力丧失，被保险人向保险人提交索赔申请和相关材料，保险人依据保险合同约定审核认定保险责任，并决定是否给付保险金的过程。

6. 长期护理保险理赔

长期护理保险理赔是指被保险人发生合同约定的因年老、疾病或伤残而需要长期照顾，被保险人向保险人提交索赔申请和相关材料，保险人依据合同约定审核认定保险责任，并决定是否给付保险金的过程。

三、人身保险理赔功能

人身保险理赔工作涉及的流程环节多，如接受报案、现场查勘、责任审定、赔款计算、保险金给付等，需要多岗位协助配合共同完成。人身保险理赔的功能表现在四个方面：

（一）兑现承诺

购买人身保险，对个人和家庭来说，目的是寻求未来的保障；对企业来说，目的是稳定经营。理赔是实现人寿保险经济补偿功能的最终体现。

（二）树立品牌

理赔是保单生命周期中客户最关注的服务环节。商业保险公司的社会形象和声誉，在一定程度上是通过快速、便捷、人性化的理赔服务品质来树立和维持的。高品质的理赔服务最能反映保险公司对客户的尊重，每一件令投保人满意的理赔案件都是推动人身保险展业的最好广告。

（三）风险控制

核保是保险业务风险管理的入口，理赔是保险业务风险管理的出口，是保险业务风险控制的重要环节。保险理赔以事实为依据，以法律为准绳，既要为客户提供优质的理赔服务，又要通过保险理赔防范保险欺诈，避免其他被保险人的利益受到不法分子的侵犯，以有效维护广大客户和公司的利益。

（四）决策支持

理赔是保单生命周期最后一个服务环节，对保险产品、销售、承保、保全等保单全生命周期服务质量与风险控制是一次全面有效的检验，行使着“内部审计”的职责。通过理赔可以发现保险条款、保险费率制定、销售、核保及服务过程中存在的问题和漏洞，对数据进行监控、分析、反馈和联动处理，有利于规范保险公司的业务经营，为业务核保和风险管理政策制定提供决策参考，减少和杜绝不规范业务和高风险业务，提高保险公司整体风险控制水平，促进服务质量的改善与提升。

第三节　人身保险理赔工作原则及意义

一、人身保险理赔的工作原则

（一）从实原则

从实原则是理赔作业应当遵循的基本准则。从实原则要求理赔人在工作实践中求证两方面的“实”。第一是保险事故的“实”。理赔人员在处理案件过程中，判断保险事故的性质和原因时从事实和证据出发，尽最大能力还原事故的真实性。第二是判定责任的“实”。认定保险责任的归属与范围时必需基于保险合同条款与法律规定。

值得注意的是，坚持从实原则绝不是否认理赔工作中存在处理技巧和进行多方利益平衡的情形。工作原则和灵活处理的关系：原则是绝大多数情况下应该遵循，不能随意违背的；灵活是极少数情况下发生，并有充分和合理的理由，且通过企业正常管理途径或被国家司法实践要求实现的。

（二）公平原则

理赔必须公正维护客户与公司双方的正当权益。公平原则要求理赔人员在处理案件时持中性的立场，不偏不倚，公允至诚，遵循法的精神，尽管理人之职责。公平原则中的客户和公司都是群体概念，而非个体。群体利益上的公平能够切实维护保险行业秩序和社会秩序，这种公平也有可能不完全落实到某一个体的表现中。

（三）效率原则

理赔必须注重时效性。现行《中华人民共和国保险法》（以下简称《保险法》）第二十三条规定，“保险人收到被保险人或者受益人的赔偿或者给付保险金的请求后，应当及时做出核定；情形复杂的，应当在三十日内做出核定，但合同另有约定的除外。保险人应当将核定结果通知被保险人或者受益人；对属于保险责任的，在与被保险人或者受益人达成赔偿或者给付保险金的协议后十日内，履行赔偿或者给付保险金义务”。

效率原则要求理赔人员在处理案件时要积极主动，及时出现在事故现场，主动了解事故情况，尽快审定理赔申请是否为客户“应得的保障”，力图通过适当的工作流程及给付方式缩短理赔时效，避免案件的积压与拖延，以改善对客户的服务，提高顾客满意度，提升保险公司声誉，使保险公司取得竞争优势。

（四）依法原则

重合同、守信用是人身保险理赔的基本原则。任何经济合同本身都要求合同当事人双方重合同、守信用。人身保险合同作为一种建立在最大诚信原则基础上的特殊经济合同，是保险人履行义务、承担给付责任的重要依据，对合同双方都具有法律的约束力。因此，人身保险合同理赔尤其要严格依据法律和保险合同的规定执行。

在人身保险营销活动中，保险人履行保险金给付义务时间相对滞后。也就是说，作为人身保险公司来说，是先享受收取保费的权利，在保险事故发生时才履行给付保险金的义务，这样对于人身保险的销售来说，购买保险产品的投保人实质上只是获取了保险人的商业信用。因此，保险人信用直接关系着未来保险拓展的空间。维护人身保险公司的信用是保险活动的重要环节，而人身保险的理赔活动就是保险人履行保险合同约定的义务，如果保险人未能严格依据法律和保险合同的规定进行给付，人身保险公司的信誉必然受到损害。所以，在人身保险理赔中，保险人一定要遵守法律和保险合同的规定，努力提高社会对保险人的信赖程度，维护保险人的声誉和市场竞争地位，为保险公司的长远发展拓展空间。

二、人身保险理赔的意义

人身保险理赔是保险合同主体实现权利、履行义务的关键环节，也是人身保险公司经营活动的关键环节，满意合理的理赔能促进行业的外部形象，拓展未来的盈利空间。因此，理赔工作对社会、家庭、个人及保险公司都具有重要的意义。

（一）参与社会风险管理和国家治理

1. 参与社会风险管理

保险可利用经济杠杆减少社会纠纷，减轻政府社会管理压力。人寿保险是社会经济保障制度的重要组成部分，保险人通过及时、准确、迅速、合理地承担保险金给付责任，不仅直接体现人身保险制度存在的价值，也体现了人寿保险作为“社会稳定器”的功能。

2. 参与社会保障体系建设

参与社会保障体系建设，即通过发展商业健康保险与养老保险，参与并促进多层次、多支柱社会保障体系的建设。

3. 参与农村合作医疗承保或共同管理

保险业参与农村合作医疗承保或共同管理可降低成本，提高服务水平，减轻政府压力，有效缓解百姓“看病难”的问题。

（二）发挥国家救灾援助的补充作用

多年来，保险业通过为企业、居民提供市场化的风险管理服务，有效弥补了因自然灾害、突发重大意外事故导致的风险损失，发挥了经济补偿功能。仅2002年以来，保险业共计赔付保险金额近1万亿元，在应对台风、洪水、地震等自然灾害和重大事故方面发挥了积极作用。例如：2008年雨雪冰冻灾害，保险业共赔付89亿元；汶川地震，保险业赔付14.2亿元，捐款4.49亿元。人身保险理赔工作能够使遭受伤害的被保险人或受益人获得经济上的给付，有利于维护整个社会的稳定，从而带动社会的进步。

（三）发挥社会稳定器的杠杆作用

每个人的疾病、身故，除了给家人带来痛苦和打击外，还往往伴随着巨大的经济压力。因病致贫、因病返贫，身故后遗留巨额债务的事例比比皆是，而投保人通过签订人身保险合同转移风险，并在保险事故发生时通过人身险的理赔工作实现经济给付，从而帮助家庭转移风险，帮助个人完成未尽的责任，发挥了社会稳定器的杠杆作用。

第四节　人身保险理赔发展趋势

一、市场外部环境日趋复杂

（一）社会诚信体系缺陷的挑战

保险合同最根本的原则是诚信原则，社会诚信体系建设的状况对保险合同的履约和保险行业的发展有着至关重要的影响，而我国社会发展诚信体系建设尚处在初级阶段，外部环境对保险公司的经营和理赔的具体操作所带来的影响需要特别加以认知和关注。具体的表现主要包括以下方面：

第一，单位和个人诚信档案建设尚在萌芽阶段。

第二，个人身份信息管理存在不规范，部分地区还存在一人多个身份、身份信息变更混乱无记录或手工登记、个人信息全国不联网等问题，保险人要获取或核查个人身份信息比较困难。

第三，社会诚信体系建设与管理的初级阶段，保险违法成本低而获益巨大。我国目前的保险欺诈逐步呈现团伙化、专业化的特点，而风险管理与理赔服务作为理赔两大核心职能相互影响，这些外部环境因素给理赔及查勘人员提出了更高的专业要求。

（二）保险监管对理赔的新要求

消费者权益保护工作日益受到监管机构的重视。中国保监会 2011 年正式成立了保险消费者权益保护局（简称消保局），旨在通过监管政策的制定引导各保险公司改善服务品质，关注消费者权益。

2013 年 9 月，中国保监会发布《人身保险服务评价管理办法》。遵照相关要求，中国保险行业协会 2014 年建立了人身保险行业服务评价体系。该体系明确了端到端的理赔时效、理赔满意度等监控考核指标。端到端的理赔时效，是指理赔时效从客户出险日开始计时，将客户准备、提交理赔申请材料的时间纳入考虑，要求各保险公司的理赔服务更加主动和便捷，通过理赔服务质量的改善提升保险行业形象，凸显理赔的使命重大。在理赔处理过程中，前端的销售误导、保单生命周期中的服务欠缺、普通客户对保险认知不足等一系列问题明显影响理赔服务感知，需要理赔人员转换思维模式，前置服务，主动介入保险公司公众宣传教育和销售宣导工作，将后端的被动服务转变为主动服务，发挥更大作用。

（三）当前司法环境下的保险理赔

保险合同有其特殊性。首先，保险的标的是人身风险，保险交易的公平性在于投保人缴纳的保险费与其转移给保险人的风险之间等价有偿，但因为风险不可预知、不可测量、无法假设，所以大部分普通消费者无法对其产生感性认识，从而理性地进行分析。同时，在保险合同缔约过程中，投保人的保险专业知识和谈判能力都处于弱势一方，加之保险公司提供的格式条款对于投保人而言显得过于专业，保险人一旦与投保人在条款理解上有所不同，产生争议，容易导致一边倒地舆论上的“口诛笔伐”。其次，保险司法案例在各地法院处理的量有限，法官对《保险法》的了解也有局限，对于专业的保险法律纠纷极易以简单的“不利解释原则”处理而对保险公司不公。

做好理赔服务工作，首先，广大理赔人有责任也有义务结合理赔实践经验，推动保险产品尽可能通俗化，考虑一般客户群平均理解力，在通常意义上对保险产品进行释义避免文义含混、逻辑混乱；在投保、展业等各环节完善制度建设，依法合规经营，避免在诉讼中被动。其次，保险行业理赔人应首先熟悉、了解法律相关规定，在诉讼过程中通过向法官提供有利于己方的证据，对法条进行合理合法的解读，明确阐述做出理赔结论的依据，以及法律规定与案件事实间的逻辑关系，不断提高应诉能力。最后，加强与法院法官沟通，多进行保险诉讼案件的研讨和交流。

二、客户结构变化与理赔多元并存

（一）客户结构变化

随着社会经济的不断发展、百姓收入水平和受教育程度的提高，客户在购买保险产品时更趋理性，并自主选择。保险公司在坚持人身险理赔高效、便捷、准确、合理的基本原则外，也需要提供更为丰富的产品及服务满足不同客户差异化、个性化的需求。

（二）信息获取、反馈渠道多样化

随着科技进步和互联网的发展，人们选择和获取信息的渠道越来越丰富，客户很容易在网上搜索相关信息，比较、选择及反馈交流更加便捷，对理赔的服务管理提出了更高的要求。

（三）社会对保险的认知仍存在误区

一方面，普遍存在契约精神缺乏问题，既表现在缔约过程中的盲目轻信，又表现为履约过程中的拒绝担当，在保险这种以诚信为基础的行业表现更为明显，社会保险文化和保险意识尚未建立。另一方面，保险业在发展初期粗放经营、掠夺性开发导致的后遗症之一就是广大消费者对保险行业的信任和了解还有很大提升空间。虽然保险行业早已认识到这个问题，并极力扭转，但树立中国保险行业的正面形象，保险产品和服务获得广大客户的高度认可还任重道远。作为保险服务核心环节的理赔人员，只能加倍努力，用实际行动和客户满意的理赔服务去促进行业品牌形象的提升。

三、理赔服务创新与瓶颈

（一）大数据时代带来机遇与挑战

保险的基本原理就在于基于大数法则的一系列现代数学、统计学、金融学及法学等各种科学有效的方法，对各种经济活动中未来的风险进行分析、评估和管理，而基于大数据的互联网金融正在悄悄改变保险业的整个生态圈。

在人身险理赔方面，大数据的处理使得客户细分得以实现，为新技术的应用提供了可能。智能化办公和理赔流程的日益简化既可以从理赔服务工作之中解放更多的人力，也可以不断提升理赔处理时效，为客户带来更好的用户体验。

此外，大数据时代对基础信息的准确性提出更加严苛的要求。这一方面表现在历史数据信息准确性是系统规则设计是否科学合理的前提；另一方面，个案基础信息录入的准确性会对案件定性产生巨大影响。

任何新技术的应用都伴随新的风险，理赔新技术的应用是建立在风险可控的基础上，但苦于技术限制，目前风险控制的手段仍有限，从而带来理赔内控风险管理方面的新课题。

（二）借助新媒体日益多元的创新服务

1. 新型渠道销售的理赔风险管理

电话、网络等新型营销手段不断发展，传统的展业、投保模式不再是唯一的投保渠道，尤其是线上业务不断发展，电子保单逐步增加，在科技进步的今天，不能再把《保险法》中规定的“投保单附条款”机械地理解为纸质的条款。对于通过网络、电话等方式订立的保险合同，网页、音频、视频等形式亦是法律认可的保险人履行提示、明确说明义务的方式，但在投保声明栏的设计、投保流程、证据保全、身份识别认定等诸多细节上，仍需理赔人员通过实践总结出更加合理有效的模式。

2. 理赔服务技术与手段的创新

随着智能移动终端的不断普及，理赔服务除通过短信、电话等常规方式外，在可以预见的未来，通过各类 App 服务终端等新型交流形式推送理赔信息的方式必然成为一种趋势。同时，保险公司也各尽所能，不断推出新的服务项目，扩展服务领域，力求提供满足甚至超出客户预期的极致服务。

四、理赔职能分工趋向细化与专业化

出于优化财务结构、降低运营成本的需要，保险公司将集约化、高效能作为理赔运营流程追求的目标，大部分公司已经或考虑进行理赔集中运营、将信息采集录入等非核心职能外包等流程简化措施。虽然目前各公司在集中或外包项目、运营程度、业务占比等方面不尽相同，但可以肯定的是相关业务的深度、广度都将不断扩大。

相关流程优化措施虽然通过流程的不断细化分工使理赔人员仅需聚焦流程中的某一部分专业问题，从而解放了部分理赔人力，降低了运营成本，但这些举措也带来了一些问题与挑战：一是理赔人接触的理赔流程不断被压缩，不利于理赔人员全方位的成长及管理能力的全面提升；二是外包录入的结果完全由保险人承担，而理赔自动技术的运用及流程简化，完全依赖外包录入准确性。因此，外包商管理与外包质量控制成为今后理赔发展的重要内容。

第五节　人身保险理赔与保险公司内部相关环节的重要关系

理赔是保单生命周期最后一个环节，是重要的风险控制和服务环节，理赔要发挥好风险管控和服务的积极作用，理赔人员需要了解与保单销售相关的保险代理、保险核保和保险精算的基本知识，以及它们与理赔业务之间的关联关系。

一、人身保险代理和经纪

（一）保险代理概述

保险代理制度，是指保险公司通过各种代理人的活动招揽业务以推销其保单的制度。在代理制中，业务的争取主要依赖于代理人的活动，代理人在其职权范围内为保险公司招揽业务，是保险公司与其被保险人接触的起点，也是保险公司业务发展的关键。虽然有些保险公司不设置代理人而直接向要保人出卖保单，但绝大多数商业保险公司都以代理制为其展业的主要方式。

保险代理行为属于民事法律行为的范畴，因此保险代理必须符合民事代理的法律特征。《中华人民共和国民法通则》（以下简称《民法通则》）第六十三条规定，公民、法人可以通过代理人实施民事法律行为。代理人在代理权限内，以被代理人的名义实施民事法律行为。被代理人对代理人的代理行为，承担民事责任。

依照法律规定或者按照双方当事人约定，应当由本人实施的民事法律行为，不得代理。因此，代理人以保险人的名义招揽保险业务的行为，其所产生的法律后果在授权范围内由保险人承担。保险代理制度是现代保险制度的重要组成部分。它的具体展现方式为保险代理人制度和保险经纪人制度。

（二）保险代理人制度

1. 保险代理人定义

《保险法》第一百一十七条规定，保险代理人是根据保险人的委托，向保险人收取佣金，并在保险人授权的范围内代为办理保险业务的机构或者个人。保险代理机构包括专门从事保险代理业务的保险专业代理机构和兼营保险代理业务的保险兼业代理机构。

2. 保险代理人的法律特征

保险代理是一种保险中介活动，具有以下主要特征：

（1）保险代理以保险人的委托为前提，以委托合同为依据。没有保险人的委托，就没有保险代理。

（2）保险人与被保险人之间的关系是民事委托代理关系。因此，保险代理除了要遵守《保险法》的规定外，也要遵守《民法通则》关于委托代理的规定。

（3）保险代理业务必须在保险人的授权范围内，以保险人的名义进行，由此产生的法律后果由保险人承担。违反规定进行保险代理的，由此产生的法律后果由保险代理人承担。

（4）无论单位或者个人，只要依法取得保险代理资格，都可以从事保险代理业务。

（5）保险人可以委托依法取得保险代理资格的单位办理保险代理业务，也可以委托依法取得保险代理资格的个人办理保险代理业务。

（6）保险代理人有权按照委托合同的约定，向保险人收取代理手续费。

（三）保险经纪人制度

1. 保险经纪人定义

《保险法》第一百一十八条规定，保险经纪人是基于投保人的利益，为投保人与保险人订立保险合同提供中介服务，并依法收取佣金的机构。

2. 保险经纪人的法律特征

（1）保险经纪是由《民法通则》调整的民事法律行为。保险经纪行为类似于民事法律行为中的居间行为，即为委托人提供签订合同的帮助，或充当介绍人并收取报酬。保险经纪人不参加合同的订立，不是合同当事人，也不是合同任何一方的代理人，是一个中间人，向保险人收取佣金。

（2）保险经纪是以独立名义进行的中介行为。

（3）保险经纪人的过错造成的损失由自己承担法律后果。

（4）保险经纪是基于投保人利益的中介行为。这一点是有别于保险代理人的。

二、人身保险核保

（一）核保定义

核保，是指保险人于承保前对投保件的标的进行风险评估，决定是否为可保风险，并赋予相应的承保条件及保险费率的过程。核保是评估个人（含个人以外的其他承保标的）因死亡或发病而出现经济损失的可能性的一种方法，是对危险程度不同的个体（标的）进行风险评估、筛选，分别核定是否承保的过程。核保人员在审核一份人寿保险的投保单时，需要考虑的因素有投保人的可保利益、被保险人的身体状况以及道德风险等。理赔人员则应该了解哪些投保人具有保险利益，哪些被保险人的情况应予以拒保的或需要加费等相关知识。

（二）核保的目的及意义

核保最主要的出发点是使投保的客户享有公平合理的保费费率，即合适的核保结论。核保最主要的功能是控制道德风险。核保的目的有：使保险公司避免死差损[①]，达到死差益[②]，维持保险人的稳定经营；使客户享受公平合理的保险费，低风险者不用对保险公司承保高风险客户的成本做出额外补贴，实现风险均一性和同质化。

1. 维护各被保险个体之间的公平

同一风险级别的个体或团体支付的保费应与其所代表的风险级别相对应，具有较高风险因素的被保险人依其风险程度大小交付相应的保险费（加费），使低风

① 死差损，指预定死亡率同实际死亡率之间的差异给保险公司经营造成的亏损，是寿险亏损的原因之一。

② 死差益，指保险公司实际的风险发生率低于预计的风险发生率（即实际死亡人数比预计死亡人数少）时所产生的盈余。

险者不用对高风险者做出风险补偿。

维护各被保险个体公平权益的前提是，必须依据保险公司指定的核保原理及规则进行核保。

核保必须遵循的原则是持续性风险选择原则。核保员做出的核保决定应持续一致，保险公司所有的核保员对核保政策的掌握应保持一致。

2. 维护保险人间的公平

对所承保的业务进行核保保证了保险人的公平环境，如果没有对每个被保险人或团体给予恰当的风险评估，最终会导致保险人承担了本不应承担的高风险，使保险人丧失应有的偿付能力，或被迫提高费率。

3. 防止逆向选择

知道或预感到本身具有高风险的人，比知道或预感到本身具有平均风险或较低风险的人更具有购买保险的倾向。这种现象称为逆向选择，核保时要注意防止逆向选择。

4. 维护保险公司的健全经营

保险公司必须对风险做出选择，使全部被保险人的保险事故发生率维持在精算预计的范围之内，从而使公司安全、稳健地经营。

5. 保险商品的竞争性提高

科学的核保可使保费结构优良，使保险商品更具有市场竞争力。客户需要的保险商品应符合以下三个条件：能满足购买者所需的基本保障要求；所缴保险费在购买者的经济负担范围内；保险费率比其他公司更具有竞争性。

6. 核保在人寿保险中的地位

核保在人寿保险运行中扮演的角色是：

（1）核保在人寿保险的业务流程上起着承前启后的作用。

（2）核保是寿险公司盈利的重要保障。

（3）核保是建立寿险业务秩序的保障。

（三）核保的分类

按业务渠道划分，核保业务可分为个人险种核保和团体业务核保。

根据业务种类划分，核保业务可分为新契约核保、保全核保和理赔二次核保。其中，保全核保包括加保核保、复效核保、新增附加险核保、补充告知核保等。

（四）核保风险原理

1. 风险定义及特征概述

（1）风险。风险指保险事故发生的可能性。

（2）逆选择。知道或预感到本身具有高风险的人，比知道或预感到本身具有平均风险或较低风险的人更具有购买保险的倾向。

（3）风险类型。

①投机风险，指既可能产生收益也可能造成损失的不确定性。这类风险有三种可能的结果：没有损失、有损失、盈利。比如短期股票投资，投资者购买某种股票后，可能会由于股票价格上涨而获得收益，也可能由于股票价格下跌而蒙受损失，但股票的价格到底是上涨还是下跌，幅度有多大，这些都是不确定的，因而这类风险就属于投机风险。通常较高的风险也会带来较高的收益。投机风险是不可保风险。

②纯粹风险（可保风险），指只有损失机会，而无获利可能的风险。这种风险可能造成的结果只有两个，即没有损失或造成损失。纯粹风险是唯一可保风险。

③道德风险。简单地说，由于机会主义行为而带来更大风险的情形称为道德风险。道德风险一般是指从事经济活动的人在最大限度地增进自身效用的同时做出不利于他人的行动，或者当签约一方不完全承担风险后果时所采取的使自身效用最大化的自私行为。

（4）可保风险的特征。

①随机性。潜在损失若为可保风险，其发生必须是偶然的。损失的发生应该由不可能预料的事件引起，或者由被保险人的非故意行为导致。从严格意义上来说，这一损失原理应用于人寿保险时会产生一个明显的问题，即死亡的发生是必然的。不过，一个人死亡的时间通常不是个人所能控制的。因此，尽管保险事件（即死亡）是必然事件而非偶然事件，但该事件发生的时间通常是偶然的。

②确定性。对于大多数险种而言，可保损失在时间和数额上都必须是明确的。换言之，保险人必须能够确定给付保险金的时间和数额。根据保单约定的保险金额给付方式，可以将保单分为补偿合同和定额合同。

补偿合同，是规定了对承保损失应付保险金数额的保单，该数额依赖损失发生时所测定的、实际的经济损失额确定。

定额合同，规定了保险损失发生时应付的保险金额，它与实际发生的损失金额无关。

③重要性。有些损失会造成严重的财务困难，因而被认为是可保的。比如丢失雨伞等微不足道的损失通常不是保险标的，但如果某人在一次事故中受伤以至不能工作，那么购买保险就是防范这种潜在损失的可取办法。

④预期性。为了提供某种特定的保险保障，保险人必须能够预测损失的概率——损失率，即该保障的被保险人将遭受的损失率。使我们相信事件发生概率预测准确性的一个重要原则是大数法则。大数法则，是指我们对特定事件观察的次数越多，观察结果就越可能接近事件发生的“真实”概率。

⑤非灾难性。如果一次损失事故的发生有可能导致或造成保险公司的灾难性财务损害，那么这种潜在损失便被认为是不可保的。为了防止发生巨大损失时保险公司面临难以承受的巨额赔付，并保证损失的发生相互独立，保险公司需分散承保的风险。此外，保险公司可向其他保险人转移风险，即进行再保险。

（5）风险的管理。

①躲避风险，指主动避开损失发生的可能性。它适用于对付那些损失发生概率高且损失程度大的风险，如考虑到游泳时有溺水的危险就不去游泳。虽然回避风险能从根本上消除隐患，但这种方法明显具有很大的局限性。其局限性表现在，并不是所有的风险都可以回避或应该进行回避。如人身意外伤害，无论人们如何小心翼翼，这类风险总是无法彻底消除的。又如，因害怕出车祸就拒绝乘车，虽然很大程度上可避免发生危险，但这将给日常生活带来极大的不便，实际上是不可行的。

②预防风险，指采取预防措施，以降低损失发生的概率及损失程度。预防风险涉及现时成本与潜在损失比较的问题：若潜在损失远大于采取预防措施所支出的成本，就应采取风险预防手段。以兴修堤坝为例，虽然施工成本很高，但考虑到洪水泛滥将造成的巨大灾害，就极为必要了。

③承担风险，也称自留风险，指自己非理性或理性地主动承担风险，即以其自有资源来弥补损失。

④转移风险，指通过订立保险合同，将风险转移给保险公司（保险人）。个体在面临风险的时候，可以向保险人缴纳一定的保险费，将风险转移。一旦预期风险发生并且造成了损失，则保险人必须在合同规定的责任范围内进行经济赔偿。

2. 与核保相关的风险因素

（1）风险因素释义。风险因素，是指增加损失发生的频率或严重程度的任何事件。人身保险的风险因素是能使疾病、伤残和死亡发生的可能性增多的因素。

（2）风险因素分类。

①健康类风险因素。

A. 体格因素，包括身高、体重、性别、年龄等。

B. 目前健康状况，指被保险人申请投保时的健康异常状况，包括但不限于疾病。

C. 既往病史，指过去曾患过的某种疾病或曾有的外伤史。既往病史通常有下列几种情形：

- 已经治愈但是还有复发的可能，如消化性溃疡、结核等。
- 不能治愈，且对目前健康状况有持续影响，如高血压、糖尿病等。
- 已接受治疗，但是还留有后遗症，并成为新的风险因素，如严重颅脑外伤、可能留有癫痫后遗症等。
- 无法治愈或严重的疾病，如心脑血管疾病、癌症等。

D. 家族史，指被保险人的家庭成员有患某种特定疾病的倾向。有些疾病系遗传因素起主导作用（如血友病、多囊肝、多囊肾等）。有些疾病虽受遗传的影响，但是否发病取决于后天生活环境因素（如糖尿病、高血压等）。

②非健康类风险因素。

A. 居住地因素，包括生活水准、社会医疗条件、当地环境保护状况等。

B. 生活习惯因素，包括：

- 不良生活习惯——吸烟、饮酒、药物滥用、吸毒等。
- 危险休闲嗜好——飙车、攀岩、潜水、滑行等。

C. 财务状况（保额与保费）因素，包括：累计保额是否合适，是否能够负担保费等。保费过高会导致逆选择和保单失效。

财务审核要点：财务核保的依据——保额，须与预期的损失基本一致。

- 财务核保的基础——保险的目的是弥补投保人最大的损失，而不是使其赚钱盈利。
- 财务核保的重点——判定是否存在保险利益。保险利益也称可保利益，即投保人或被保险人对保险标的拥有法律上认可的利益。可保利益的审核要点包括：投保人、受益人与保险标的的利益关系；利益人潜在的财务损失；合理的保障需求；合理的投保动机。

D. 职业：

- 职业意外的风险因素——导致高意外事故发生率：

◆ 工作性质本身的风险因素——工种等。

◆ 工作环境中的职业有害因素——生产环境等。

● 职业疾病的风险因素——导致职业病发生：

◆ 生产过程中的有害因素——生产过程中接触的有害物质。

◆ 生产方式有害因素——不健康的作息制度，不良体位。

◆ 生产环境有害因素——通风、照明等。

E. 道德因素：投保人有意隐匿或遗漏某些重大核保信息，诱使核保人做出错误的判断，主要表现为人们以不诚实、不良企图或欺诈方式故意促使保险事故发生，或扩大已发生的风险事故所造成的损失，以便从中获利，主要表现在投保人利用保险牟取不正当利益，如虚报保险财产价值，对没有保险利益的标的进行投保，制造虚假保险赔案等。2/3 的道德风险发生在以他人的身体或生命为保险标的的保险合同中。

3. 核保决定

（1）核保决定的种类。

①标准体承保：对以标准保险费率承保的被保险人群体进行承保。

②次标准体承保：也叫条件承保。损失可能性显著高于平均水平，但仍被认为是可保的被保险人被归类为次标准体，如具有长期医疗损害风险因素的人、正从严重的疾病或事故中康复的人、从事高风险职业或有不良嗜好的人。保险公司通常会对次标准体采用高于标准费率的保险费率，这种费率被称为次标准体费率或特殊费率，包括下述三种类型：

A. 加费承保，指针对增加的风险增收特别保费。

B. 限额承保，指针对增加的风险限制保险金给付。

C. 除外责任，指针对增加的风险增加除外责任，常用于针对独立而局部的风险，多用于短期健康险投保前发生疾病的情况。

③延期承保：因正在患病且预后难以确定，或对投保时发现症状、异常的诊断不清楚，需观察一段时间，待风险明朗后才能做出准确判断的情形。

④拒保：被保险人的健康风险很高，已经超出保险公司可以承受的风险范围，且为不可逆的递增型风险，需拒绝投保。

（2）核保决定在理赔业务中的运用。理赔业务处理过程中可能发起核保，称为理赔二次核保（简称“理赔二核”）。理赔二核决定在理赔业务中的运用分为两种不同的情况：

①长期主险合同的不如实告知类理赔二核，指理赔业务处理中发现投保人存在不如实告知情况，理赔人员提交核保人员审核，核保人员可能出具标准体承保和附加条件的核保结论，理赔人员结合《保险法》的第十六条进行分析和理赔结论处理。如果是附加条件的承保结论，保险公司在两年可抗辩期内有权解除合同，并且不承担保险责任。

②短期附加险续保类理赔二核，指客户出险提交理赔申请后，保险公司将对1年期短期附加险是否决定继续承保，由理赔人员发起二次核保，理赔人员将根据核保决定对短期附加险是否续保做出处理。

三、人身保险精算基础

（一）精算定义

精算是依据经济学的基本原理，运用现代数学、统计学、金融学及法学等各种科学有效的方法，对各种经济活动中未来的风险进行分析、评估和管理，是现代保险、金融、投资实现稳健经营的基础。

（二）精算理论基础——大数法则

人们在长期实践中发现，在随机现象的大量重复中，往往出现几乎必然的规律，即大数法则。

（三）保险产品定价

1. 寿险定价三要素

（1）预定死亡率，又称“表定死亡率”，指特定年龄，有时是特定性别中特定人群死亡的发生概率。预定死亡率是寿险纯保费计算要素之一，是由生命表提供的、用来进行寿险纯保费计算的死亡率。寿险经营者在进行保费计算时，首先选定一张能够反映被保险人生命规律的生命表，然后再依据表中提供的各个年龄的死亡率进行纯保费计算。表中提供的死亡率与实际死亡率的差异是产生死差益和死差损的基础。死亡率受年龄、性别、职业、身体健康状况、家庭病史、既往病史、生活习惯等因素的影响。

（2）预定利率，指寿险产品在计算保险费及责任准备金时，预测收益率后所采用的利率。预定利率是保险公司在产品定价时，根据公司对未来资金运用收益率的预测而为保单假设的每年收益率，通俗地说就是保险公司提供给保险消费者回报的回报率，主要是参照银行存款利率和预期投资收益率来设置的。

预定利率的高低和保险产品的价格直接相关。在其他假设条件不变的前提下，一款产品的预定利率越高，消费者投保该产品时所缴纳的保费就越少，保险产品的竞争力也越强。过低的预定利率提高了保险产品价格，在一定程度上也降低了保险产品的吸引力。利率风险是保险产品定价最关键的风险。

（3）预定费用率，是保险公司在确定人寿保险保费时预先确定的用于保险公司运营所需支出的费用占全部保费的比率。预定费用包括新业务成立的费用支出、业务持续期间的维持费用，如按期收取保险费的费用支出及支付被保人给付金的费用支出等附加保险费用，以及保险公司的管理费用等。预定费用率的高低，直接影响保险费率的高低，影响保险公司在保险市场中的竞争能力。预定费用率是衡量保险企业经营管理水平的一个重要指标。

2. 定价方法及原则

（1）定价方法。保险费的构成：

毛保费 = 纯保费 + 附加保费

①纯保费（净保险费）：用于保险事故发生时保险金的给付。

②附加保险费：用于各项管理费用、佣金、手续费支出，精算统计及计算等方面偏差的安全费和预定利润。

（2）定价原则：人寿保险费的计算应遵循“收支相等”的原则。

①适当性：费率适当，足以抵补一切可能发生的给付以及相关费用。

②公正性：保险人对被保险人所承担的责任与投保人所缴纳的保费对等，维护了保险单所有人的利益。一方面，被保险人之间交费是公平的；另一方面，保险人不至于获得太多的非正常经营利润。

③稳定性：在一定时期内要保持费率的稳定。

④融通性：在短期内要保持主要保险费稳定，稳定一定时间后要根据实际情况适当调整。

（四）保险责任准备金

1. 定义

保险责任准备金，是指保险公司为了承担未到期责任和处理未决赔款而从保费收入中提存的一种资金准备。保险责任准备金是保险企业的负债，而不是保险企业的营业收入。

2. 保险责任准备金分类

（1）未到期责任准备金：进行会计年度结算时，对保险责任尚未满期的保单，将应在下一年度履行的部分保费进行提存处理，形成责任准备金。

（2）未决赔款准备金：在会计年度决算以前发生保险事故但尚未决定赔付，或应付而未付赔款，而从当年的保险费收入中提存的准备金。

3. 保险责任准备金产生的原因

净保费厘定原则：净均衡原则保证了以保单发行日为参照点，保险公司的未来保费收入现时值和未来保险赔付的现值相等，且以保障期内任意某个时刻为参照点，所有收支的现值相等。但是，以保障期内任意某个时刻为参照点，未来收支的现时值都有可能不平衡。

（五）保单现金价值

1. 定义

保单现金价值，又称“解约退还金”或“退保价值”，是指带有储蓄性质的人身保险单所具有的价值。

2. 保单现金价值的计算

人寿保险单现金价值 = 责任准备金 - 退保手续费

3. 现金价值的扣除

当被保险人于保险有效期内因故要求解约或退保时，保险人按规定，将提存的责任准备金减去解约扣除后的余额退还给被保险人。

4. 现金价值产生的时间

（1）分期缴费的保险合同：缴足 2 年以上保险费后，产生现金价值。

（2）趸缴保费的保险合同：自支付保险费之日起，产生现金价值。

5. 现金价值的退还

如果解除合同时投保人生存，一般应向投保人退还现金价值；如果投保人已身故，保险单的现金价值应退还给被保险人。

（六）短期险赔付率

短期险赔付率，即简单赔付率，是一个时期内的赔款支出占保险费收入的百分比。

该经营管理指标主要适用于人身险业务中被保险人在保险期内发生保险责任范围内的疾病医疗、意外医疗等事故时，对保险人赔付情况的统计。

（七）长险出险率

该指标为滚动考核，即每月1日提取上月最后一日起倒推两年内承保的长期险保单出险件数等数据。

该经营管理指标主要适用于人身险业务，是当被保险人在保险期内发生保险责任范围内的死亡、伤残、重大疾病等事故时，对保险人赔付情况的统计。

（八）偿付能力

1. 定义

保险公司偿付能力，指其对被保险人履行合同约定的赔偿或给付责任的能力。保险人应具有与其业务规模相适应的最低偿付能力，才能保障被保险人的利益。对偿付能力的监管也是国家对保险市场监督管理的核心内容。偿付能力是衡量保险公司财务状况时必须考虑的基本指标。偿付能力的实质是保险人可以偿还债务的能力。公司的资产必须大于负债，认可资产总值与负债之间的差额就是保单所有人权益。为了确认保险公司没有夸大它的保单所有人权益，监管者要求它们采取保守的会计程序。这些程序只允许保险公司将认可资产体现在财务报表上。对于认可资产的种类有一定的规定——它们必须可以较为容易地转换为现金。保险公司必须采取的会计程序还要求保险人将损失准备金和未赚保费准备金作为负债列示。

2. 偿付能力分类

偿付能力可以分为最低偿付能力和实际偿付能力。

（1）最低偿付能力。如前所述，保险公司的资产必须大于负债，认可资产总值与负债之间的差额就是保单所有人权益。最低偿付能力是保险公司必须满足的偿付能力要求，即由保险法规规定的保险公司在存续期间必须达到的保险公司认可资产与认可负债差额。

（2）实际偿付能力。实际偿付能力是指根据监管法规、会计准则调整后的认可资本，即认可资产减去认可负债的差额。保险公司的认可资产减去认可负债的差额必须大于保险法规规定的金额，也就是说保险公司的实际偿付能力必须大于最低偿付能力，否则保险公司即被认定为偿付能力不足。

3. 保险公司偿付能力分析的必要性与重要性

保险是信用的象征，保险会计作为核算和反映经济活动的工具，所产生的信息必须真实、可靠，这不仅关系到投资者、债权人的利益，而且直接关系到广大投保人的利益，是保险公司的社会责任。因此，保险业作为经营风险的特殊行业，其是否具有偿付能力，意义十分重大。

4. 影响保险公司偿付能力的因素

（1）资本金。资本金是保险公司得以设立和运作的基础，设立保险公司必须有足够的资本金。按照《保险法》的要求，保险公司开业时最少要有 2 亿元人民币的资本，主要作为保险公司开业初期的经费来源，用于营业的扩展和维持公司的偿付能力。它也是预防失去偿付能力的最后一道关卡，以备准备金提存不足、发生资产无法清偿负债时的急需。

（2）各项准备金与保障基金。保险公司在收取大量保费后，并不能全部用于投资，为了将来能履行补偿或给付责任，必须将保险费的大部分按照精算要求和保险监管部门的规定提取各项准备金和保障基金。如果准备金提取不足，就会影响偿付能力。因此，保险业在营运过程中，应当严格按照法律规定的要求，提足各项准备金，保险监管部门也应严格进行检查，以防提存不足而导致保险公司丧失偿付能力。

（3）投资收益与资金运用状况。除了各项准备金和保障基金外，保险公司在运营中还有大部分资金处于闲置状态，此时可以将这些资金中的一部分存入银行，或在股市、债市等资本市场上投资，其收益可以提取一部分作为公积金。公积金增多，实际资本就多，偿付能力就会增强，但必须稳健地实现其保值和增值，才能长期而有效地保障保险公司的偿付能力。

（九）保单红利

1. 定义

保单红利是保险公司将分红产品经营过程中获得的盈余向客户进行分配的部分。一般来说，分红产品的红利来源于一差（利差）、二差（利差、死差）、三差（利差、死差、费差）及多差（全部盈余）。利差，是指实际利率与预定利率的差益，是通过资金有效运作得来的；死差，是指预定死亡率与实际死亡率的差益，是通过正确得当的核保而取得的；费差，是指预定的管理费用与实际的管理费用的差益，是通过经营管理节省费用成本实现的。

盈余分配的水平取决于分红率，在分红保险中，投资收益率是决定分红率的重要因素。一般而言，投资收益率越高，代表投资收益越大，对总盈余会产生正面影响。因此，与非分红产品相比，分红产品的预定利率较低，导致费率较高，使得保险公司承担的保证风险降低，可以在投资运作方面有更大胆的表现与发挥，以更好的投资收益回馈客户。另外，分红产品较非分红产品在核算、公布分红率和邮寄分红业绩报告、投资等方面需要更多的费用支出。应该说，略高的费率对于投保人与保险人都更为公平。但是，投资收益率并非决定年度分红率的唯一因素，年度分红率的高低还受到死差、费差等因素的影响。

2. 分类

目前，国际上常用的分红方式主要有两种：现金分红和保额分红。

（1）现金分红。以美国、日本和我国台湾为代表的以现金方式进行分红，年度红利来源可能是一差、二差或三差收益。

（2）保额分红。以英国、澳大利亚为代表的通过增加保额的方式进行分红，年度红利来源是多差，即保险公司的全部盈余。“增加保额”是红利以增加保险金额的方式进行分配，客户分得的红利是无需再次核保而自动提高的保额，年度红利保额又成为下一年分配的基础，是复利分红的保险保障。增加保额的方式可以自动提高保险保障，并有效降低管理费用，又由于现金分红与增加保额对于账户资产的流动性要求不同，增加保额方式可能使投资策略更灵活，兑现压力降低，获得高收益的可能性增大。

3. 年度红利与终了红利

（1）年度红利：每年应分配的红利，在保单有效情况下相应增加保险金额，成为红利保险金额。

（2）终了红利：终了红利来源于分红产品每年除年度红利外未分配的盈余部分，在发生保险事故及期满时会相应增加保险金额，与初始基本保险金额、红利保险金额一起构成有效保险金额，而在退保、减保、减额交清或发生责任免除事项时以现金价值的形式给付。

第二章　人身保险理赔类型

第一节　身故理赔

一、身故理赔的定义

身故理赔是以被保险人的死亡为保险事故，保险人依据合同约定审核认定保险责任并给付一定的保险金额。

身故可以分为疾病身故、意外身故、自杀身故和宣告死亡。

二、身故理赔类型

（一）疾病身故

疾病身故，是被保险人因自身所患疾病而导致的身故。

（二）意外伤害身故

意外伤害身故，是被保险人遭受意外事故造成死亡。这里的“意外”包含四层含义：外来的、突发的、非本意的、非疾病的使被保险人身体受到伤害的客观事件，并以此客观事件为原因导致被保险人身故。

（三）自杀身故

自杀身故，是被保险人在复杂心理活动的作用下，蓄意或自愿采取各种手段结束自己生命的行为。《保险法》中明确规定以被保险人死亡为给付保险金条件的合同，自保险合同成立或者合同效力恢复之日起2年内被保险人自杀的，保险人不承担给付保险金的责任，但被保险人自杀时为无民事行为能力人的除外。

（四）宣告死亡

宣告死亡，是被保险人下落不明达到法定期限，经利害关系人申请，由人民法院宣告其死亡的一种死亡判定方式。《民法通则》第二十三条规定了宣告死亡的条件：一是下落不明满4年的；二是因意外事故下落不明，从事故发生之日起满2年的。战争期间下落不明的，下落不明的时间从战争结束之日起计算。

三、身故理赔的申请与审核

（一）身故理赔的申请

1. 申请人

身故保险金的申请人为保险合同约定的身故受益人。受益人为无民事行为能力者或者限制行为能力者，由其法定监护人提出索赔申请。受益人与被保险人在同一事件中死亡，且不能确定死亡先后顺序的，推定受益人死亡在先。

出现以下几种情形的，身故保险金当作被保险人的遗产由其合法继承人继承：

（1）没有指定身故受益人。

（2）指定的身故受益人先于被保险人死亡且又未指定其他身故受益人。

（3）身故受益人依法丧失受益权、放弃受益权又没有其他受益人。

2. 申请材料

（1）理赔申请书。

（2）保险合同。

（3）与事故性质相关的证明，如交通事故责任认定书、疾病医疗资料、自杀证明材料、宣告死亡证明材料等。

（4）户籍注销证明。

（5）死亡证明材料。

（6）确认申请人/受益人身份的证明材料。

（7）受益人（监护人）银行账户信息。

（二）身故理赔的审核

1. 理赔信息收集

身故理赔审核的信息可以分为保险公司留存的信息资料、客户提供的信息资料、调查人员获取的各种信息资料和同业交流的信息资料。

（1）保险公司留存的信息资料：承保资料，如投保单、投保单变更申请书、体检报告、生存调查报告、各种健康及财务问卷、核保报告、特别约定、客户权益确认书、保险单送达书回执、各种身份证明文件等；保全变更记录，如保全变更申请书、保单迁移申请书及相应的保全批单等；保险给付记录，如生存金领取记录等；理赔记录，如报案通知、理赔申请书、结案通知书等；其他留存资料。

（2）客户提供的信息资料：理赔申请书、证明保险事故的文件，如身份证明、授权委托书、身故证明、户籍注销证明、交通事故证明、医疗记录等；客户提交的其他信息资料。

（3）调查人员获取的各种信息资料：对被保险人提供资料真伪的证明资料，如客户提供的某些资料可能为复印件，理赔调查人员通过调查可以获取资料的原件；对被保险人提供资料的补充文件，如客户往往只提供出院小结，而理赔调查人员在调查时可以获取整个病历的全部内容、治疗记录和费用明细等；第三方提供的资料和鉴定，如交通意外事故证明、酒精测试结果、刑事判决书、笔迹鉴定等；调查所获取的证人证言，理赔调查人员在调查时可能会对保险事故相关人员进行调查询问并获取证言笔录；调查所获取的保险事故现场资料，如现场照片、示意图等；通过调查获取的其他信息资料。

（4）同业交流的信息资料：在某些被保险人在多家保险公司投保同类险种，出险后同时提出理赔申请时，通过理赔的同业交流能够形成规模效益，节省时间和成本，同时在遏制保险欺诈方面也有着非常重要的作用。

2. 审核要点

（1）核对出险人身份：对死亡证明、户口注销证明、医疗资料信息进行审核；在上述材料不能确认的前提下，也可以通过走访、现场查勘或鉴定等方式确认出险人身份。

（2）确认事故发生时间：审核各种事故证明材料，如医学死亡证明、交通事故责任认定书等；在上述材料不能确认的前提下，也可以通过走访、现场查勘等方式确认事故发生时间。

（3）确认事故性质：审核意外事故证明、死亡证明等确认事故发生原因以及该保险事故发生原因是否属于保险合同条款约定的责任免除范围；对被保险人投保前的健康状况进行核实，确认是否存在不如实告知事项，且不如实告知事项是否对核保结论产生严重影响。

（4）确认保险金给付对象：通过保险合同确认保险金给付对象，同时结合申请人身份证明加以确认；对于没有指定受益人或受益人和被保险人同时死亡或受益人先于被保险人死亡或受益人依法丧失受益权的情况，要依据《保险法》和《继承法》等法律的相关规定，确定保险金给付对象。

（5）核实投保经过：根据案件的不同特点审核被保险人是否存在短期、集中投保高额保险的情况，排除保险欺诈的可能；核实投保过程中是否存在违法违规的行为，以确认保险合同的有效性。

3. 不同类型身故的审核侧重点

对于不同类型的身故，审核侧重点不同，下面进行具体分析。

（1）疾病身故。对于被保险人在投保或复效后短期或2年内因疾病身故，应重点审核是否存在违反告知义务的情况。要核实承保时间、病因、初次确诊及治疗时间、身故原因，尤其对于一般情况下无法形成的慢性疾病，如肝硬化、慢性肾衰、糖尿病和癌症晚期等疾病造成的身故，应进行深度理赔调查，核实是否存在既往病史和投保时未如实告知事项。

在处理猝死理赔案件时，理赔人员应认真审核医学死亡证明等资料，走访相关医护人员并勘验现场，必要时可以委托司法鉴定机构对死亡原因进行鉴定。

（2）意外身故。应该对被保险人的职业进行核实，确认是否与投保时一致，确认是否为拒保职业。

当被保险人发生意外伤害事故时，还应重点关注是否有保险诈骗的可能，应对以下情况应给予高度关注：在多家公司投保，且保险金额巨大；死者生前负有巨额债务；死者生前患有严重的疾病或心理障碍；利益关系人对被保险人死亡高度关切等。如发现上述情况，应重点审核是否存在被保险人自残、自杀或受益人的故意行为。

（3）自杀身故。在理赔实务中，自杀身故认定难度较大，做出被保险人自杀的判断一般根据公安机关出具的证明、被保险人生前留下的遗书或遗嘱、受益人的证言等。

在审核过程中应关注自合同成立或复效2年之日起2年内，被保险人自杀的，保险人不承担保险金给付责任，但被保险人自杀时为无民事行为能力人的除外。

（4）宣告死亡。此类案件应该注意以下几点：一是宣告死亡应以法院宣告被保险人死亡日期为其身故日期，因此在被保险人已失踪、法院尚未宣告死亡这一段时间内，投保人仍应缴纳保险费，保险合同方可继续维持。被宣告人死亡时的保险合同是否有效是保险公司承担保险责任的前提。二是对于因意外事故造成下落不明并宣告死亡的，可按意外死亡给付。三是宣告死亡的被保险人重新出现或者确知其没有死亡，保险人应要求被保险人或其利害关系人申请撤销死亡宣告，并返还已给付的保险金，同时根据保险条款与投保人确认合同效力。

第二节　重大疾病保险理赔

一、重大疾病保险定义

重大疾病保险，是指以重大疾病为保障内容的保险。被保险人在保险期间内罹患保险合同约定的重大疾病并达到约定的疾病状态，或实施了约定的手术，或达到特定患病状态时，由保险人按照保险合同约定的保险金额，将保险金给付于生存状态下的被保险人。重大疾病保险属于健康保险的范畴，其核心要义是上述疾病状态和约定的手术足以导致存活患者发生重大财务负担，其中关于重大疾病的定义是重大疾病保险的核心组成部分。

自现代重大疾病保险问世以来，各家保险公司给出的疾病定义存在差异，给消费者比较和选购产品造成不便，也容易产生理赔纠纷。同时，为了保证疾病定义与医学发展紧密衔接，1999 年，英国率先制定了重大疾病保险的疾病定义（以下简称疾病定义）。此后，马来西亚、新加坡、中国和南非相继制定了疾病定义。其中，在中国和马来西亚，所有保险公司都要严格执行疾病定义。疾病定义的制定及使用对促进重大疾病保险的健康持续发展起到了积极作用。

二、重大疾病保险的发展历程

为了缓解被保险人一旦患上重大疾病或实施重大手术将要承受的经济压力，

南非外科医生马里优斯巴纳德在1983年最先提出创意，与南非一家保险公司合作开发了重大疾病保险。当时承保的重大疾病有心肌梗死、冠状动脉绕道手术、癌症及中风4项，采取提前给付的方式。在南非成功推出重大疾病保险后，各国纷纷仿效。1985年和1987年，英国和澳大利亚分别推出各自的重大疾病保险，后来重大疾病保险逐步进入美国、加拿大、新加坡、马来西亚、中国香港等国家和地区，并得到迅速发展。

1995年，我国引入了重大疾病保险，从最初只保障几种重大疾病的保险，发展到涵盖多种重大疾病，甚至重大手术的保险，再到包含同一种疾病的不同阶段和严重程度的给付型保险，重大疾病保险一直与时俱进，成功适应并满足了市场需求；在为健康人群提供风险保障的同时，也促进了医疗技术的更快发展。

三、《重大疾病保险的疾病定义使用规范》

起初，中国保险市场上重大疾病类保险产品没有制定统一的标准，各家保险公司开发的产品各不相同，将重大疾病划分成几种、十几种和几十种，消费者对重大疾病的理解也各不相同，在理赔时难免出现纠纷。2006年，中国保险行业协会专门成立了重大疾病定义讨论小组和重大疾病标准化工作办公室，与中国医师协会合作开展了重大疾病定义的制定工作。2007年4月，《重大疾病保险的疾病定义使用规范》发布，这是我国针对重大疾病保险建立的第一个行业规范，对最常见的25种疾病的表述进行了统一和规范，并要求2007年8月1日之后销售的重大疾病保险产品必须使用统一重大疾病定义。

（一）适用范围

《重大疾病保险的疾病定义使用规范》适用于保险期间主要为成年人（18周岁以上）阶段的重大疾病保险。

（二）使用原则

保险公司将产品定名为重大疾病保险，产品保障的疾病范围应当包括恶性肿瘤、急性心肌梗死、脑中风后遗症、冠状动脉搭桥术（或称冠状动脉旁路移植术）、重大器官移植术或造血干细胞移植术、终末期肾病（或称慢性肾功能衰竭尿毒症期）。除此6种疾病外，对于规范疾病范围以内的其他疾病种类，保险公司可以选择使用。同时，上述疾病应当使用规范的疾病名称和疾病定义。

根据市场需求和经验数据，各保险公司可以在其重大疾病保险产品中增加该规范疾病范围以外的其他疾病种类，并自行制定相关定义。

（三）重大疾病保险条款的相关规定

重大疾病保险条款中的疾病名称、疾病定义、除外责任和术语释义应当符合《重大疾病保险的疾病定义使用规范》的具体规定。具体内容参见附录。

四、重大疾病理赔的申请与审核

（一）重大疾病理赔的申请

1. 申请人

重大疾病理赔申请人为被保险人本人，若被保险人本人为无民事行为能力或限制行为能力人，可由其法定监护人代为申请。

2. 申请材料

重大疾病申请材料包括理赔申请书、保险合同、被保险人身份证明、重大疾病诊断证明（病理报告及其他各项检查报告）、受益人（监护人）银行账户信息；如为因意外导致的重大疾病，还需要提供意外事故证明。

（二）重大疾病理赔的审核

1. 理赔信息收集

（1）已有信息：投保时的健康告知、体检报告、各种问卷、保全信息、健康险二次核保信息等。

（2）申请人提供信息：理赔申请书信息、保单信息、重大疾病证明材料等。

（3）理赔调查信息：调查人通过医疗机构、居住地、单位或其他相关行政法律部门获知的信息。

2. 审核要点

（1）出险人身份：审核身份证明材料、医疗资料信息，验伤核对确认出险人身份。在上述材料不能确认的前提下，也可以通过走访、鉴定等方式确认出险人身份。

（2）事故发生时间：重大疾病保险理赔目前包括保险合同约定的疾病、达到约定的疾病状态或实施了约定手术，所以重大疾病确诊时间点的认定相对身故类型较为复杂。一般来说，疾病类以各种检查结果日期为准，如恶性肿瘤以病理确诊日期为准，手术类以手术实施日为准，疾病状态类应以保险条款的规定为准。重大疾病保险条款一般设置等待期，审核人员应重点关注重大疾病确认日期是否在等待期内。

（3）事故性质：根据医疗材料，判断被保险人所患疾病是否属于条款约定的重大疾病，应充分考虑保险医学和临床医学的区别，严格遵守条款约定的重大疾病标准。

（4）逆选择和道德风险：重大疾病保险容易产生逆选择和道德风险，要重点关注被保险人投保动机，主要包括是否主动投保、保险金额、出险时间、是否在多家公司投保等方面；对于短期无法形成的慢性肾衰、终末期肺病等慢性疾病，要进行深度理赔调查，核实是否存在既往病史和投保时未如实告知事项。

（5）重大疾病证明材料真实性：在理赔审核过程中，对于重大疾病证明材料的真实性要高度关注，如病理报告单、听力测试报告、视力测试报告等，尤其是提供复印件的，被保险人可能通过伪造上述材料来谋取重大疾病保险金。若高度怀疑检查报告的真实性，必要时可以要求被保险人重新进行检查。

第三节　残疾理赔

一、残疾的定义与残疾理赔的发展历程

（一）残疾的定义

残疾是指永久丧失全部（或部分）劳动能力或身体器官机能。残疾包括两种情况：一是身体组织、器官的永久丧失；二是身体器官机能的永久丧失。暂时丧失全部或部分劳动能力、身体器官机能，不被认为是残疾。

（二）残疾理赔的发展历程

1889 年，德国通过立法建立了养老与残疾保险。到 20 世纪中期，美国政府首先将养老、残疾、遗属组合成一个系列，称为“老（年）、残（疾）、遗（属）保险”。20 世纪 50 年代以来，一是工伤保险的范围有所扩大，就业者在与其工作相

关的时间和地点受伤致残大多都能包括在与就业相关的工伤保险范围之内；二是因为国际上更加重视保护残疾人的权利，对于残疾人，尤其是先天性残疾人的基本生活，更多地用普遍社会福利方式，而不是用“先投入、后享受”的社会保险方式来予以保障，所以伤残保险作为一个单独的社会保险项目已经罕见。

二、世界各国及地区残疾标准简介

目前，世界各国保险市场上适用的保单条款及残疾标准各有差异，从其市场上是否有统一的残疾给付标准及是否与市场上其他行业相关残疾标准相互影响等方面进行分析，可以基本分为以下 3 种类型：

第一种是商业保险市场上有统一的人身险残疾给付标准，各家保险公司都要遵照执行。这种情况以中国台湾和韩国市场为代表。

第二种是商业保险市场上没有统一的人身险残疾给付标准，各保险公司根据自己的保单标准进行给付，但保险公司在制定标准的时候，是要参考社会工伤残疾标准的。这种情况以新加坡和中国香港市场为代表。

第三种是商业保险市场上没有统一的人身险残疾给付标准，各保险公司根据自己的保单标准进行给付，但保险公司制定的标准是独立的，与社会上其他与残疾有关的标准是不相关的，相互间没有参考意义，而且同一市场上的各家公司的残疾标准都较为相似。这种情况比较普遍，尤以日本、德国和北美市场为代表。

三、我国的残疾标准简介

我国现行伤残标准为《劳动能力鉴定职工工伤与职业病致残等级》（GB/T 16180－2014）和《人体损伤程度鉴定标准》。

为了规范商业保险公司人身保险残疾程度的核定，便于产品开发，有利于费率测算，中国人民银行制定了《人身保险残疾程度与保险金给付比例表》，要求各家保险公司自 1999 年 7 月 1 日起，所有新签单业务条款中对残疾程度的定义及保险金给付比例必须按照《人身保险残疾程度与保险金给付比例表》执行。该表将残疾程度分为 7 级 34 项。2013 年 6 月 8 日，中国保险行业协会和中国法医学会联合发布了《人身保险伤残评定标准》（JR/T 0083－2013），并于 2014 年 1 月 1 日正式实施。该标准代替了原《人身保险残疾程度与保险金给付比例表》，将伤残分为

8 大类 281 条伤残条目，内容详述了医学概念、诊断检查方法、理赔/法医鉴定注意事项等内容，进一步完善了商业保险公司残疾理赔的标准。

1. 工伤残疾标准简介

为使劳动能力鉴定适应我国当前社会经济发展的要求，保障因工作遭受事故伤害或者患职业病的劳动者获得医疗救治和经济补偿，对工伤或患职业病劳动者的伤残程度做出更加客观、科学的技术鉴定，在总结分析 10 余年工伤评残实践经验基础上，我国对既往鉴定标准进行了修订与完善，于 2006 年发布了《职工工伤与职业病致残程度鉴定标准》（GB/T 16180－2006）（以下简称《标准》）。

《标准》共分 10 级。评残的条文数则由过去的 470 条增加到 572 条，职工工伤致残等级鉴定有了新依据。另外，根据器官损伤、功能障碍、医疗依赖及护理依赖 4 个方面，将工伤、职业病致残等级分解为 5 个门类，划分为 10 个等级共 572 个条目，条目增加了 102 条。眼科和胸腹外科等有了“对号入座”的评残条文；同一残情伤残级别也进行了调整，如剖腹探查、脏器修补等。其中，符合《标准》1—4 级的为全部丧失劳动能力，5—6 级的为大部分丧失劳动能力，7—10 级的为部分丧失劳动能力。《标准》于 2007 年 5 月 1 日起实施。此后，《标准》又进行了 3 次修订。2014 年 9 月 3 日，《劳动能力鉴定　职工工伤与职业病致残等级》（GB/T 16180－2014）发布，替代《标准》，于 2015 年 1 月 1 日实施。

2. 人体损伤程度鉴定标准简介

2013 年 8 月 30 日，最高人民法院、最高人民检察院、公安部、国家安全部、司法部联合发布公告，将原《人体重伤鉴定标准》（司发〔1990〕070 号）、《人体轻伤鉴定标准（试行）》（法（司）发〔1990〕6 号）和《人体轻微伤的鉴定》（GA/T 146－1996）3 个独立标准整合为一个标准，将损伤程度等级分为重伤二级、轻伤二级、轻微伤一级。《人体损伤程度鉴定标准》自 2014 年 1 月 1 日起施行，适用于《中华人民共和国刑法》（以下简称《刑法》）及其他法律、法规所涉及的人体损伤程度鉴定。

3. 保险业新残疾标准详解

2013 年 6 月 8 日，中国保险行业协会和中国法医学会联合发布了《人身保险伤残评定标准》（以下简称新《标准》），并于同年 9 月发布《人身保险伤残评定标准操作细则》。要求各家保险公司于 2014 年 1 月 1 日后签发的新保单均执行此标准。新《标准》呈现三方面的变化和特点。

一是体例进一步完善。参照国家残疾标准的名称写法，将原《人身保险残疾程度与保险金给付比例表》修改为《人身保险伤残评定标准》；增加了前言、标准适用范围、术语定义、内容结构和评定原则，以及相关条目的释义。

二是扩大了残疾覆盖门类、条目和等级。新《标准》对人身保险残疾覆盖门类、条目和等级进行了充分扩容；改变了原表以肢体残疾、关节功能丧失为主的情况，增加了神经精神和烧伤残疾，扩大了胸腹脏器损伤、智力障碍等残疾范围，覆盖了包括神经系统、眼耳、发声和言语、呼吸系统、消化系统、泌尿和生殖系统、运动、皮肤等结构与功能等 8 大门类；新《标准》细化了原来广受争议的中枢神经系统机能或胸腹部脏器机能极度障碍的有关描述，增加了原来未包括的 8—10 级的轻度残疾保障，针对 1—10 个等级明确了 100% 到 10% 的给付比例；新《标准》由原来的 7 个伤残等级 34 项残情条目，大幅扩展到 10 个伤残等级 281 项伤残条目。

三是借鉴最新国际标准的理论和方法。结合中国国情，新《标准》引入世界卫生组织的残疾评定及描述方法——《国际功能、残疾和健康分类标准》（ICF），科学全面地对各类残情进行系统性表述。ICF 是世界卫生组织集合上千位专家形成的先进残疾分类标准，全球已有 60 多个国家和地区在各种领域进行应用。此次修订引入了《国际功能、残疾和健康分类标准》，使得新《标准》在残情表述的完整性和系统性方面获得了质的飞跃，符合国际残疾评定系统的发展趋势，为今后标准的进一步完善奠定了坚实基础。此外，结合国内的实际情况，项目组还对 ICF 的代码体系进行扩展，获得世界卫生组织中国专家组的肯定。

具体伤残等级定残规则和实务操作详见《人身保险伤残评定标准》和《人身保险伤残评定标准操作细则》。

四、残疾理赔的申请与审核

（一）残疾理赔的申请

1. 申请人

残疾理赔申请人为被保险人本人，若被保险人本人为无民事行为能力或限制行为能力人，可由其法定监护人代为申请。

2. 申请材料

残疾申请材料包括理赔申请书、保险合同、被保险人身份证明、伤残鉴定书、医疗病历资料、受益人（监护人）银行账户信息。因意外导致的残疾，还需要提供意外事故证明。

如果被保险人伤残情况明确可以确定，则不需要伤残鉴定书，如外鼻部完全缺失、胸部损伤致4根肋骨骨折，这种情况常见于机体缺失类伤残；对于功能损失类伤残，仅从病历描述无法确认机体功能损失程度，如脊柱骨折造成的腰部活动度丧失，需要通过专业的法医学鉴定评估腰部活动度丧失程度，故需提供伤残鉴定书。

（二）残疾理赔的审核

1. 理赔信息收集

（1）已有信息：投保时的健康告知、体检报告、各种问卷、保全信息、健康险二次核保信息等。

（2）申请人提供信息：理赔申请书信息、保单信息、伤残鉴定书等。

（3）理赔调查信息：调查人通过医疗机构、鉴定机构、居住地、单位或其他相关行政法律部门获知的信息。

2. 审核要点

（1）出险人身份：审核人员可通过审核身份证明材料、医疗资料信息、伤残鉴定书确认出险人身份；在上述材料不能确认的前提下，也可以通过走访、现场查勘或鉴定等方式确认出险人身份。

（2）事故发生时间：审核人员可通过审核各种事故证明材料，如医疗资料、伤残鉴定书等确认事故发生时间；在上述材料不能确认的前提下，也可以通过走访、现场查勘等方式确认事故发生时间。

（3）事故性质：审核人员可通过审核医疗资料、意外事故证明、伤残鉴定书等确认事故发生原因，确认保险事故发生原因是否属于条款约定责任免除范围。审核人员应严格根据伤残鉴定书确认被保险人伤残等级，如果被保险人伤残情况明确可以确定的，则不需要伤残鉴定书。

（4）确认职业类别：审核人员应重点审核被保险人职业类别，出险时职业类别是否与投保时一致，若发生职业类别风险度提高，则应按比例进行赔付。

（5）逆选择与道德风险：伤残类险种容易产生逆选择和道德风险，审核人员在理赔实务处理过程中，应重点关注是否存在保险欺诈的可能，对于短期在多家公司集中投保高额意外保险的情况应进行深度调查，核实是否存在被保险人自伤、自残或受益人故意行为的情况。

（6）伤残鉴定材料真实性：在理赔审核过程中，审核人员对于伤残鉴定报告的真实性要高度关注，同时要核实鉴定机构是否具有省级司法部门颁发的司法鉴定资格。对于被保险人鉴定结果存在高度怀疑的，可以要求被保险人在保险公司指定的鉴定机构重新进行鉴定。

五、残疾鉴定

司法鉴定，是指在诉讼活动中司法鉴定人运用科学技术或者专门知识对诉讼中涉及的专门性问题进行鉴别和判断，并提供鉴定意见的活动。常见的鉴定类型包括法医临床鉴定、法医病理鉴定、法医精神病鉴定、法医物证鉴定、法医毒物鉴定、痕迹司法鉴定等。我们在理赔实际工作中经常运用的残疾鉴定就属于法医学临床鉴定的范畴。

在人身保险理赔实务中，因意外伤害事故致伤、致残、致死的案件占有相当大的比例。审核时，需要判断致害因素与伤害结果之间的因果关系，而在某些案例中，二者的因果关系并不直接或明确，如被保险人因“腰椎间盘突出症”接受治疗后索赔意外医疗保险赔付。病历中记载“主诉腰扭伤后不适就诊”，而X光检查显示“腰椎退行性病变”。究竟“腰椎间盘突出症”是外伤所致，还是内因所致，抑或内外因共同作用使然，这直接关系到理赔结论：若外伤所致，则全额赔付；若内因所致，则拒赔；若两者共同作用，则部分赔付。那么，按什么比例赔付，需客观分析，应科学评估外因对结果所起的作用，并在此基础上与客户充分沟通协商，以期达成共识。若双方仍存争议，则可由第三方进行评判，其中残疾鉴定是解决此类难题的一种非常有效的方法途径。

（一）损伤参与度

在评定人身保险伤残时，应排除原有伤、病等进行评定。对存在伤病关系者（即同一部位或同一功能存在原发疾病或既往损伤），应先进行损伤参与度的评定，后根据参与度进行伤残等级评定。

根据外伤在损害后果发生中的原因力大小，损伤参与度的判定采用六等级划分法（见表2-1）。

A级：既有损伤（事件），又有疾病，损害后果完全由疾病造成。

B级：既有损伤（事件），又有疾病，损害后果主要由疾病造成，损伤（事件）在后果中作用轻微。

C 级：既有损伤（事件），又有疾病，损害后果主要与疾病有关联，损伤（事件）在后果中起诱发作用。

D 级：既有损伤（事件），又有疾病，损害后果由疾病和损伤（事件）共同造成。

E 级：既有损伤（事件），又有疾病，损害后果主要由损伤（事件）造成，疾病为辅助因素。

F 级：既有损伤（事件），又有疾病，损害后果完全由损伤（事件）造成，与疾病无关。

表 2－1　　损伤参与度等级划分表

划分等级	理论系数值（%）	责任程度	赔偿参考范围（%）
A	0	无	0
B	10	很少部分	1—20
C	25	少部分	20—40
D	50	部分	40—70
E	75	大部分	70—99
F	100	全部	100

（二）残疾鉴定

1. 鉴定机构与鉴定人

2005 年 2 月 28 日，第十届全国人民代表大会常务委员会第十四次会议通过的《全国人民代表大会常务委员会关于司法鉴定管理问题的决定》（以下简称《决定》）规定了鉴定组织、鉴定人、鉴定监督、鉴定人法律责任等事关司法鉴定工作的核心问题，确定了国家对从事法医类司法鉴定业务的鉴定人和鉴定机构实行登记管理制度，并规定了鉴定机构设立条件及鉴定人注册登记条件。只有依法设立的鉴定机构才能组织符合条件的鉴定人开展司法鉴定工作。司法鉴定机构所在组织从事司法鉴定以外的业务活动，应当明确司法鉴定与该组织其他业务的关系。《决定》第七条规定，侦查机关根据侦查工作的需要设立的鉴定机构，不得面向社会接受委托从事司法鉴定业务；人民法院和司法行政部门不得设立鉴定机构，不得从事司法鉴定业务及管理，这样就排除了公安、法院和司法行政部门对被保险人的残疾进行司法鉴定的可能。《决定》还规定，伤残评定人应当由具有法医学鉴定资格的人员担任，这样就排除了临床医学鉴定的效力。考虑到鉴定结论的证据效力，保险企业的被保险人的伤残鉴定应选择司法鉴定机构作为鉴定主体，其内部具有法医学鉴定资格的人员出具具备法定证据效力的鉴定结论是优先考虑的选择。结合《决定》与实务要求，由司法行政部门批准成立的面向社会服务的司法鉴定机构是被保险人进行残疾鉴定最具权威的鉴定主体。

司法鉴定机构是从事司法鉴定业务的法人或者其他组织，必须经过司法行政机关审核登记并取得“司法鉴定许可证”，在登记的司法鉴定业务范围内开展司法鉴定活动。

司法鉴定人员必须具备下列条件之一：

（1）具有与所申请从事的司法鉴定业务相关的高级专业技术职称。

（2）具有与所申请从事的司法鉴定业务相关的专业执业资格，或者高等院校相关专业本科以上学历，从事相关工作5年以上。

（3）具有与所申请从事的司法鉴定业务相关工作10年以上经历，并具有较强的专业技能。因故意犯罪或者职务过失犯罪受过刑事处罚的，受过开除公职处分的，以及被撤销鉴定人登记的人员，不得从事司法鉴定业务。

司法鉴定机构和司法鉴定人员，必须由省级人民政府司法行政部门审核，编入鉴定人和鉴定机构名册并公告。

2. 鉴定标准

残疾鉴定标准，是指我国有颁布法律法规、管理条例权的相关部门，针对各种人身残疾、死亡鉴定而颁布的法规标准。鉴定标准由国家统一制定，再由地方按标准实施，以维护伤残者的合法权益，促进社会和谐稳定。伤残还分多种类型，要对照施行。

我国现行伤残评定标准较多，实际应用比较广泛的主要是《劳动能力鉴定　职工工伤与职业病致残等级》（GB/T 16180－2014）和《人体损伤程度鉴定标准》。

在商业保险公司伤残鉴定标准方面，中国保险行业协会和中国法医学会于2013年6月发布的《人身保险伤残评定标准》，适用于意外险产品或包括意外责任的保险产品中的伤残保障，用于评定由于意外伤害因素引起的伤残程度，规定了伤残程度的评定等级，以及保险金给付比例的原则和方法，内容包含281项，在原有7级34项残疾标准的基础上大幅度扩充，基本覆盖了人体可能遭受的各种伤残损失，同时进一步完善了商业保险公司残疾理赔的标准。

3. 鉴定的内容

（1）病理学鉴定，如尸体检验、死亡原因鉴定、死亡方式鉴定、死亡时间推断、致伤（死）物认定、生前伤与死后伤鉴别、死后个体识别等。

（2）临床学鉴定，如人身损伤程度鉴定、损伤与疾病关系评定、交通事故受伤人员伤残程度评定、性功能障碍鉴定、医疗纠纷（过失）鉴定、诈病（伤）及造作病（伤）鉴定、致伤物和致伤方式推断等。

（3）物证学鉴定，如个体识别、亲子鉴定、性别鉴定、种族和种属认定等（DNA 鉴定）。

（4）精神病鉴定，如判定行为人有无刑事责任能力、民事行为能力、监护能力、自我防卫能力、作证能力等；对精神损伤程度、智能障碍等进行鉴定。

（5）毒物学检验，如毒品检验、毒物检测等。

4. 鉴定时机

鉴定时机应以保险事故直接所致的损伤或确因损伤所致的并发症治疗终结为准，即临床医学一般原则所承认的临床效果稳定时才能进行评定。人身保险条款一般规定是受伤之日起 180 天后才能进行评定。评定的主要依据是人体损伤后的治疗效果，认真分析残疾后遗症与事故损伤之间的因果关系，实事求是地评定。有时，在司法实践中常碰到的是受害人在受伤之前就患有严重的疾病或残疾，在意外事故中本来受到的损伤不重，但后遗障碍严重，甚至引起死亡。对于此种情况就要认真分析被保险人受伤当时的体位、姿势、受伤部位、客观检查等，才能判断与伤后留下残疾是否存在必然的因果关系。无论是存在必然的因果关系、直接因果关系、间接因果关系，还是无因果关系，鉴定人都必须在伤残评定书中做出分析说明，以科学的理论结合客观事实进行叙述。

5. 鉴定过程

鉴定过程中要在客观检验的基础上根据检验结果，按照伤残评定标准，运用专门知识进行分析，得出综合性判断，评价确定受伤被保险人的伤残等级，并将检验结果、分析意见和评定结论制成书面文书形式的评定书，整个过程要严格按照法定程序和标准进行。鉴定结论要按照对文书的要求，有鉴定人签名和鉴定机构公章，鉴定人在必要时应当出庭接受质证和质询。

6. 鉴定中的注意事项

导致被保险人意外伤害的因素不外乎是各种机械性、物理性、化学性、生物性因素，这些因素作用于人体不同部位造成不同程度的损伤。机械性致伤因素如锐器切割、钝器打击、重力挤压、火器射击等所致的损伤；物理致伤因素如高温、低温、电流、放射线、激光等，可造成相应的烧伤、冻伤、电击伤、放射伤等；化学性致伤因素如强酸、强碱可致化学性烧伤，以及药物毒物伤等；生物致伤因素如虫、蛇、犬等螫伤或咬伤，可带入毒素或病原微生物致病。这些不同的损伤都有一个共同的修复过程和规律，但又有各自的不同特点。同一种程度的损伤作用于不同性别、年龄、职业的人，可出现各自不同反应和不同修复期。有的损伤随着季节、气温、环境、地理位置的不同，其修复过程也不一样。因此，处理各类人身损伤的评定不能机械地套用外科学、法医学以及有关的各种伤残诊断标准，伤残评定标准和其他行业的劳动能力丧失程度的鉴定标准，而应该根据司法鉴定实践，参考有关的科学鉴定标准，对每个意外伤害的赔偿案件具体分析、区别对待。

7. 鉴定结论

鉴定结论是指被保险人或第三者因疾病或意外伤害导致残疾的等级，丧失劳动力多少的评定结果。凡符合伤残等级的，都能得到数额不等的伤残赔付。如果在鉴定标准中查不到所出现的伤残类型，可以按伤残的实际情况，比照标准中最相似最接近的等级条款的伤残内容进行类推，最后确定伤残等级，类推的原则也就是制定伤残等级的原则。值得注意的是，评定结论是保险金给付计算的依据，对于司法鉴定机构所作的残疾鉴定报告与结论，理赔人员也应对其作是否合理、是否准确的分析，防范道德风险。

第四节　医疗保险理赔

一、医疗保险定义及发展历程

（一）医疗保险的定义

医疗保险是补偿疾病所带来的医疗费用的一种保险。

（二）医疗保险的发展历程

医疗保险起源于西欧，可追溯到中世纪。随着资产阶级革命的成功，家庭作坊被大工业所取代，出现了近代产业队伍。由于工作环境恶劣，流行疾病、工伤事故时有发生，工人要求相应的医疗照顾。可是他们的工资较低，个人难以支付医疗费用，于是许多地方的工人便自发地组织起来，筹集一部分资金，用于生病时的开支。但是，这种形式并不是很稳定，而且是小范围的，抵御风险的能力很低。18 世纪末 19 世纪初，民间保险在西欧发展起来，并成为国家筹集医疗经费的重要途径。

二、世界各国医疗保险情况简介

国际医疗保险制度历经百余年的发展与演变，现在世界上医疗保险主要有四种模式，包括全民保险模式、社会保险模式、商业保险模式、储蓄保险模式。

（一）全民保险模式特点

政府直接举办医疗保险事业，老百姓纳税，政府收税后拨款给公立医院，医院直接向居民提供免费（或低价收费）服务。主要代表国家是加拿大，其医疗保险制度的特色是：国家立法、两级出资、省级管理。各省医疗保险资金主要来源于联邦政府拨款和省级政府财政预算，各省和地区政府独立组织、运营省内医疗保险计划。保险内容覆盖所有必需医疗服务，医药适当分离。住院保险和门诊保险，除特殊规定的项目外，公众免费享受所有其他基本医疗保险。鼓励发展覆盖非政府保险项目的商业性补充医疗保险。凡非政府保险项目均可由雇主自由投资，其所属雇员均可免费享受补充医疗保险项目。

（二）社会保险模式特点

医疗保险基金社会统筹、互助共济，主要由雇主和雇员缴纳，政府酌情补贴。目前，世界上有上百个国家采取这种模式。主要代表国家是德国，其社会医疗保险模式的特点是：保险金的征收是按收入的一定比例，保险金的再分配与被保险者所缴纳的保险费多少无关，体现了高收入者向低收入者所得的转移，无论收入多少都能得到治疗保障。参保人的配偶和子女可不付保险费而同样享受医疗保险待遇。劳动者、企业主、国家一起筹集保险金，体现了企业向家庭、资本家向工人的所得转移。在保险金的使用上，是由发病率低的地区向发病率高的地区的所得转移。对于月收入低于一定水平的工人，保险费全部由雇主承担，失业者的医疗保险金大部分由劳动部门负担。18 岁以下无收入者以及家庭收入低于一定数额的，可以免交某些项目的自付费用。

（三）商业保险模式特点

参保自由，灵活多样，有钱买高档的，没钱买低档的，适合需求方的多层次需求。主要代表国家是美国，这种以自由医疗保险为主、按市场法则经营的以营利为目的的制度，往往拒绝接受健康条件差、收入低的居民投保，因此公平性较差，造成其总医疗费用失控，但同时仍有 3 000 万人得不到任何医疗保险。

（四）储蓄保险模式特点

筹集医疗保险基金是根据法律规定强制性地把个人消费基金的一部分以储蓄个人公积金的方式转化为保健基金。主要代表国家是新加坡。它以个人责任为基础，政府分担部分费用，国家设立中央公积金，这部分的缴费率为职工工资总额的 40%，雇主和雇员分别缴纳 18.5% 和 21.5%，同时雇员的保健储蓄金再由雇主和雇员分摊，实施保健双全计划，即大病保险计划。它是以保健储蓄为基础，强调个人责任的同时又发挥社会共济、风险分担的作用。

三、保险市场医疗保险产品介绍

随着医疗体制改革，各大保险公司的商业医疗保险险种也顺应形势逐渐多了起来。目前，保险市场上销售的医疗险产品可以分为以下几种类型。

（一）普通医疗保险

普通医疗保险是医疗保险中保险责任最广泛的一种，保障的是被保险人因疾病和意外伤害支出的门诊医疗费和住院医疗费。一般采用补偿方式给付医疗保险金，并规定每次最高赔付限额。

（二）意外伤害医疗保险

意外伤害医疗保险保障的是被保险人因遭受意外伤害支出的医疗费，作为意外伤害保险的附加责任。保险金额可以与基本险相同，也可以另外约定。一般采用补偿方式给付医疗保险金，不但要规定保险金额，即给付限额，而且要规定治疗期限。

（三）住院医疗保险

住院医疗保险保障的是被保险人因疾病或意外伤害需要住院治疗时支出的医

疗费，不保障被保险人的门诊医疗费。住院医疗保险既可以采用补偿给付方式，也可以采用定额给付方式。

（四）手术医疗保险

手术医疗保险属于单项医疗保险，只保障被保险人因进行手术而支出的医疗费，包括门诊手术治疗和住院手术治疗。手术医疗保险可以单独承保，也可以作为意外保险或人寿保险的附加险承保。采用补偿方式给付的手术医疗保险，只规定作为累计最高给付限额的保险金额，定额给付的手术医疗保险，保险公司只按被保险人进行手术的种类定额给付医疗保险费。

（五）特种疾病保险

特种疾病保险以被保险人患特定疾病为保险事故。当被保险人被确诊为患某种特定疾病时，保险人按约定的金额给付保险金，以满足被保险人的经济需要。一份特种疾病保险的保单可以仅承保某一种特定疾病，也可以承保若干种特定疾病；可以单独投保，也可以作为人寿保险的附加险投保。特种疾病保险一般采用定额给付方式，保险人按照保险金额一次性给付保险金，保险责任即终止。

四、医疗保险理赔的申请与审核

（一）医疗保险理赔的申请

1. 申请人

医疗保险理赔的申请人为被保险人本人，若被保险人本人为无民事行为能力或限制行为能力人，可由其法定监护人代为申请。

2. 申请材料

疾病住院申请材料包括理赔申请书、保险合同、被保险人身份证明、住院及门诊病历资料、住院费用明细、住院费用原始发票（津贴类险种不需要）、受益人（监护人）银行账户。如为意外，除提供上述资料外还需提供意外事故证明。

（二）医疗保险理赔的审核

1. 理赔信息收集

（1）已有信息：投保时的健康告知、体检报告、各种问卷、保全信息、健康险二次核保信息等。

（2）申请人提供信息：理赔申请书信息、保单信息、病历材料等。

（3）理赔调查信息：调查人通过医疗机构、居住地、单位或其他相关行政法律部门获知的信息。

2. 审核要点

（1）出险人身份：审核人员可通过审核身份证明材料、医疗资料信息确认出险人身份；在上述材料不能确认的前提下，也可以通过走访医生、鉴定等方式确认出险人身份。

（2）事故发生时间：审核人员可通过审核医疗资料确认事故发生时间；在上述材料不能确认的前提下，也可以通过走访急救医生、主治医生等方式确认事故发生时间。同时，审核人员要关注保险条款约定的等待期，如被保险人因疾病出险，则需要审核是否在等待期内出险。意外出险一般没有等待期。

（3）事故性质：审核人员可通过审核相关医疗资料信息，结合保险合同的责任免除事项和特别约定事项判断是否属于保险责任，同时需要关注被保险人是否入住保险合同约定的定点医院。

3. 不同费用类型险种审核

（1）意外费用型险种审核。在理赔实务处理过程中，审核人员要进行理赔金额理算：一是要关注医疗险中的免赔额，审核人员在理算时要注意扣除；二是要关注险种的保额，不能超保额赔付，同时要注意某些险种的保额会随着保单年度的增长而增加，审核人员在理算时要注意保额；三是理算过程中要注意按照合同约定扣除自费金额、不合理费用和其他途径报销金额等。

在意外出险的案件中，部分案件会出现意外和疾病共同存在的情况，此时审核人员应根据案件实际情况，运用审核经验来判断意外和疾病所占比例，做出合理的审核结论。

在意外门诊案件中，部分案件存在利用意外之名治疗疾病或者冒名顶替治疗的情况，因为这种案件理赔金额一般较小，不易引起关注，审核人员应针对案件具体情况，结合审核经验做出调查。

（2）疾病费用型险种审核。在理赔实务处理过程中，对疾病原因产生费用的理赔案件，审核人员应重点关注是否存在搭车开药的情况，即被保险人在住院期间开具与本次疾病诊断无关的药品或进行无关的检查，且同时要考虑被保险人疾病情况是否达到入院标准。

在审核过程中，还应关注假发票的问题，被保险人篡改发票金额或者伪造多张原始发票，通过多家保险公司进行报销，以谋取保险金。

（3）定额给付型险种审核。目前，保险市场上销售较多的定额给付型险种包括住院津贴型险种和手术津贴型险种，但极少数被保险人利用保险公司之间信息不能共享的缺陷，多家投保高额津贴险，利用挂床住院或不合理住院来谋取保险金。

在理赔实务处理中，审核人员首先要关注被保险人是否存在挂床住院和不合理住院，结合被保险人本次疾病的严重程度初步判断住院天数，同时参考住院病历中的病程记录、护理记录和体温单来判断是否存在挂床住院或不合理住院。

手术津贴类的险种，审核人员应严格按照手术记录单中手术名称和条款进行匹配，如果无法匹配，则按条款约定进行给付。

第五节　失能保险理赔

一、失能保险定义与发展历程

（一）失能保险定义

失能保险，又称失能收入损失保险，是指以保险合同约定的疾病或者意外伤害导致工作能力丧失为给付保险金条件，为被保险人在一定时期内收入减少或者中断提供保障的健康保险。

（二）失能保险发展历程

失能收入损失保险历史悠久，最早可以追溯到 14 世纪德国的私营救助基金对失能矿工给予收入补偿。自 18 世纪以来，在德国和奥地利就有行业基金和救济组织对失能的商人给予收入补偿。

失能收入损失保险于 1984 年由英国医疗疾病社提出，一年以后爱丁堡世纪保险公司是第一家发售个人失能保单的私营保险公司。在德国，首次失能保障是在 19 世纪 70 年代以人寿保单的附加险形式出现的，而在美国，马萨诸塞州意外保险公司于 1915 年开始为从事任何职业的个人提供失能收入损失保险。随后，失能收入损失保险传入欧洲和美洲的其他国家。

经过一个多世纪的发展，失能收入损失保险在欧洲和北美洲发展较为完善，保险公司提供的失能损失保险种类繁多，形式多样，不仅补偿了因病、因意外伤害致残的不幸者的收入损失，保障了他们失能后的生活水平，而且在保持人们生活稳定、保持社会稳定、促进经济发展等方面起到极大的作用。

二、世界各国失能保险情况简介

目前，世界各国的失能保险情况可以分为三种模式：

1. 商业失能收入损失保险为法定计划的替代

该模式的代表国家是德国。在德国，失能收入损失保险为社会保障系统下的公共计划，为付费参与该计划的人提供以年金形式支付的失能保险金。社会保障系统不为自雇人员提供失能保障，他们必须购买商业保险。同时，雇主提供的养老金计划多数包括疾病引起的失能收入保障，以及基于工作性质和雇主意愿选择的工伤意外失能收入附加保障。德国社会保障制度的不完善的部分，如高收入者、特定职业团体的失能收入保障等，需要购买商业失能收入损失保险作为代替品。

2. 商业失能收入损失保险为法定计划的补充

该模式的代表国家是美国。在美国，法定失能收入损失保险主要通过工人补偿计划（WCP）、社会保障失能收入计划（SSDI）和补充社会保障收入计划（SSI）提供，它们为不同类别的被保险人提供失能收入保障。商业失能收入损失保险是这些法定计划的补充部分。

3. 法定计划、雇主团体计划、商业失能收入损失保险的三支柱模式

该模式的代表国家是法国。第一支柱为社会保障系统下的法定失能保障计划，目的是为因工作能力下降或失去工作能力导致收入损失的劳动者提供经济补偿，这个保障计划与工作年限及职业类别相关，雇主支付2/3的保费。第二支柱是雇主提供的团体保障计划，这个计划由雇主和雇员商定，由保险行业及劳工法监管，第二支柱是法定计划的补充。第三支柱是商业失能收入损失保险，主要为无第二支柱的受薪雇员及自雇者购买，因为他们没有团体保险。第三支柱是法定计划的替代。

三、我国失能保险简介

在中国，法定失能收入保障计划还不完善，仅有工伤保险为劳动者提供相应

保障。商业失能收入损失保险还处于初级发展阶段，目前在国内的保险市场上还未产生纯粹的失能保险险种，其保险保障内容多融入寿险条款的保险责任。现有的失能保障主要体现在被保险人丧失工作能力后的免缴保费方面。受到社会因素的影响，加之缺乏相关的法律支持，失能保险较其他险种的发展要缓慢得多。目前商业失能损失收入保险没有发挥其在经济发展中的应有作用，发展商业收入损失保险不仅是中国经济发展的客观需要，也是增进劳动者身体健康、保障人力资源的必要措施。

四、失能保险理赔的申请与审核

（一）失能保险理赔的申请

1. 申请人

失能保险理赔的申请人为被保险人本人，若被保险人本人为无民事行为能力或限制行为能力人，可由其法定监护人代为申请。

2. 申请材料

失能保险理赔的申请材料包括理赔申请书、保险合同、被保险人身份证明、伤残鉴定书/失能证明、受益人能提供的与确认保险事故性质和原因等相关的证明或材料、受益人（监护人）银行账户。

（二）失能保险理赔的审核

1. 理赔信息收集

（1）已有信息：投保时的健康告知、体检报告、各种问卷、保全信息、健康险二次核保信息等。

（2）申请人提供信息：理赔申请书信息、保单信息、病历材料等。

（3）理赔调查信息：调查人通过医疗机构、居住地、单位或其他相关行政法律部门获知的信息。

2. 审核要点

（1）出险人身份：审核人员可通过审核身份证明材料、医疗资料信息、失能证明书确认出险人身份；在上述材料不能确认的前提下，也可以通过走访、现场查勘或鉴定等方式确认出险人身份。

（2）事故发生时间：审核人员可通过审核各种事故证明材料，如医疗资料、失能证明书等确认事故发生时间；在上述材料不能确认的前提下，也可以通过走访、现场查勘等方式确认事故发生时间。同时，审核人员还应重点关注事故的发生造成失能到被保险人领取保险金的时间，即条款规定的免责期间。

（3）事故性质：审核人员可通过审核医疗资料、意外事故证明、失能证明书等确认事故发生原因，确认保险事故发生原因是否属于条款约定责任免除范围；审核人员应严格根据失能证明材料确认被保险人是否达到条款约定的失能标准。

（4）健康状况：审核人员应重点考虑被保险人既往健康状况和现在的健康状况——被保险人可能因为既往健康原因，为了在健康状况恶化时获得生活保障而投保失能保险。此外，被保险人也可能因不愿意从事工作而以健康原因为借口来获取保险金。因此，在失能保险理赔时，理赔人员不仅要对被保险人既往健康状况进行审核，也要对当前的健康状况进行审核。

（5）财务状况：被保险人为了获得高额的保障，常常在投保时虚报个人收入，特别是高保额的客户，或在多家公司投保，累计保险金额超过其真实收入的，理赔时一定要重点关注。失能保险的理赔金额是基于被保险人的收入来决定的，应以不超过被保险人投保前的实际收入为基准。

（6）给付期间：失能保险的给付是依据其失能的程度和保单的约定，可以是一次性给付，如全残给付，也可以是定期给付。定期给付可以每周给付一次，或每月给付一次，或按条款约定的时间给付。有时，被保险人可能失能很长一段时间，理赔人员应继续对被保险人的失能情况及其胜任某些工作的能力进行了解，如被保险人失能状况好转并恢复了工作，则应停止给付保险金。

第六节　长期护理保险理赔

一、长期护理保险定义与发展历程

（一）长期护理保险定义

长期护理保险（LTC）是为因年老、疾病或伤残而需要长期照顾的被保险人提供护理服务费用补偿的健康保险。根据美国健康保险学会给出的定义，长期护理保险是指“为消费者设计的，对其在接受长期护理服务时发生的潜在巨额护理费用支出提供保障”的保险。这是一种主要负担老年人的专业护理、家庭护理及其他相关服务项目费用支出的新型健康保险产品。

（二）长期护理保险发展历程

20 世纪 70 年代，该险种起源于美国。1986 年，以色列政府率先推出了法定护理保险制度，随后奥地利、德国、法国、英国和日本等国家也相继建立了长期护理保险制度。目前，国际上长期护理保险在老年险中的比例已占到 50%。在亚洲，日本于 2000 年将长期护理保障作为公共服务产品引入国家社会保障体系，要求 40 岁以上的人都要参加新的长期护理方案。

我国尚未形成真正意义上的长期护理保险，部分保险公司推出的长期护理保险产品基本上都是针对老年人的护理问题，并且是作为其他人身险的附加险出现的，其运作方式和养老类保险大同小异，和真正意义上的护理保险还有较大差距。

二、世界各国长期护理保险情况简介

从已开展长期护理保险的各国情况来看，长期护理保险主要分为商业性长期护理保险和社会性长期护理保险。

1. 商业性长期护理保险

以美国为代表，长期护理保险一般包括 3 种护理类型：

（1）专业家庭护理。专业家庭护理是一种医疗护理，提供的服务由专业医生负责，护理人员在医生的指导下 24 小时看护患者。这种护理对护理人员的专业性要求高，而且在时间上要求是 24 小时。

（2）日常家庭护理。日常家庭护理是最基本的非医疗性质的安养看护，只需要提供日常起居活动的帮助，因此这种护理一般不需要专业护理人员，此种护理方式也不需要护理人员全天候守护。

（3）中级家庭护理。中级家庭护理是一种非连续性护理，介于以上两种之间，主要群体是那些不需要专业医护人员全日看护的患者，通常护理持续时间比较长，服务时间上可以是 24 小时的专业护理，也可以是非全日的中级护理与日常护理。

2. 社会性长期护理保险

社会性长期护理保险以德国、法国、日本、英国为代表。德国的长期护理保险与其他社会性保险类似，由政府、企业、个人和医疗机构四方共担，按照“护理保险跟从医疗保险的原则”，凡法定医疗保险的投保人都需要参加护理保险。当家庭中参加工作的人员投保后，取得受保权益的子女和无收入或低收入的配偶也可享受长期护理保险，并且不用承担额外的费用。德国的护理保险制度分为在宅护理和住院护理两个层次。近年来，其护理已经不仅仅局限于日常生活的护理，还扩大到医疗护理和精神护理，增加了心理咨询和治疗等内容，以满足老年人的心理需要。根据德国的长期护理制度规定：如果家庭护理不能满足被保险人的护理需求，被保险人有权选择半护理院式的护理方式，也就是在护理院接受白天护理或晚上护理。

三、我国长期护理保险发展情况简介

长期护理保险作为健康保险的重要组成部分，其作用是不可估量的。与发达国家相比，我国长期护理保险处于萌芽时期，社保体系里也未包括护理费用等方面的内容。在我国老龄化社会快速发展、家庭规模小型化、居民寿命不断延长，以及医疗费用的大幅上扬等原因的作用下，老年护理成本也在不断增加，因此长期护理保险也将在中国进入一个快速发展期。

四、日常生活活动（ADL）介绍

日常生活活动（Activities of Daily Living，ADL）在康复医学中指日常生活活动，反映人们在家庭（或医疗机构内）、社区中最基本的能力，在康复医学中是最基本和最重要的内容。

ADL是在童年期逐步形成获得，并随着实践而发展，最终趋于完善。这些活动对于病、伤、残者来说，可能会相当困难和复杂。残疾人若无力去完成日常生活活动，就可能导致自尊心和自信心的丧失，进而又会加重生活能力的丧失。

在日常生活活动中最大限度的自理构成了康复工作的重要领域。要改善患者自理能力，首先必须进行ADL的评定。

（一）ADL概念、范围及评定目的

ADL是指人们在每日生活中，为了照料自己的衣、食、住、行，保持个人卫生整洁和进行独立的社区活动所必须进行的一系列的基本活动，是人们为了维持

生存及适应环境而每天必须反复进行的、最基本的、最具有共性的活动。

日常生活活动包括运动、自理、交流及家务活动等。运动方面有：床上运动、轮椅上运动和转移、室内或室外行走、公共或私人交通工具的使用。自理方面有：更衣、进食、如厕、洗漱、修饰（梳头、刮脸、化妆）等。交流方面有打电话、阅读、书写、使用计算机、识别环境标志等。家务劳动方面有：购物、备餐、洗衣、使用家具及环境控制器（电源开关、水龙头、钥匙等）。

ADL 的评定对确定患者能否独立及独立的程度、判定预后、制订和修订治疗计划、评定治疗效果、安排返家或就业都十分重要。

（二）ADL 分类

ADL 可以分为基本的或躯体的日常生活活动能力（BADL 或 PADL）和工具性日常生活活动能力（IADL）。目前部分 ADL 量表是将两者相结合进行评定。

1. 基本或躯体 ADL

基本或躯体 ADL 指每日生活中与穿衣、进食、保持个人卫生等自理活动和坐、站、行走等身体活动有关的基本活动。反映较粗大的运动功能，常在医疗机构中应用。

2. 工具性 ADL

工具性 ADL 指人们在社区中独立生活所需的关键性的较高级的技能，如家务杂事、炊事、采购、骑车或驾车、处理个人事务等，大多需借助工具进行。该指标反映较精细的功能，多在社区老年人和残疾人中应用。

（三）ADL 评定方法

ADL 提出至今已出现了大量的评定方法。常用的标准化 PADL 评定方法有 Barthel 指数、Katz 指数、PULSES、修订的 Kenny 自理评定等。常用的 IADL 评定有功能活动问卷（the Functional Activities Questionary，FAQ）、快速残疾评定量表（Rapid Disability Rating Scale，RDRS）等。不同评定方法有其不同的适应证及评估价值，但研究也证实不同评定方法间具有一定程度的相关性或一致性。下面我们就 Barthel 指数评定方法做详细介绍。

Barthel 指数是由美国人 Dorother Barthel 和 Floorence Mahney 在 1956 年设计并制定的，是美国康复治疗机构常用的一种 ADL 评定方法，我国自 20 世纪 80 年代后期在日常生活活动能力评定时，也普遍采用这种评定方法。Barthel 指数评定简单，可信度高，灵敏度也高，使用广泛，共有10个评定项目，是国际康复医疗机构常用的方法。评分结果最高分是100分，评分结果与生活自理情况的关系如下：

60分以上者评级为“良”——生活基本自理；

60—40分者评级为“中度残疾”——有功能障碍，生活需要帮助；

40—20分者评级为“重度残疾”——生活依赖明显；

20分以下者评级为“完全残疾”——生活完全依赖。

Barthel指数40分以上者康复治疗效益最大。

Barthel指数评定内容详见表2-2。

表2-2 Barthel指数评定内容及记分法

项目	完全独立	需部分帮助	需极大帮助	完全依赖
1. 进食	10	5	0	—
2. 洗澡	5	0	—	—
3. 修饰	5	0	—	—
4. 穿衣	10	5	0	—
5. 控制大便	10	5	0	—
6. 控制小便	10	5	0	—
7. 如厕	10	5	0	—
8. 床椅转移	15	10	5	0
9. 平地行走	15	10	5	0
10. 上下楼梯	10	5	0	—

1. 进食

进食，指用合适的餐具将食物由容器送到口中，包括用筷子、勺子或叉子取食物，对碗/碟的把持，咀嚼、吞咽等过程。

- 10分：可独立进食（在合理的时间内独立进食准备好的食物）；
- 5分：需部分帮助（前述某个步骤需要一定帮助）；
- 0分：需极大帮助或完全依赖他人。

2. 洗澡

- 5分：准备好洗澡水后，可自己独立完成；
- 0分：在洗澡过程中需他人帮助。

3. 修饰

修饰包括洗脸、刷牙、梳头、刮脸等。

- 5分：可自己独立完成；
- 0分：需他人帮助。

4. 穿衣

穿衣包括穿/脱衣服、系扣子、拉拉链、穿/脱鞋袜、系鞋带等。

- 10 分：可独立完成；
- 5 分：需部分帮助（能自己穿或脱，但需他人帮助整理衣物、系扣子、拉拉链、系鞋带等）；
- 0 分：需极大帮助或完全依赖他人。

5. 大便控制

- 10 分：可控制大便；
- 5 分：偶尔失控；
- 0 分：完全失控。

6. 小便控制

- 10 分：可控制小便；
- 5 分：偶尔失控；
- 0 分：完全失控。

7. 如厕

如厕包括擦净、整理衣裤、冲水等过程。

- 10 分：可独立完成；
- 5 分：需部分帮助（需他人搀扶、需他人帮忙冲水或整理衣裤等）；
- 0 分：需极大帮助或完全依赖他人。

8. 床椅转移

- 15 分：可独立完成；
- 10 分：需部分帮助（需他人搀扶或使用拐杖）；
- 5 分：需极大帮助（较大程度上依赖他人搀扶和帮助）；
- 0 分：完全依赖他人。

9. 平地行走

- 15 分：可独立在平地上行走 45 米；
- 10 分：需部分帮助（需他人搀扶，或使用拐杖、助行器等辅助用具）；
- 5 分：需极大帮助（行走时较大程度上依赖他人搀扶，或坐在轮椅上自行在平地上移动）；
- 0 分：完全依赖他人。

10. 上下楼梯

- 10 分：可独立上下楼梯；

- 5 分：需部分帮助（需扶楼梯、他人搀扶，或使用拐杖等）；
- 0 分：需极大帮助或完全依赖他人。

以上各项目总分相加即为最终得分，得分数值按下述标准进行评价：

0 为生活自理：100 分，日常生活活动能力良好，不需他人帮助；

1 为轻度功能障碍：61—99 分，能独立完成部分日常活动，但需一定帮助；

2 为中度功能障碍：41—60 分，需要极大帮助才能完成日常生活活动；

3 为重度功能障碍：小于等于 40 分，大部分日常生活活动不能完成或完全需人照料。

五、长期护理保险理赔的申请与审核

（一）长期护理保险理赔的申请

1. 申请人

长期护理保险理赔的申请人为被保险人本人，若被保险人本人为无民事行为能力或限制行为能力人，可由其法定监护人代为申请。

2. 申请材料

长期护理保险理赔的申请材料包括理赔申请书、保险合同、被保险人身份证明、鉴定诊断文件、受益人能提供的与确认保险事故性质和原因等相关的证明或材料、受益人（监护人）银行账户。

（二）长期护理保险理赔的审核

1. 理赔信息收集

（1）已有信息：投保时的健康告知、体检报告、各种问卷、保全信息、健康险二次核保信息等。

（2）申请人提供信息：理赔申请书信息、保单信息、病历材料等。

（3）理赔调查信息：调查人通过医疗机构、居住地、单位或其他相关行政法律部门获知的信息。

2. 审核要点

（1）出险人身份。审核人员可通过审核身份证明材料、医疗资料信息、鉴定诊断文件确认出险人身份；在上述材料不能确认的前提下，也可以通过走访、现场查勘或鉴定等方式确认出险人身份。

（2）事故发生时间。审核人员可通过审核各种事故证明材料，如医疗资料、鉴定诊断文件等确认事故发生时间；在上述材料不能确认的前提下，也可以通过走访、现场查勘等方式确认事故发生时间。

（3）事故性质。审核人员可通过审核医疗资料、意外事故证明、鉴定诊断文件等确认事故发生原因，确认保险事故发生原因是否属于条款约定责任免除范围；审核人员应严格根据鉴定诊断文件确认被保险人是否达到条款约定的长期护理标准。

（4）健康状况。审核人员应重点关注被保险人既往健康状况和现在的健康状况。被保险人存在为了获取长期护理保险金，投保时故意隐瞒既往身体健康状况，在审核时要排除被保险人不实告知事项。

（5）给付期间。长期护理保险的保险金给付期限有1年、数年和终身等几种不同的选择，同时也规定有20天、30天、60天、90天、100天等多种免责期，所以审核人员在审核时要关注免责期间和给付，避免下达错误的审核结论。

第七节　理赔除外责任详解

除外责任又称责任免除，指根据法律规定或合同约定，保险人对某些风险造成的损失补偿不承担赔偿保险金的责任。

不同的保险合同具有不同的特点，所以不同类型的合同就会有不同的除外责任，如身故类保险合同中的“2年内自杀”、重大疾病类保险合同中的“先天性畸形”、医疗类保险合同中的“既往症”等。下面对各种保险合同中涉及的理赔除外责任进行详细的介绍。

按人身保险理赔的类型，保险合同分为身故类、重大疾病类、意外伤害类、医疗类、失能类和长期护理类，下面来看一下各种类型的保险合同一般都包括哪些除外责任条款。

一、除外责任条款

（一）身故类保险合同除外责任

身故类保险合同的除外责任条款包括：

- 投保人对被保险人的故意杀害、故意伤害。
- 被保险人故意犯罪或者抗拒依法采取的刑事强制措施。
- 被保险人主动吸食或者注射毒品。
- 被保险人在保险合同成立或者合同效力恢复之日起 2 年内自杀，但被保险人自杀时为无民事行为能力人的除外。
- 被保险人酒后驾驶、无合法有效驾驶证驾驶，或者驾驶无合法有效行驶证的机动车。
- 战争、军事冲突、暴乱或者武装叛乱。
- 核爆炸、核辐射或者核污染。

（二）重大疾病类保险合同除外责任

重大疾病类保险合同的除外责任条款包括：

- 投保人对被保险人的故意杀害、故意伤害。
- 被保险人故意自伤、故意犯罪或抗拒依法采取的刑事强制措施。
- 被保险人主动吸食或注射毒品。
- 被保险人酒后驾驶、无合法有效驾驶证驾驶，或驾驶无有效行驶证的机动车。
- 被保险人感染艾滋病病毒或患艾滋病。
- 战争、军事冲突、暴乱或武装叛乱。
- 核爆炸、核辐射或者核污染。
- 遗传性疾病，先天性畸形、变形或染色体异常。

（三）意外伤害类保险合同除外责任

意外伤害类保险合同的除外责任条款包括：

- 投保人对被保险人的故意杀害、故意伤害。
- 被保险人故意自伤、故意犯罪、抗拒依法采取的刑事强制措施或者自杀（但被保险人自杀时为无民事行为能力人的除外）。
- 被保险人醉酒，主动吸食或者注射毒品。
- 被保险人酒后驾驶、无合法有效驾驶证驾驶，或驾驶无有效行驶证的机动车。
- 被保险人药物过敏、医疗事故，精神和行为障碍（以世界卫生组织颁布的

《疾病和有关健康问题的国际统计分类（ICD－10）》为准）。

• 被保险人未遵医嘱，私自使用药物，但按使用说明的规定使用非处方药不在此限。

• 被保险人从事下列高风险运动：潜水、跳伞、攀岩、驾驶滑翔机或滑翔伞、探险、摔跤、武术比赛、特技表演、赛马、赛车。

• 战争、军事冲突、暴乱或者武装叛乱。

• 核爆炸、核辐射或者核污染。

（四）医疗类保险合同除外责任

医疗类保险合同除外责任条款包括：

• 未书面告知的既往症、合同特别约定的除外疾病。

• 遗传性疾病、先天性畸形、变形和染色体异常（以世界卫生组织颁布的《疾病和有关健康问题的国际统计分类（ICD－10）》为准）。

• 感染艾滋病病毒或者患艾滋病、性病、精神和行为障碍（以世界卫生组织颁布的《疾病和有关健康问题的国际统计分类（ICD－10）》为准）。

• 不孕不育治疗、避孕、节育（含绝育）、子宫体腔内妊娠、产前产后检查、流产、堕胎、分娩（含难产）、变性手术、人体试验、人工生殖，或者由前述任一原因引起的并发症（部分高端医疗产品无此条款）。

•《中华人民共和国传染病防治法》（以下简称《传染病防治法》）规定的甲类及乙类法定传染病（不含病毒性肝炎），或者国家有关法律、法规、规范性法律文件规定的法定传染病。前述传染病定义以被保险人入院当日《传染病防治法》或者国家有关法律、法规、规范性法律文件的规定为准。

• 疗养、康复治疗、心理治疗、美容、矫形、视力矫正手术、牙齿治疗、安装假肢、非意外事故所致的整容手术（部分高端医疗产品无此条款）。

• 投保人对被保险人的故意杀害、故意伤害。

• 被保险人故意犯罪、抗拒依法采取的刑事强制措施。

• 被保险人主动吸食或者注射毒品。

• 被保险人挑衅或者故意行为导致的打斗、被袭击、被谋杀。

• 被保险人酒后驾驶、无合法有效驾驶证驾驶、驾驶无有效行驶证的机动车。

• 被保险人从事下列高风险运动：潜水、跳伞、攀岩、驾驶滑翔机或者滑翔伞、探险、摔跤、武术比赛、特技表演、赛马、赛车。

- 战争、军事行动、暴乱、武装叛乱、核爆炸、核辐射、核污染。

（五）失能类保险合同除外责任

失能类保险合同的除外责任条款包括：

- 投保人故意造成被保险人的死亡、伤残或疾病。
- 被保险人故意自伤，故意犯罪或者抗拒依法采取的刑事强制措施。
- 被保险人主动吸食或注射毒品。
- 被保险人酒后驾驶，无合法有效驾驶证驾驶或驾驶无有效行驶证的机动车。
- 战争、军事冲突、暴乱或武装叛乱、核爆炸、核辐射或核污染。
- 遗传性疾病、先天性畸形、变形或染色体异常。
- 被保险人患艾滋病或感染艾滋病病毒。
- 被保险人从事潜水、跳伞、攀岩运动、探险活动、武术比赛、摔跤比赛、特技表演、赛马、赛车等高风险运动。

（六）长期护理类保险合同除外责任

长期护理类保险合同的除外责任条款包括：

- 投保人故意造成被保险人的死亡、伤残或疾病；
- 被保险人故意自伤、故意犯罪或拒捕；
- 被保险人主动吸食或注射毒品；
- 被保险人酒后驾驶、无合法有效驾驶证驾驶或驾驶无有效行驶证的机动车；
- 被保险人感染艾滋病病毒或患艾滋病；
- 被保险人在保险合同成立或者合同效力恢复之日起 2 年内自杀，但被保险人自杀时为无民事行为能力人的除外；
- 战争、军事冲突、暴乱或武装叛乱、核爆炸、核辐射或核污染；
- 遗传性疾病，先天性畸形、变形或染色体异常。

二、除外责任条款解释

人身保险中，除外责任条款主要涉及内容的解释如下：

1. 投保人对被保险人的故意杀害、故意伤害

《保险法》第四十三条明确规定，“投保人故意造成被保险人死亡、伤残或者

疾病的，保险人不承担给付保险金的责任。投保人已交足二年以上保险费的，保险人应当按照合同约定向其他权利人退还保险单的现金价值。受益人故意造成被保险人死亡、伤残、疾病的，或者故意杀害被保险人未遂的，该受益人丧失受益权”。

只有投保人故意的违法行为才属于法定的除外责任，其原因在于：其一，投保人故意造成保险事故而产生的危险属于道德危险，而道德危险不属于可投保的危险，保险人对它不应承担保险责任。其二，投保人是购买保险单的人，如果投保人故意导致保险事故的发生，则保险事故的发生概率就高于平均概率，这对于保险人来说显然不公平。其三，故意导致他人死亡、伤残或疾病的行为构成违法，保险仍然做出保险金给付，可能会起到鼓励这种行为的作用。

在具体适用这一规则时，必须注意如下几点：（1）只有投保人故意的违法行为才属于法定的除外责任。投保人的故意而合法的行为（如执行死刑），或过失而违法的行为（如误伤而致死），都不属于法定的除外责任。（2）投保人的“故意”包括直接故意和间接故意。直接故意，是指投保人明知会导致被保险人死亡、伤残或疾病，而追求这一结果；间接故意，是指投保人的行为会导致被保险人死亡、伤残或疾病，而放任这一结果。（3）投保人的行为可以是积极的行为，也可以是消极的不作为。投保人故意造成被保险人死亡、伤残或疾病，通常是积极的行为。但是，投保人的不作为也可能认定为这里说的“故意”行为，当然前提是投保人负有作为义务。（4）投保人的故意行为不仅包括其亲自实施的行为，也包括其故意通过第三人实施的行为。

2. 被保险人故意犯罪或者抗拒依法采取的刑事强制措施

《保险法》第四十五条明确规定，“因被保险人故意犯罪或者抗拒依法采取的刑事强制措施导致其伤残或者死亡的，保险人不承担给付保险金的责任。投保人已交足二年以上保险费的，保险人应当按照合同约定退还保险单的现金价值”。

在被保险人因犯罪或者因抗拒采取的刑事强制措施而导致自身伤残或死亡时，保险人不承担给付保险金的责任。理由在于：第一，被保险人故意犯罪或者因抗拒依法采取的刑事措施导致其自身伤残或者死亡（如拒捕、越狱致死），都属于故意导致保险事故发生，如果保险人仍然承担赔偿责任，既违反保险合同的合法性原则，也违背保险法的最大诚信原则。第二，犯罪行为或者抗拒刑事强制措施的行为，本质上属于对社会具有重大危害性的行为，是社会大众所否定的行为，因此从维护社会秩序与善良风俗等社会公共利益考虑，也应当认为被保险人不得请求给付保险金。

在具体适用这一规则时，适用两种情形：

（1）因犯罪导致自身伤残或死亡，具体包括两种情况：一是犯罪行为和伤残之间必须存在因果关系，否则不适用本规定。二是因犯罪导致自身死亡。它是指犯罪处死，即被保险人因实施犯罪行为，经合法诉讼程序，被法院依法判处并执行死刑。犯罪处死，可以是被本国法院判处死刑，也可以是被外国法院判处死刑。

（2）因被保险人抗拒依法采取的刑事强制措施导致其伤残或者死亡，主要包括被保险人抗拒拘捕而致其伤残或死亡和被保险人越狱而致其伤残或死亡。

3. 被保险人主动吸食或者注射毒品

主动吸食或者注射毒品，是指被保险人的一种故意行为，是被保险人在意思自主状态下做出吸食或者注射毒品的决定。如果被保险人在受到第三人胁迫或蒙骗时吸食或者注射毒品，则不属于主动行为。

毒品指《刑法》规定的鸦片、海洛因、甲基苯丙胺（冰毒）、吗啡、大麻、可卡因以及国家规定管制的其他能够使人形成瘾癖的麻醉药品和精神药品，但不包括由医生开具并遵医嘱使用的用于治疗疾病但含有毒品成分的处方药品。

4. 被保险人在保险合同成立或者合同效力恢复之日起 2 年内自杀，但被保险人自杀时为无民事行为能力人的除外

《保险法》第四十四条明确规定，“以被保险人死亡为给付保险金条件的合同，自合同成立或者合同效力恢复之日起二年内，被保险人自杀的，保险人不承担给付保险金的责任，但被保险人自杀时为无民事行为能力人的除外。保险人依照前款规定不承担给付保险金责任的，应当按照合同约定退还保险单的现金价值”。

自杀属于保险合同的除外责任，主要理由如下：

（1）自杀违反了《保险法》的最大诚信原则。如果被保险人在认识且了解自杀行为的意义和效果的情况下，仍然实施了自杀行为，就违反了保险制度中的最大诚信原则，保险人应当免责。

（2）自杀免责有利于预防保险欺诈。将自杀作为除外责任，可以预防被保险人在决定自杀后投保，以欺诈手段使受益人获得保险金。

（3）自杀免责可以避免对保险人产生不公平后果。可保风险应当属于偶发与意外，如果被保险人可以自行控制风险的发生率，则其死亡率将高于平均死亡率，这对保险人是不公平的。

（4）自杀免责符合法律目的。法律的目的是尊重生命、保障生命，如果被保

险人自杀，保险人仍然做出保险给付，就可能起到鼓励被保险人自杀而成全受益人的作用。

自杀必须以被保险人有意思能力为前提。所谓意思能力，是指可以理智地对自己行为的效果进行适当判断的能力。如果被保险人根本无能力对自己的行为做出判断，或者无从预见其行为所发生的法律效果，就不应认定为自杀。根据《民法通则》的规定，此处所说的“无民事行为能力人”包括10周岁以下的未成年人和完全不能辨认自己行为的精神病人。

自杀本质上是故意行为，被保险人必须是在意思自主的状态下做出自杀决定。如果被保险人是受到第三人强暴或胁迫时不得不决定自杀，就不满足自杀者意思决定自由的要件，不属于自杀。被保险人在意思自主状态下做出自杀决定，还意味着自杀是以故意为限，如果被保险人因为过失而导致自己死亡，则不属于自杀。

被保险人完成自杀的行为，并不以其亲自着手实施为限，可以借助他人的行为来自杀。如果被保险人教唆或嘱托他人完成自杀行为，都属于自杀。

5. 被保险人酒后驾驶，无合法有效驾驶证驾驶，或者驾驶无合法有效行驶证的机动车

酒后驾驶，是指经检测或者鉴定，发生保险事故时被保险人每百毫升血液中的酒精含量达到或者超过一定的标准，是否达到前述标准由公安机关交通管理部门依据《道路交通安全法》的规定认定，保险公司根据公安机关交通管理部门的认定确认被保险人是否属于酒后驾驶。

无合法有效驾驶证驾驶，是指没有取得中华人民共和国有关主管部门颁发或者认可的驾驶资格证书；驾驶与合法有效驾驶证准驾车型不相符合的车辆；持审验不合格的驾驶证驾驶；在驾驶证有效期内未按照中华人民共和国法律、行政法规的规定，定期对机动车驾驶证实施审验；驾驶证已过有效期。

无合法有效行驶证，是指发生保险事故时没有按照公安机关交通管理部门机动车登记制度的规定进行登记并领取机动车行驶证或者临时通行牌证等法定证件。它包括下列情形之一：未办理行驶证或者行驶证在申办过程中；机动车行驶证被依法注销登记；未在行驶证检验有效期内依法按时进行或者未通过机动车安全技术检验。

机动车，是指以动力装置驱动或者牵引，上道路行驶的供人员乘用或者用于运送物品以及进行工程专项作业的轮式车辆。需注意，摩托车也属于机动车范畴。

6. 战争、军事冲突、暴乱或者武装叛乱、核爆炸、核辐射或者核污染

被保险人在战争、军事冲突、暴乱或者武装叛乱、核爆炸、核辐射或者核污

染中身故或伤残的，无论被保险人是否参与以上各项活动，均属于责任免除范围。

7. 感染艾滋病病毒或者患艾滋病、性病、精神和行为障碍（以世界卫生组织颁布的《疾病和有关健康问题的国际统计分类（ICD－10）》为准）

被保险人因感染艾滋病病毒或者患艾滋病、性病、精神疾病发生的事故，均不在保险责任范围内。

8. 未书面告知的既往症

未书面告知的既往症，是指投保人和被保险人在保险合同生效时已患有的疾病或者已有的疾病典型症状，但在投保时没有书面告知保险人（投保时已书面告知的除外）。

9. 遗传性疾病、先天性畸形、变形和染色体异常（以世界卫生组织颁布的《疾病和有关健康问题的国际统计分类（ICD－10）》为准）

遗传性疾病，是指因受精卵中的遗传物质（染色体，脱氧核糖核酸［DNA］）异常或生殖细胞所携带的遗传信息异常所引起的子代的性状异常，如多指、血友病。

先天性畸形，是指出生前在母体内已形成的外形或体内有可识别的结构和功能缺陷（不包括代谢疾病），如先天性房间隔缺损、先天性唇腭裂。

染色体异常，是指因染色体发育不全导致的先天性疾病，如21三体综合征。

10.《传染病防治法》规定的甲类及乙类法定传染病（不含病毒性肝炎），或者国家有关法律、法规、规范性法律文件规定的法定传染病（以被保险人入院当日《传染病防治法》或者国家有关法律、法规、规范性法律文件的规定为准）

当被保险人因这一类疾病出险时，保险人不承担保险责任。注意：当新型传染病出现，未被归入国家相关法律、法规、规范性法律文件中时，保险人应当谨慎做出理赔决定，避免出现理赔纠纷。

11. 生育环节相关治疗、手术，变性手术，人体试验

不孕不育治疗、避孕、节育（含绝育）、子宫体腔内妊娠、产前产后检查、流产、堕胎、分娩（含难产）、变性手术、人体试验、人工生殖，或者由前述任一原因引起的并发症不孕不育治疗、避孕、节育（含绝育）、子宫体腔内妊娠、产前产后检查、流产、堕胎、分娩（含难产）、人工生殖属均发生在生育环节，而生育对于女性具有一定的必然性，所以纳入保险除外责任范围；变性手术、人体试验属于主观意图发生，同样不属于保险责任范围。值得注意的是，目前市场上出现的部分高端医疗产品不将上述部分责任列入除外责任。

12. 疗养、康复治疗、心理治疗、美容、矫形、视力矫正手术、牙齿治疗、安装假肢、非意外事故所致的整容手术

康复治疗，是指在康复医院、康复科诊治或者接受以促进机体各项功能恢复为目的的医疗活动，如理疗、按摩、推拿、生物反馈治疗、康复营养治疗、康复护理等。

牙齿治疗，是指牙齿的保健、清洁、美白、矫形，以及种牙、镶牙、补牙、拔牙手术。

上述治疗均不在医疗险理赔范围内。部分高端医疗产品也会将上述部分责任列入保障范畴。

13. 被保险人挑衅或者故意行为导致的打斗、被袭击、被谋杀

被保险人在实施上述行为时，必须具备相应的认知能力，同时要求被保险人主观上存在故意行为，不管是挑衅，还是导致的打斗、被袭击、被谋杀，被保险人均是在明确知道其行为后果的情况下，仍然采取了上述行为或者放任了上述行为的发生。

由以上行为引发的医疗、伤残和死亡均不属于意外伤害和医疗责任范围。

14. 被保险人从事高风险运动

被保险人从事潜水、跳伞、攀岩、驾驶滑翔机或者滑翔伞、探险、摔跤、武术比赛、特技表演、赛马、赛车时出险，保险人可免责。

第三章　理赔流程

理赔案件的处理需要保险金申请人与保险公司双方密切配合，各家保险公司均建立了一套理赔流程和作业标准，一方面为保证保险金申请人能快捷地领取保险金，另一方面也为满足保险公司审核索赔有效性要求，确保向合适的申请人给付保险金。

一般来说，理赔流程可分为理赔报案、理赔受理、理赔调查、理赔审核、保险金支付、理赔案卷归档等几个环节（理赔实务流程示例见图3－1）。本章将对理赔流程各个环节的工作内容及注意事项分别加以介绍。

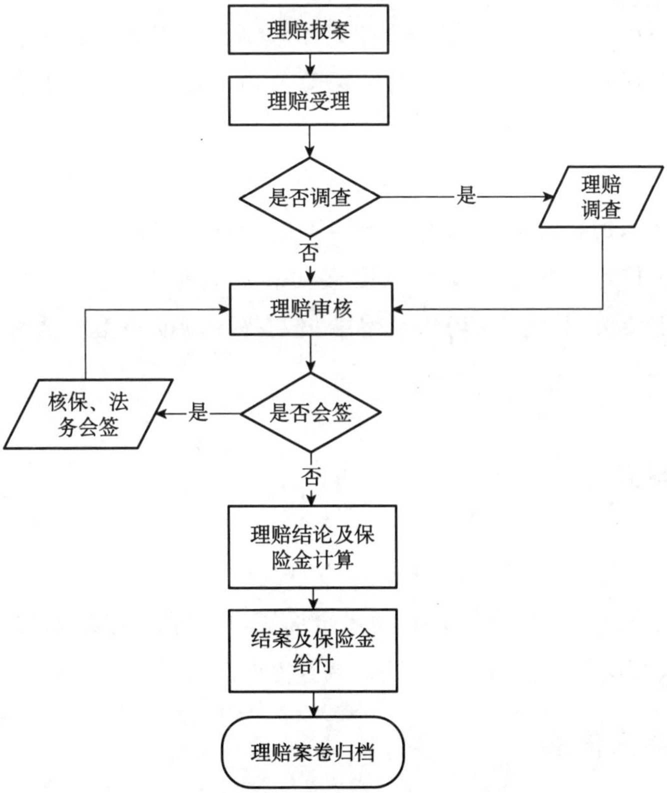

图3－1　理赔实务流程

第一节　理赔报案

报案，是指保险事故发生后，报案人将保险事故情况通知保险公司的行为。《保险法》第二十一条规定，“投保人、被保险人或者受益人知道保险事故发生后，应当及时通知保险人。故意或者因重大过失未及时通知，致使保险事故的性质、原因、损失程度等难以确定的，保险人对无法确定的部分，不承担赔偿或者给付保险金的责任，但保险人通过其他途径已经及时知道或者应当及时知道保险事故发生的除外”。此规定的主要目的是对被保险人、受益人设置一定的通知约束义务，使保险人不致因调查的延迟而丧失证据。

一、报案人及报案方式

在理赔实务中，报案人的身份没有具体限制，报案人可以是投保人、被保险人、受益人、被保险人的亲属或朋友、保险公司的业务员或者其他知情人。及时报案是被保险人、受益人的法定义务。

传统的报案方式主要有保险公司营业网点柜面报案、电话报案和传真报案。随着网络信息技术的推陈出新，保险公司不断开辟丰富的报案渠道，报案方式越发多样化。除了传统的柜面报案、电话报案和传真报案，网上报案、邮件报案、微信报案以及保险公司人员现场移动终端报案等新型的报案方式也开始为人们所了解并运用。

二、报案要素

报案信息是保险公司理赔人员了解保险事故的第一手资料。理赔报案时受理人员对案件相关信息进行询问和记录有助于全面了解案件，积极做好理赔服务，同时也有助于及时发现案件存在的疑点，确定调查方向。报案要素主要包括以下内容：

（一）出险人信息

出险人信息包括出险人的姓名、身份证号，如果报案人不清楚出险人的身份证号，可登记出险人的性别、年龄等，以便查找确定出险人的投保信息。

（二）报案人信息

报案人信息包括报案人的姓名、联系电话、报案人与出险人的关系等。

（三）出险事故信息

出险事故信息包括出险时间、出险地点、出险经过、出险人目前的情况等。涉及医疗就诊的，需了解就诊医院及治疗情况等。

三、理赔报案受理的工作内容

（一）报案信息询问和记录

报案信息询问和记录是逐一询问并记录出险人信息、报案人信息和出险事故信息，即“何时、何地、何事、何人、何故、何情、何物”。同时，可有针对性地适当展开询问，以利于全面掌握出险情况。

（1）针对身故出险的报案，应重点了解出险后的旁证和事故处理情况，比如是否有第一时间的目击证人，是否送医院抢救，到达医院时是否还有生命迹象，是否有医院或者公安机关参与了身故处理，是否进行了尸检，是否已殡葬等。

（2）针对客户正在住院治疗的报案，应详细了解并记录出险人所住医院、科室、病区和病床号、入院日期、治疗情况，便于理赔调查人员前往医院进行慰问和了解情况。

（3）针对意外出险的报案，应询问具体致伤物、受伤部位，询问是否有公安机关或者安全监管部门介入事故处理，工伤事故应询问出险单位的名称，交通事故应询问交通工具及事故处理的交警部门名称。

（4）涉及他人伤害出险的报案，应提醒报案人报警并取得相关证据，如果已报警的，需了解接警的具体公安机关的名称。

（5）如遇报案时间延迟，应详细了解报案延迟的原因。

（二）保单信息查询

根据报案人提供的出险人信息（姓名、身份证号或性别和年龄等），对出险人的保单信息进行查询。必须注意查询保单中是否含有和报案出险事故基本匹配的责任，保单缴费是否正常等。对于无法查询到保单信息的，应具体询问出险人的保单信息，如保单号、保险险种、投保人姓名及身份证号等，进一步查找核实出险人投保情况。

（三）索赔指导

索赔指导主要是指向报案人介绍理赔流程，根据报案的出险事故，对照保险合同列明的保险责任，详细说明申请理赔时需提供哪些材料，并对办理理赔时的注意事项予以提醒。

身故出险的报案虽有正规医疗机构或公安司法部门介入处理，但出险人死因不明确或有疑问的，应提醒客户进行尸检，以明确死因。

对于未经医疗机构或公安司法部门介入并认定，尤其是仅由村委会、乡政府处理的身故出险报案，应告知客户国家相关法律规定以及保险条款所规定的死亡原因认定机构是正规医疗机构或公安司法部门，并提醒客户开展法医鉴定。对于已经提出尸检要求的，应及时主动与客户联系，协助客户办理法医鉴定。

对于需进行伤残鉴定的案件，应提醒客户伤残鉴定的鉴定机构、伤残鉴定时间要求以及需携带的材料等。

四、理赔报案受理的注意事项

报案是客户发生保险事故后与保险公司的第一次接触，保险公司服务人员在受理报案时要特别注意以下事项：

（1）在接待报案时，应注意礼貌周到；询问时应注意方式、方法和技巧，避免引致报案人的不满和欺诈者的警觉。

（2）向报案人说明需提供哪些理赔材料时，应一次性解释清楚，避免出现重复索要必要理赔资料的情形。

（3）遇到保单失效或保险事故明显与保单责任不符的情况时，应提醒报案人核对。

（4）遇到出险时间在对应当期保费未续缴情形下的保单宽限期内的，应提醒客户尽快在宽限期内续缴保费，便于理赔顺利进行。

（5）在报案人询问能否得到理赔以及理赔金额之类问题时，切忌随意解释，更不能在没有经过理赔审核的情况下就理赔结论向客户进行任何形式的承诺。

(6) 对于通过传真、网络、邮件等报案方式报案的案件，应主动及时与报案人取得联系，确认已收到报案，同时进一步获取与出险事故相关的信息。

五、重大或特殊案件通报

对于一些案情特殊或者保险金额较大的案件，保险公司均会要求报案受理人员在接报案后立即通知理赔部门，以便第一时间安排人员慰问、探望被保险人或受益人，根据案件情况开展现场勘查以及其他必要的走访调查，使保险理赔工作能处于比较主动的状态。各家保险公司重大或特殊案件标准可能存在一定的差异，但通常包括以下几种情况：

(1) 高额理赔案件，即保险金额达到一定额度的案件。

(2) 重大灾害事故或者有重要社会影响的案件。

(3) 需立即现场勘查的特殊案件，如死亡案件尸体尚未处理的，接诊医疗机构或其他处理部门处理时点已经在死亡后且死因不明的，涉及重大疾病或可疑慢性病的医疗案件且出险人仍在住院治疗的。

第二节 理赔受理

在向保险公司报案后，保险金申请人应根据保险合同的约定收集、整理索赔资料，填写理赔申请书，一并提交给保险公司申请理赔。保险公司理赔人员根据保险金申请人提供的索赔资料，对赔案进行初步审核，做出是否接受保险金申请人申请理赔的决定，这一过程即为理赔受理。

一、保险金申请人

保险金申请人是享有保险金请求权的人，即受益人本人或其监护人。《保险法》第二十二条规定，“保险事故发生后，按照保险合同请求保险人赔偿或者给付保险金时，投保人、被保险人或者受益人应当向保险人提供其所能提供的与确认保险事故的性质、原因、损失程度等有关的证明和资料”。由此可见，保险金申请人享有保险金请求给付的权利，同时须履行向保险公司提供索赔必需的各种资料的义务。理赔人员应根据案情和申请理赔项目对保险金申请人资格进行审核。

身故案件的保险金申请人应为保险合同指定的身故受益人。《保险法》第四十二条规定，“被保险人死亡后，有下列情形之一的，保险金作为被保险人的遗产，由保险人依照《中华人民共和国继承法》的规定履行给付保险金的义务：

（1）没有指定受益人，或者受益人指定不明无法确定的。

（2）受益人先于被保险人死亡，没有其他受益人的。

（3）受益人依法丧失受益权或者放弃受益权，没有其他受益人的。

受益人与被保险人在同一事件中死亡，且不能确定死亡先后顺序的，推定受益人死亡在先”。伤残、重大疾病及医疗类案件的保险金申请人应为被保险人本人。如果被保险人在申请领取伤残、重大疾病或医疗费用、津贴等保险金前已身故，这些保险金将作为被保险人的遗产向其合法继承人给付。

如果被保险人、受益人为无民事行为能力人或者限制民事行为能力人，须由其法定监护人提出索赔申请。

二、理赔申请材料

保险金申请人在向保险公司提出索赔申请时，应根据保险合同约定提供相应的索赔资料。理赔申请材料主要有以下几类：

（一）理赔申请书

理赔申请书的主要内容包括被保险人信息（姓名、证件类型、证件号、联系电话等）、保单号、申请理赔项目（身故、伤残、重大疾病、住院费用、住院津贴、门诊费用等）、出险事故信息（出险时间、地点、经过、结果、事故者现状等）、申请人信息（姓名、证件类型、证件号、联系电话、地址、银行账号信息等）、申请人授权与声明等。

理赔申请书应由保险金申请人填写并签名。如果受益人为无民事行为能力人或限制民事行为能力人，应由其法定监护人填写并签名。此外，对于受益人因残疾或文盲等无法签名的，实务中可由他人代签名并由受益人在签名上按手印，但必须同时有两个见证人（至少有一人与受益人非亲属关系），并提供见证人身份证复印件。

（二）被保险人的身份证明

被保险人的身份证明即被保险人的有效身份证或护照、军官证、警官证等，若被保险人为未成年人，可提供户口本、户籍证明、出生证等。

（三）受益人的身份证明

受益人的身份证明即受益人的有效身份证或护照、军官证、警官证等，若受益人为未成年人，可提供户口本、户籍证明、出生证等。

受益人为无民事行为能力人或限制民事行为能力人时，还需提供无民事行为能力或限制民事行为能力的证明、监护人及监护关系证明。

（四）死亡证明、户籍注销证明

申请身故保险金的，需提供被保险人的死亡证明或户籍注销证明。死亡证明必须是国家卫生行政部门规定的医疗机构、公安部门或其他有权机构出具的。如未能提供上述特定机构出具的死亡证明，仅提供其他机构出具的死亡证明，则必须同时提供户籍注销证明。被保险人被宣告死亡的，须提供人民法院出具的宣告死亡判决书。

（五）残疾鉴定书

申请伤残保险金的，根据保险合同的约定，需提供公司指定的或认可的医疗机构或鉴定机构出具的残疾鉴定书，以确定被保险人残疾情况及等级。

（六）医疗相关证明和材料

申请重大疾病、医疗费用或津贴金理赔时，需提供医疗相关证明材料。医疗相关证明材料包括由公司指定的或认可的医疗机构或医师出具的诊断证明、医学检查报告单、手术证明、住院小结、门诊病历等。

申请医疗费用理赔的，除前述医疗证明材料以外，还需提供医疗费用收费票据、医疗费用明细清单、公费医疗或基本医疗保险经办机构出具的医疗费用结算单等原始凭证。

（七）意外事故证明

申请意外事故理赔的，需提供意外事故证明：

（1）交通事故应提供“交通事故认定书”。

（2）工伤事故应提供由安全监管部门、事故单位开具的事故证明。

（3）因他伤或他杀引起治安及刑事案件导致的意外事故应提供公安或司法机关出具的相关证明文件，涉及诉讼的则应提供人民法院的结案司法文书。

（4）其他意外事故情况，有见证人的，应出具相关责任单位或见证人证明。如果是单位见证，需加盖单位公章；如果是见证人证明，需见证人签字并提供见证人身份证。如果发生的意外事故无其他责任单位及见证人，申请人须提供意外事故经过说明。

（八）受益人关系等相关证明

受益人为法定继承人时，需提供能够证明其具有合法继承权的相关文件、关系证明。法定继承人之间的继承关系或份额不能达成协议或产生争议的，应提供权威机构出具的公证书、调解书、判决书等法律文件。

（九）授权委托书

保险金申请人因故无法亲自申请理赔，委托他人办理理赔的，除了提供上述证明和资料外，须另行提供授权人亲笔签字的授权委托书和受托人的身份证明。

（十）境外出险的证明材料

境外出险的，除须按照保险合同约定提供理赔申请文件外，还应提交以下书面资料：

（1）被保险人合法的出入境证件（护照与签证）。

（2）如果被保险人在境外发生死亡、伤残及重大疾病的保险事故，其所提供的死亡证明、残疾鉴定书及重大疾病的诊断证明须经我国驻当地所在国使领馆的确认。

上述是理赔申请时可能涉及的各类材料，由于保险事故性质和理赔申请项目的不同，不同理赔案件应备的申请材料会有所区别，各家保险公司对理赔申请材料的要求也会存在细微的差别。

三、理赔申请受理的工作要点

在接收客户的理赔申请书及索赔材料后，理赔人员应查看保单状态的有效性，并根据保险合同和条款的约定，审核索赔资料是否完整、有效。理赔申请受理应注意以下几个方面的审核：

（一）保单的审核

审核保单是否有效、保单缴费是否正常、有无垫缴保费、有无保单变更等。

（二）出险人的审核

审核出险人是否是保险合同的被保险人或投保人，出险人身份证件信息是否与保单记载的信息一致。

（三）申请人的审核

审核申请人是否具有保险金受益资格，是否是保单指定的受益人或者是依法享有保险金请求权的人。

（四）保险事故的审核

审核保险事故是否发生在保险合同有效期内，索赔事由是否在保险合同规定的保险责任范围内。

经初步审核，对于索赔资料完整、有效，且被保险人在保险合同有效期内发生了保险合同约定的保险事故，理赔人员可受理理赔申请，并予立案。

在实际工作中，并非所有的理赔申请都能受理并立案，对于不符合受理条件的理赔申请，理赔人员应及时通知保险金申请人，解释不予受理的原因并退还所有索赔资料。

第三节 理赔调查

理赔调查是保险公司根据已有资料尚不能做出准确的理赔结论，需进一步明确发生的事故是否属于保险责任而向事故的相关知情人、联系人或处理人进行核实取证的工作。并非所有的理赔案件都需要理赔调查，但理赔调查对于理赔案件的正确审定、保护诚信保险消费者和保险公司的利益等发挥着重要作用。

一、理赔调查的原因

各家保险公司对提起理赔调查的案件标准均有规定，具体标准不尽相同，判断是否需提起理赔调查的考虑因素通常包括以下 8 个方面：

（1）短期内出险，比如长期险合同订立两年内出险、刚过观察期或等待期的重大疾病或医疗险索赔。

（2）需立即进行现场取证或固定证据，如交通事故、高空坠落、不明原因死亡等。

（3）案件事实不清、证据不足或提供的证明材料存在涂改、伪造等嫌疑。

（4）发现有属于投保前已患疾病情况。

（5）所患疾病发生的医疗费用存在明显不合理性。

（6）投保单记载的职业与出险时的职业有很大差异。

（7）报案时间过迟，且无法合理解释。

（8）存在保险欺诈、恶意投保可能或有保险责任免除可能。

二、理赔调查工作的基本要求

理赔调查的核心任务就是核查事故事实、明确事故原因、判明事故性质、确定事故损失程度或结果，发现、收集或保全证据，为确定保险责任、履行保险合同承诺提供事实依据。

理赔调查是一项时间性、技术性和纪律性要求都很高的工作，应遵循以下基本要求：

第一，实事求是。理赔调查坚持从实原则，必须从理赔案件的实际情况出发，通过认真细致的调查，查清事实，确保理赔的公正、公平。

坚持实事求是原则，要求调查人员做到在证据的收集、分析、审查过程中力求客观，对所获材料要从真实性、可靠性、关联性及完备性等方面进行认真评判，避免先入为主、主观臆断、偏听、偏信、感情用事等。

第二，迅速高效。理赔调查工作中，从接案到案情判断，从实施调查到调查结论产生、调查报告形成，都必须迅速及时。

理赔调查所需的第一手材料往往存在于事故发生当时。事故发生不久，痕迹明显，知情人记忆清晰，而时间越长，证据取得就越困难。因此，理赔调查的时间并不是固定在保险金申请人提供完整索赔资料以后，对于一些需立即现场勘查的案件，如交通事故、高空坠落、不明原因死亡等，通常在接到报案后即迅速展开调查工作。调查人员须具备高度的职业敏感性和快速的反应能力，敏锐把握案件疑点，抓住时机，及时收集、固定证据。

有些时候，特别是一些较为复杂的理赔案件，往往需要做大量的调查工作，以期获得准确的结论。这些工作会使理赔处理时间延长，甚至导致客户的不满。调查人员一定要善于根据调查工作的进展情况及时调整调查计划、对象及方式，尽可能缩短调查时间。

第三，合法合规。理赔调查工作必须在法律允许的范围内依法进行，调查人员要学法、懂法、用法，在调查活动中严格依法办事，禁止以欺骗、利诱、威胁等非法手段收集证据。

调查工作的合法合规主要体现为调查方式合法、证据来源合法（如鉴定结论必须出自经法定机关或聘请的有专门资质的人）、证据形式合法（如鉴定结论要有鉴定人的签名，现场笔录要有调查人员和见证人的签名等）。

第四，保守秘密。调查工作可能会涉及被调查人员的个人隐私，随着人们法律意识的日益增强，调查人员必须养成良好的保密习惯，不向任何与赔案无关的人员透露调查中所涉及的个人隐私和公司商业秘密等。

随着保险欺诈案件的日趋增多，保守秘密也是同违法犯罪做斗争的需要，是维护保险公司利益、保护调查人员自己人身安全、减少理赔纠纷的需要。

三、理赔调查形式分类

理赔调查的主体主要是保险公司的调查人员，但随着保险业的发展，保险案件日趋复杂，许多调查工作需要专业调查公司、公安机关的刑侦、经侦等专业部门来完成。根据调查主体的不同，可将调查形式分为独立调查、联合调查和委托调查。

（一）独立调查

独立调查是保险公司的调查人员为查清案件事实经过，核实理赔申请材料，确定保险责任和赔付依据所进行的理赔调查活动。独立调查时，与案件有利害关系的调查人员应当回避。

（二）联合调查

被保险人在多家保险公司都有投保，且案情复杂的，可由涉案保险公司的调查人员成立联合调查工作组，开展调查工作，共享调查信息，提高调查效率和成效。

（三）委托调查

有些时候，由于地域、专业等条件的限制，为保证调查成效，采用委托第三方机构调查的方式。根据被委托机构不同，有以下 3 种调查方式：

1. 委托其他保险公司调查

如遇出险地无公司分支机构，保险公司调查人员不便于开展调查的情况，可委托当地较有实力的保险公司进行调查。

2. 委托公检法机构调查

对理赔案件当事人可能触犯法律的行为，调查人员根据了解的情况，向公检法机构举报，请公检法机构对相关的事实进行侦查认定，查清案件事实。如遇证据无法收集的情况，可依据相关法律通过适当的形式委托公安、检察、法院、律师事务所等机构进行案件调查。

3. 委托专门机构调查

有些特殊理赔案件，经过一般调查无法获得线索，而案件本身疑点较多，可委托专门调查机构，凭借该类机构的专业技术和特殊领域关系取得调查工作的成功。

四、理赔调查的主要方法

理赔调查的成效取决于调查人员对调查方法、措施的灵活运用。理赔调查的主要方法有走访调查、现场勘查、现场模拟实验、咨询和委托鉴定等。

（一）走访调查

走访调查是理赔案件调查常用且重要的调查方法。走访调查，是指调查人员为查清楚事故发生的全部要素，也就是通常所说的“七何”要素（何时、何地、何事、何人、何故、何情、何物），对事故有关单位人员、当事人或现场周围知情人进行询问，了解与案件有关的情况，收集信息、发现线索、寻找证人而进行的专门的寻访活动。

为保证走访调查顺利、有效地开展，走访前必须了解案情，拟订详细走访计划，确定走访重点和走访策略。在走访调查中，随着对案情掌握情况的变化，调查人员必须及时调整调查计划，针对走访对象的不同采用不同的调查策略。这就要求调查人员不但要通晓法律的有关规定，熟练掌握各种不同的调查策略和方法，而且要有渊博的知识、丰富的生活经验，以及较强的沟通、协调能力，善于观察研究调查对象的个性、心理特征，要有敏捷的分析、判断、反应能力。

通过走访调查，调查人员会了解到很多有价值的材料，对取得的材料应及时进行整理，加以固定，形成调查文书。调查文书主要包括询问笔录、询问录音以及其他书证和物证。

1. 询问笔录

询问笔录是调查人员在走访调查中对案件当事人、知情人及其他相关人员陈述的文字记载，是针对调查内容形成的一种书面材料。调查人员在询问和询问笔录制作过程中，要对被询问人的陈述进行审查和判断，通过了解被询问人与被保险人的关系，研究被询问人的感知、记忆和陈述能力及有无反常表现，研究陈述有无矛盾及矛盾性质等判断陈述是否真实可靠、是否具有证据价值。询问笔录必须经被询问人签名确认。

2. 询问录音

询问录音是记录被询问人陈述的另一种形式，是询问笔录的重要补充，但不能代替询问笔录。与询问笔录相比，询问录音能够把被询问人陈述的全部内容以及陈述这些内容时的声音、语调等全部记录下来，这样就大大提高了询问笔录的完整性、准确性和可信程度。

询问录音时，要做到有头有尾。调查人员应先作自我介绍，说明自己的姓名、单位，询问的时间、地点，被询问人的姓名、年龄、单位等，再说明来意，提出问题，请被询问人按提出的问题陈述他所知道的情况。询问结束时，调查人员应总结收尾并表示谢意，同时要求被询问人继续回忆有关情况，以后再次约谈，最后说明结束询问时间。

3. 其他书证、物证

在收集理赔相关的书证和物证材料时，调查人员应依据被保险人或受益人授权，对被保险人既往就诊、学习、工作等档案进行调查、借阅、复印，以助于了解事件发生的整个过程。调取资料在原则上尽量提取档案原件，不能提取原件时可以采取复印、影印、节录或提取副本等方法，并要求资料保存单位和个人签名盖章以对资料的真实性及资料来源予以确认。

（二）现场勘查

现场勘查是以事故发生现场与理赔案件有关的物质客体为对象的调查活动，主要包括事故发生地场所调查、事故遗留物调查、尸体检验、人身检查等。意外死亡、伤残或死因不明的案件，往往需要通过全面、细致的现场勘查，收集案件相关的证据材料，查明案件性质，确定案件发生的原因。

现场勘查应力求做到快速、准确、全面。调查人员在现场勘查时应注意以下事项：

（1）通过案件场所的查勘，查明案件现场所在地及周边环境，查明案件发生的全过程，发现、查验现场物质环境的变动和变化情况，确定案件当事人在现场的活动情况。

（2）通过对现场痕迹查勘，发现、记录现场与案件发生有关的痕迹物证，为进一步检验提供检查素材，为最终确定案件性质提供证据。

（3）如果出险现场为当事人的生活起居地或其他私密性场所，原则上应取得当事人的同意，现场人员应为2—3人，查勘过程中不得随意移动现场物品。

（4）现场勘查过程中，必须以笔录、照相、制图或摄影录像等方式进行记录、固定证据，同时应注意保护现场。

对可能涉及刑事犯罪案件的，调查人员需寻求公安的支持，在公安机关许可的情况下，借用公安机关的现场勘查资料，为案件的理赔工作提供第一手资料。

（三）现场模拟实验

现场模拟实验是为了验证或确定与案件发生有关的某些事实、情节或现象，了解是否能发生和怎样发生的问题，在安全可重复的情况下，再现现场或者模拟现场原有的环境和情况进行实验的一种调查措施。

现场实验的内容多种多样，应根据现场勘查和案件调查的实际需要确定。调查人员应通过笔录、绘图、照相、录像和制作模型等手段完整记录实验的内容、条件、过程和结果。现场实验的结果对于查明案情，发现和收集证据都有着重要意义。但现场实验毕竟只是验证案件发生的某个细节过程，科学有效地利用现场实验，需与走访调查、现场勘查中掌握的其他证据相互印证，合理解释调查中发现的各种矛盾。

（四）咨询和委托鉴定

受专业知识、技能和设备条件的限制，在案件调查过程中会遇到一些专业性强且对理赔结论有重要影响的问题，需要向相关权威部门或人员咨询，或者需委托具有法定资质的单位进行检验、鉴定，如DNA鉴定、笔迹鉴定、交通工具故障技术鉴定、电器及燃气具性能鉴定、枪支性能鉴定等。

咨询和委托鉴定时，调查人员必须做好的工作包括拟定检验鉴定要求、准备送检材料、办理委托手续。

检验鉴定通常以报告或鉴定书的形式表述检验结果和鉴定结论。调查人员应将鉴定结论与已掌握的其他相关证据相互印证，客观分析，细致比较，科学利用鉴定结论。

上述内容是理赔调查工作中最常用的调查方法。随着互联网技术的发展，网上调查、视频调查等新技术手段也逐步应用到理赔调查中。

五、调查作业的基本流程

调查作业的基本流程可分为案件移入和资料审查、调查方案拟订、证据收集和提取、证据审查和保管、撰写调查报告、审核调查报告、案件移出和归档等几个阶段。

（一）案件移入和资料审查

在案件移入和资料审查阶段，调查人员接受调查任务，查阅被调查人的保单信息和投保资料，审查相关单证和证明材料，对被调查的案件进行细致研究和分析。

（二）调查方案拟定

在全面了解和把握案情、分析和研究已有材料后，调查人员必须制订详细的调查计划和实施方案，具体包括调查范围（人员范围和地域范围）、调查方向和重点、调查时间、调查地点、调查线路、调查方式、沟通话术等，同时针对调查过程中可能出现的一些情况拟订相应的备用方案。调查计划和方案的繁简，可根据案情的难易等进行调整。

（三）证据收集和提取

收集证据时，应当做到客观全面、迅速及时、深入细致，要做到见人、见状和见证，即要见到被调查人本人或事故处理的具体经办人，见到被调查人的生活状况、生存状况或事故造成的疾病、残疾状况，见到相应的原始证明及原始依据。

证据提取可通过笔录、影像、实物、模型和复印等来实现。证据提取应当做到合法、科学。

（四）证据审查和保管

收集和提取证据后，调查人员应对证据进行综合审查，审查证据是否确实、是否充分、是否合法，证据之间有无矛盾，证据内容与要认定的案件事实有无矛盾等。对收集到的证据和证明材料都应当妥善保管。

（五）撰写调查报告

完成证据收集和审查后，应将调查所取得的信息进行总结分析，并及时撰写调查报告。调查报告的内容应当客观真实、全面准确、不加主观臆断并附有关证明材料。理赔调查报告的主要内容将在下文详细介绍。

（六）审核调查报告

调查主管或上级调查人对调查报告进行审核，做出是否同意、是否需补充调查或重新调查的决定。

（七）案件移出和归档

调查报告审核通过后，调查人员应及时将调查报告、相关证据材料等移交给理赔人员，同时将移交材料的复印件、调查计划书、工作方案、调查活动中记录的所有与调查有关的其他材料整理归档，以备查验。

六、调查报告

调查报告是调查人员通过对理赔案件的调查情况进行汇总分析，以一定格式对调查过程及调查结论进行客观描述，从而形成理赔调查结论的文字材料。

一份完整的理赔调查报告应该包括以下几个方面的内容：

（1）被保险人基本情况，包括被保险人姓名、性别、出生日期、工作状况、生活习惯等情况。

（2）保险合同核实情况，包括保单号、保单生效日期、保险金额、投保告知事项、有无体检和契约调查事项、核保有无特别约定事项、保单有无失效、失效或复效的原因、既往有无理赔等。

（3）案件基本情况，主要是对案件发生、发展的过程进行描述，如时间、地点、人物等，可以根据“七何”要素进行总结。

（4）理赔调查思路，主要包括理赔调查的重点及要解决的问题。

（5）理赔调查过程及获取的证据，即根据调查思路和方向，列明调查过程以及所获取的证明材料的名称、件数等。

（6）调查结论，这是经过调查后对案件发生、发展客观事实的高度概括，是理赔审核人员分析案件的主要参照物。理赔调查结论应忠于事实，如有多个调查结论，应按逻辑关系罗列，对未查明的事实也应一一列明。最后记录调查报告形成的时间。

第四节　理赔审核

受理理赔申请后，保险公司理赔人员根据保险金申请人提供的索赔资料，结合投保单、健康告知、财务告知、体检资料、保单变更情况和既往赔付情况，对赔案进行审核，做出理赔结论并确定赔付金额，我们称这一过程为理赔审核。理赔审核是理赔流程中最为关键的环节。

一、理赔审核要点

（一）审核保险合同有效性

保险理赔的前提条件是被保险人在保险合同有效期内发生保险事故。对保险合同有效性的审核要做到以下几点：第一，关注出险日期是否在保单载明的保险期间内；第二，检查保单的缴费是否正常，核查出险时保单效力是否正常；第三，如果保单在报案前曾办理复效，应进一步核查出险日期是否在复效前的效力中止期间；第四，检查保险合同是否存在自始无效的情形。

根据《保险法》第三十一条、第三十三条和第三十四条的相关规定，发生以下情形的，保险合同自始无效，保险公司不承担保险责任：

（1）订立合同时，投保人对被保险人不具有保险利益。

（2）为无民事行为能力人投保以死亡为给付保险金条件的人身保险（父母为其未成年子女投保的除外）。

（3）以死亡为给付保险金条件的合同，未经被保险人同意并认可保险金额（父母为其未成年子女投保的除外）。

（二）审核出险人和出险事故

审核出险人和出险事故即核实出险人是否是保险合同中载明的被保险人、投保人，判断出险事故是否在保险合同责任条款约定的事故范围内，是否存在保险合同责任免除条款约定的情形。

（三）审核申请人资格

审核申请人资格即审核申请人是否是保单指定的受益人或者是依法享有保险金请求权的人，核实所有保险金权益人身份及受益份额，确保所有权益人主张权益。

（四）审核理赔申请材料完整性、真实性

保险责任的认定依赖于完整的事故信息资料。对理赔申请材料的审核，一方面应检查申请材料是否为相应理赔申请项目所需的各种证明材料；另一方面应关注证明材料是否为保险合同约定或认可的医疗机构、公安部门或其他有权机构出具的，证明材料是否真实有效。如果资料不全，应及时一次性通知保险金申请人补充相关材料。

（五）判断是否需要提起调查

通过调阅投保资料，查看被保险人投保时的健康告知、财务告知、体检资料、保单变更情况和既往赔付情况，结合理赔申请材料，判断是否需要提起调查，明

确调查重点并提起调查。调查人员已开展相关调查工作的，案件审核人应对照提调要求审核《调查报告》，并关注所有提调要点是否逐一调查、调查结果是否明确。若调查报告不符合上述要求或发现新的疑点，可再次提起调查。

待调查人员反馈调查结果后，案件审核人应根据出险事故、索赔材料，结合调查结论及时开展后续理赔审核工作。

（六）判断是否需要咨询核保、保全、法务部门

审核被保险人出险时年龄、职业等有无不符，健康状况有无不如实告知。如果客户投保时存在未如实告知，且未如实告知的内容可能会影响保单效力的情况，案件审核人应就未告知之事实照会核保人进行核保评估，以评价对保险合同效力的影响。

如果被保险人出险前曾办理保单复效，应了解办理复效的具体情况，评价对保险合同效力的影响。

对于保险责任存在争议，可能引发诉讼的案件，应咨询法务部门的专业意见。

在收到上述各类会签意见后，理赔人员应综合分析理赔案件情况，考虑是否适用核保、法务等意见，做出理赔审核结论。

（七）判断是否需通知再保

对于需通知再保险人的理赔案件，应根据再保险合同理赔条款的约定，及时将案件信息和相关资料通知或提交再保险公司，以便再保险公司了解或参与理赔过程，共同做出理赔结论。

二、理赔审核结论

案件审核人对理赔案件审核后做出理赔审核结论。理赔审核结论大致可分为正常赔付、协议赔付、拒绝赔付，并根据客户投保的具体情况及调查结果决定是否解除合同。

（一）正常赔付

对于保险合同有效、申请资料齐全、事实清楚、申请事由符合保险合同约定责任的案件，可给予正常赔付。

（二）协议赔付

在订立保险合同时，或对于保险事故的发生保险合同双方当事人均存在一定的过失，或者因合同条款存在瑕疵等原因不适宜拒绝赔付或全额给付的案件，可通过与客户协商，确定赔付金额。

（三）拒绝赔付

依据保险合同、条款及相关法律，对理赔申请事由不属于保险责任范围或属于免责范围的案件，可拒绝给付保险金。拒绝赔付的案件主要有以下几种情形：

（1）合同无效。

（2）保险事故的发生不在保单有效期间内。

（3）保险事故发生在等待期内。

（4）保险事故的发生不属于合同约定的保险责任范围。

（5）保险事故的发生适用免责条款。

（6）保险事故发生额不足免赔额。

（7）虚构保险事故、编造事故、故意制造保险事故等。

（四）解除合同

理赔审核中如发现有下列情形，根据保险法的规定，保险人可解除保险合同：

（1）投保人故意或者因重大过失未履行如实告知义务，足以影响保险人决定是否同意承保或者提高保险费率的，保险人有权解除合同。投保人故意不履行如实告知义务的，保险人对于合同解除前发生的保险事故，不承担赔偿或者给付保险金的责任，并不退还保险费。投保人因重大过失未履行如实告知义务的，对保险事故的发生有严重影响的，保险人对于合同解除前发生的保险事故，不承担赔偿或者给付保险金的责任，但应当退还保险费。该项合同解除权自保险人知道有解除事由之日起，超过 30 日不行使而消灭。自合同成立之日起超过 2 年的，保险人不得解除合同。

（2）未发生保险事故，被保险人或者受益人谎称发生了保险事故，向保险人提出赔偿或者给付保险金请求的，保险人有权解除合同，并不退还保险费。

（3）投保人、被保险人故意制造保险事故的，保险人有权解除合同，不承担赔偿或者给付保险金的责任。

三、保险金理算

索赔申请事由符合合同约定的，应按照保险合同的约定计算赔付金额。在保险金理算时应注意以下事项：

（1）身故保险金的理算，应关注出险事故的性质，保险合同中往往会针对出险时保单年限、疾病出险还是意外出险，甚至出险交通工具的不同而设定不同的保险金额或多倍保险金额，案件审核人应根据出险事故和合同约定计算正确的赔付金额。

（2）伤残保险金的理算，应按照合同约定适用的伤残评定标准，根据鉴定结论确定残疾程度与给付比例。2014 年 1 月，中国保监会发布了《人身保险伤残评定标准及代码》（标准编号 JR/T0083 - 2013）。该标准作为行业标准，是目前最主要的保险残疾评定标准。

（3）医疗保险金的理算应关注免赔额、赔付比例、是否有基本医疗或社保公费医疗范围外用药、是否适用补偿原则。

（4）因职业误告或年龄误告，出险前未办理相应变更手续的，在计算赔付金额时应根据保险合同约定按实缴保费与应缴保费比例计算。

（5）如存在垫缴保险费的本息、欠缴保险费、保单贷款的本息等情况，计算赔付金额时应扣除相应费用。

四、理赔协谈

对于索赔申请事由不符合或不完全符合合同约定，不能赔付或只能部分赔付的案件，客户往往不能理解和接受，需要理赔人员向客户进行耐心细致的解释，达成一致意见，这一过程即为理赔协谈。

在理赔协谈过程中，理赔人员应遵循公平、公正的原则，维护公司、客户双方的利益。理赔协谈工作应注意以下事项：

（1）事先应全面了解理赔案件的详细案情、客户的期望等，做好充分的准备。保险金申请人最大的期望就是得到保险公司的赔付，但每一个具体的案件，客户可能会有更细致的需求，比如理赔人员的服务态度、理赔处理的时效、其他公司对同类案件的处理结果等，了解客户的需求对于理赔人员与客户的有效沟通极为重要。

（2）沟通过程中，理赔人员应注意意思表达清晰，多采用肯定语气，应通俗化地使用行业术语，以免引起理解的困难，甚至误解。

（3）对于沟通中双方各持己见，无法继续沟通的，应将沟通情况及时、如实地向案件审核人反馈，商议确定案件处理意见，与客户进一步沟通计划后，再约谈客户。

第五节　保险金给付

理赔人员做出理赔结论并确定赔付金额后，理赔案件即进入了给付环节。保险公司应立即将理赔结论通知保险金申请人，并进行相应的给付工作。

《保险法》第二十三条和第二十四条规定，对于属于保险责任的，保险公司在与被保险人或者受益人达成赔偿或者给付保险金的协议后 10 日内，履行赔偿或者给付保险金义务。对不属于保险责任的，应当自做出核定之日起 3 日内向被保险人或者受益人发出拒绝赔偿或者拒绝给付保险金通知书，并说明理由。该规定对保险公司的给付时效提出了明确要求。

一、保险金支付方式

保险金可以以现金支付，也可以通过银行转账或支票的方式支付。

现金支付是最传统的保险金支付方式，在理赔案件审定后，保险公司通知保险金申请人亲自到公司柜面办理领款手续。

随着社会经济的发展，传统的现金支付方式已基本被银行转账方式所替代。保险金申请人在提出索赔申请时，即出具转账授权书、提供银行账号信息。保险公司在完成案件审核后，将理赔结果及时告知保险金申请人，并将保险金支付至保险金申请人指定的银行账户。目前很多保险公司为了缩短理赔服务时效、提高客户满意度，实现了赔付后钱款及时到账的服务。

二、保险金领取人的核实确认

保险金给付前，理赔人员应严格按照国家法律规定和保险合同的约定进行细致的甄别工作，确认申请领取保险金的人符合资格要求且未遗漏其他权益人，以保护全体受益人的合法权益，并避免后期再次收到其他有效的索赔申请。

保险金领取人应是享有保险金请求权的人。具体而言，身故保险金的领取人应是保险合同指定的受益人。保险合同未指定受益人或者受益人指定不明无法确定的，或者指定的受益人先于被保险人死亡且又未指定其他受益人，或者受益人依法丧失受益权、放弃受益权又没有其他受益人的，保险金应作为被保险人的遗产由其合法继承人继承，保险金领取人应是被保险人的法定继承人。伤残、重大疾病及医疗类案件的保险金申请人应为被保险人本人。如被保险人在申请领取保险金前已身故，保险金作为被保险人的遗产由其合法继承人继承。保险金权利人为无民事行为能力人或者限制民事行为能力人的，应由其法定监护人领取保险金。

在保险金权利人为法定继承人的情况下，需仔细审核申请人提供证明其具有合法继承权的相关文件、身份证明、关系证明，确保所有权利人均知晓并提出申请。如果法定继承人之间的继承关系或份额存在争议，应在权威机构出具公证书、调解书、判决书等法律文件后，再依据前述文件进行支付。

三、结案通知和保险金给付

结案通知和保险金给付的主要工作包括：

（1）根据理赔结论，打印各类理赔通知书、理赔批单、赔款计算说明书或医疗理赔分割单等，并向保险金申请人进行寄送，或者通知保险金申请人到柜面办理领款和单证交接手续。

（2）向公司财务部门提交理赔支付数据，以便向客户支付保险金。

（3）对于拒绝赔付的案件、协议赔付的案件，应向保险金申请人发出书面通知书，详细说明理赔结论的依据以及保险合同是否继续有效。如果申请人要求取回拒赔案件的索赔材料原件，理赔人员必须留存相应材料复印件，并办理与客户的资料交接手续。

第六节 理赔案件材料归档

理赔案件结案并给付完毕后，理赔人员应及时将理赔案件的所有材料整理归档，交由档案管理专门人员进行管理，以备今后需要时随时查阅。

一、理赔案卷的整理

理赔案卷的整理首先应关注案卷的完整性，即与赔案相关的资料均齐全；其次，应按规定的顺序整理摆放理赔材料，便于查阅；最后，对于各种事故证明、医疗费收费票据等，应视情况粘贴在专门的档案粘贴纸上，以便装订，避免单证遗失或破损。

在理赔案卷中，理赔材料一般可归为以下几类：

1. 申请单证类

申请单证类理赔材料包括：理赔申请书，被保险人、受益人、申请人的身份证件，受益人关系证明或公证书，存折银行卡复印件，授权委托书等。

2. 事故证明类

事故证明类理赔材料包括：死亡证明、残疾证明、意外事故证明、医院诊断证明、住院报告、出院小结、医疗费用收费票据等。

3. 业务单证类

业务单证类理赔材料包括：各类由客户签字的理赔通知书、协议书以及资料交接凭证等。

4. 处理意见类

处理意见类理赔材料包括：重大疑难案件审议单、合议记录、案件呈报上级公司的报告书及上级公司批复文件等。

5. 调查资料类

调查资料类理赔材料包括：调查报告、调查笔录以及公司调查取证的其他证明材料。

6. 其他资料

其他理赔资料包括：起诉书、答辩状、法院调解书、庭外和解协议书、判决书，以及其他认定保险责任的相关资料。

各家保险公司对于理赔案卷内资料的归档分类和顺序的规定可能不尽相同，因此应参照公司对理赔案卷归档的相关规定进行处理。

二、理赔案卷的归档保存

理赔案卷资料由理赔结案人员按报案号或者赔案号整理后，缮制交接清单，定期向档案管理人员交接归档。现在，有的保险公司已尝试按客户号进行归档。

人寿保险的长期性决定了理赔档案保管的长期性，对理赔档案的归档保存提出了较高的要求。为保证理赔档案能长期完整保存，应做好以下工作：

第一，建立健全档案归档制度。

第二，建立专门场所，保持存放环境条件适宜性和安全性，保证纸质档案长期安全保存。

第三，调阅档案一定要遵守档案借阅制度，履行档案借阅和归还手续。

近年来，随着现代计算机和互联网技术的高速发展，电子档案已越来越普及。电子档案较纸质档案在资料利用上具有更多优势，主要表现为：

第一，具有共享性，同一份案卷可以实现在同一时间、不同地方、被多个需求者查阅，从而打破纸质档案利用上的时间限制和地点限制。

第二，具有便捷性，便于进行多种形式的处理和分析，能更好地满足利用者的各种需求。

第三，具有经济环保性，可以无消耗被重复利用和传输，减少了复印费用、纸张费用和调阅时间。

然而，电子档案存在易丢失、易失真等缺点，这也决定了电子档案并不能替代纸质档案。目前，大多数保险公司实行电子档案与纸质档案的双套制管理，在纸质档案归档管理的同时，建立了电子档案，既方便档案的查阅利用，又能较好地保存原始纸质档案。

第四章　保险医学

第一节　保险医学概论

一、保险医学的概念

保险医学是以医学与保险学相融合为内涵，外延涉及统计学、法学、数学等范畴的新兴的综合性学科。它应用医学理论和技术对人身保险实践中的有关理论进行纵深研究，解决实际问题；同时，又将人身保险事业经营中涉及的各个门类的医学知识横向串联起来。因而，保险医学在人身保险经营中占有重要地位，对人身保险经营的多个环节都有重要影响。保险医学的发展对人身保险的发展起到至关重要的推动作用。

二、保险医学与临床医学的关系

（一）内在联系

人身保险是以人的寿命和身体为保险标的的保险，保险责任覆盖人的生、老、病、死、残。保险医学以人的健康和寿命作为研究对象：在对人体健康的研究方面，提供对疾病的发病、预后、转归，以及人体损伤、残疾和康复评价等研究，筛选、评估、控制风险；在对于人类寿命的研究方面，与精算、数学、统计学等知识相结合，绘制“生命表”，并依据统计数字评定与被保险人同质风险程度的差异，给予被保险人差别费率。临床医学则是以保护人体健康，防治疾病，研究疾病转归、预后，维持、延长寿命为主要内容的科学。因此，二者都是以人类的生存、发病、死亡等现象的影响因素为主要研究范畴，有着紧密的内在联系和共同点。

1. 保险医学和临床医学均是基于对人体生命科学的研究

（1）保险医学：以医学理论为基础，运用临床知识，结合医学化验检查结果，对人身保险的风险因素进行分析与归纳，从而科学厘定保险费；通过医学鉴定、标准核定、理赔审核理算，完成人身保险的理赔。

（2）临床医学：通过人体生命科学，研究疾病的病因、诊断、治疗和预后，以提高临床治疗水平，促进人体健康。

2. 保险医学和临床医学均属于应用科学

（1）保险医学：将医学理论与保险实践相结合，并服务于保险实践；通过保险医学在保险中的应用，达到危险公平分摊的目的，使得公序良俗得以维护。

（2）临床医学：根据病人的临床表现，从整体出发，结合研究疾病的病因、发病机理和病理过程，确定诊断，通过预防和治疗最大程度减弱疾病、减轻病人痛苦，使病人恢复健康、保护劳动力。

（二）外在区别

如前所述，保险医学与临床医学有很多共同之处，但由于它们在不同领域的应用和所要达到的目的不同，在学科理论和实际应用方面也有很多差异。

1. 学科理论方面的不同

（1）研究对象不同。保险医学与临床医学研究的对象均是人的生、老、病、死。不同的是，保险医学的对象是欲参加人身保险这一特定经济活动的群体，他们之中的绝大多数为健康者，他们的目的是通过购买保险保障未来；临床医学则是以自然人群中的患病人群或有身体不适感的人群作为研究对象，他们求诊是为了查明病情，及时治疗，是以恢复健康为目的。临床医学面对的是就诊个体，可以对其进行长时间的观察、询问、检查与追踪，并根据其具体身体状况在不同时期分别给予相应的处理，同时在个体的检查、珍疗、预后、康复过程中不断探索规律，积累经验，对于个体病例的研究对临床医学的发展具有重要意义。保险医学基于被保险人投保当时的健康状况，对其未来的死亡率和发病率做出判断。某一群体死亡率和发病率的规律是通过对足够大的同质被保险人组成的样本，运用大数法则进行分析研究后得出的，这一结论反过来可以用于对个体风险的筛选和评估。因此，对特定群体的特定风险的研究对保险医学的发展具有重要意义。

（2）研究内容不同。临床医学的研究内容主要是疾病的病因、发病机理、诊断治疗。随着科学技术的发展和社会的进步，临床医学研究已不仅仅局限于生物因素，社会因素和心理因素在防病、治病过程中的作用也越来越受到人们的重视。临床医学是依患者的症状给予相应的治疗，偏重对疾病的治疗或控制可能性的研究，力求使患者的生活质量更高或恢复到其未患病时的水平，相当于远期未来；临床医学更注重患者近3—5年的存活率和生活质量。保险医学的研究内容主要包括人身保险经营中的风险选择和风险测算、伤残鉴定、保险金的给付调查、生存和死亡调查等。此外，保险医学还包括对人身风险分布及对策的研究、医疗卫生保险政策及社会保险相关内容的研究。保险公司医务工作的实务则包括投保体检、医务核保查定及对同质风险发生率和发生规律的研究、经验生命表的修订等，同时还应包括保险公司体检机构的管理及体检医师制度的完善。换句话说，保险医学除了考虑明显威胁健康和寿命的因素外，对于潜在的危险或发展中的危险也会给予高度重视，即须对被保险人群体的人身健康危险因素加以统计、分析、预测，并提供承保条件的医务意见，所以保险医学的研究期间往往长于临床医学。因此，对大多数体检正常的被保险人可给予标准费率，而对于体检异常虽然目前并无不适的被保险人，也可能给予适当的加费、减额，甚至可能延期、拒保，以维持保险费率的公平原则。

2. 实际应用中的差异

（1）服务对象和目标不同。临床医学的服务对象是患者和医院。临床医学追求的目标是防病治病，提升全民健康水平；减轻病痛，提高确诊率，降低死亡率，促进康复，提高生活质量。保险医学的服务对象是客户、销售人员和公司股东。保险医学追求的目标是确保不同的风险以不同的费率承保，实现客户的公平待遇；协助营销人员顺利完成销售，实现佣金回报；确保保险事故的实际发生率和精算假设相符，实现公司利润。

（2）关注的重点不同。临床医学重点关注疾病诊断的准确姓、治疗的有效性；在疾病风险方面，临床医学关注疾病的绝对死亡率，绝对死亡率越高，风险越大。保险医学重点关注疾病的长期预后、对未来患病率的影响；在疾病风险方面，保险医学关注疾病的相对死亡率，相对死亡率越高，风险越大，评点越高。某种当前不需要治疗，只需观察的病症或现象——如未出现症状或指标异常时的肥胖——临床上通常不会积极干预，只会建议通过改变饮食和生活习惯加以调节；保险医学对此则会非常关注，这些个体虽然短期内临床风险不大，但其远期风险，即疾病的发生率和死亡率会高于健康人群，因此核保时会在产品精算的表定费率基础上考虑按次标准体加费承保或延期、拒保。相反，某些疾病，如高血压、冠心病，在临床上会予以高度关注，而从保险医学角度看，其远期风险对保险事故的发生率并无直接重大影响，如在某些公司的老年防癌险中，这些人群会作为标准体承保，且保证续保。

（3）信息和成本不同。临床医学信息量多而全面，真实性、可靠性强。患者通常会主动携带病历就诊，乐于主动详细提供既往病史，配合度较高；临床医生可当面询问患者病史、症状、家庭成员的风险因素和遗传基因信息。为了寻找病因，明确诊断，确定最佳治疗方案，观察病程进展，加速康复，临床上会根据病情需要，对患者进行全面检查，甚至包括一些创伤性检查，对同一项目进行复查，从而得到大量动态、连续的病史信息。这些检查往往要消耗较大的经济成本，产生的费用将由社会医疗保险和患者共同承担。相对而言，保险医学信息量少而单一，有一定的片面性和局限性，且客户配合度低，病史资料较难取得。客户投保时往往不告知或避重就轻地告知既往史；核保员一般不面见客户，只能通过各类单证间接获得信息。为了解受检者（被保险人）在投保或复效时是否存在或有无潜在的影响其危险发生率的健康因素，保险公司会在有效平衡经营成本和风险筛选的前提下，根据不同险种、保额，不同年龄、性别的被保险人设计不同的体检套餐，体检费用通常由保险公司承担。尽管体检结果对风险筛选和评估具有决定性的影响，但出于投入产业比和客户服务体验的考虑，保险体检的范围仍然是极其有限的，且不能进行创伤性检查，导致获取信息片面、局限，还有可能存在误差。因此，要求客户如实告知或者填写相关问卷、提供相应的健康资料就显得格外重要。由于体检报告具有时间上的局限性，加之客户对各类问卷和告知的表述具有一定主观性，实务中需辩证审慎解读，不可机械武断。日常工作中，还要注意严格遵守监管规定，应一次性向客户索取补充资料。

（4）重大疾病的标准不同。临床医学对于重大疾病的定义完全遵循临床医学对疾病的诊断标准，主要是为了满足医生准确诊断与治疗的需要。保险医学对于重大疾病的定义除需满足临床医学对疾病的诊断标准外，还需同时满足保险条款所列的特定条件、条款所要求的治疗手段、疾病所达到的严重程度或者相当程度的后遗症，以匹配保险产品设计、定价的精算假设。条款还会因产品设计需要对某些重大疾病做出除外责任规定。例如，某保险公司“定期重大疾病保险”条款在“糖尿病及其并发症”这一重大疾病的定义使用上与临床医学就存在不同。临床医学 1997 年 ADA/WHO 糖尿病诊断标准规定，符合以下任意一项可诊断为糖尿病：①出现多尿、多饮和无原因的体重减轻等典型症状，任意血糖值大于等于 11.1mmol/L 或空腹血糖（FPC）值大于等于 7.0mmol/L；②空腹血糖（FPC）值大于等于 6.1mmol/L，且餐后 2 小时血糖（2hPG）值大于等于 7.8mmol/ L。保险医学关于“糖尿病及其并发症”的界定为被确诊为患有糖尿病，并且出现以下任意一项并发症：①糖尿病导致肢体坏疽，并实施了脚趾切除手术；②糖尿病导致糖尿病肾病，出现持续 180 天以上的血肌酐值大于 5mg/dl 或肌酐清除率小于 25ml/min 或肾小球滤过率小于 25ml/min。由此可见，保险医学对“糖尿病及其并发症”的定义除要求满足临床医学的诊断标准外，还增设了严格的特定诊断标准及严重程度的厘定。保险医学重大疾病定义的内涵比临床医学多，外延比临床医学少，即保险医学对重大疾病定义较临床医学严格很多，许多已达临床医学标准的重大疾病，因未达到保险医学的标准而不予理赔。在实际操作中，这是许多纠纷的成因，值得关注。

三、保险医学的特性

（一）保险医学是一门综合性学科

保险医学研究范围包括很多学科的范围，比如临床医学、卫生统计学、心理学、精算学、数学、统计学等；在诸多学科中，又以医学理论和技术为中心，以其他相关学科为辅，紧密与保险理论和经营实践相结合，交叉运用多学科的原理和方法，为保险实践服务。

（二）保险医学是一门实用性学科

除理论研究外，保险医学最重要的作用是应用于保险经营的实际工作。同时，保险医学的发展也离不开保险的实践与医学的发展。比如，保险医学最为重要的应用是进行核保、理赔的风险筛查，确保人身保险承保的人群死亡率处于合理区间，科学规避不合理的赔付。

（三）保险医学是一门发展性学科

随着医学理论和技术以及保险业的发展，保险医学也在不断吸收其他相关学科发展的成果，从而本身也不断得到丰富和发展。比如，随着计算机技术的发展，自动化核保平台已经应用于实践，核保效率大幅提升。

四、保险医学的重要作用

保险医学在寿险公司的风险管理与风险控制的各个重要环节如核保、理赔中，都起到了至关重要的作用，具体体现在以下几个方面：

（一）有效识别风险

人身保险承保的是人身风险，主要包含来自精神心理上、身体上的危险。此为医学上的危险。保险医学的知识则是过滤医学危险的“滤器”。以保险医学的内涵去识别寿险经营全过程中的风险是人身保险业的根本所需。核保、理赔合理地进行，必须借助医学科学的先进技术才能保证最大限度地识别风险，体现公平性，控制道德风险，维护保险公司持续、稳健发展。

（二）科学评估风险

保险医学是风险选择的重要手段，准确地进行危险选择不仅需要定性分析，还需要定量查证，使保险公司所承保的客体危险尽量达到量化，从而制定出相对公平、合理的保费标准。对患有疾病或有某种疾病嫌疑的人，依靠保险医学，在统计上预测将来可能发生的危险，也可使之成为契约对象。另外，保险标的的风险也不是恒定不变的，尤其身体上、健康上的风险极为复杂多变。因此，寿险核保的等级评定、评分及查定标准，理赔、给付标准等均需随之变化。这些同样要运用保险医学知识，才能保证科学、有效和公允。

（三）合理规避风险

当今医学科学领域对某些疾病的确切病因并不十分清楚，在有效治疗方面面临一些困难。某些疾病，如艾滋病、恶性肿瘤等，死亡率极高。保险公司将患有此种疾病的被保险人作为拒保体，或者列为除外责任。有些疾病可治愈或需要长期服药，依据保险医学和经验数据可制订相应标准，按次标准体承保。

（四）公平处置风险

保险事故一旦发生，要评估是否为保险责任，需掌握、运用保险医学知识。

对被保险人出险后提供的医疗单证，如门诊、住院病历，实验室检查报告，处方及费用明细等，都需要从保险医学角度结合被保险人的即时情况，重新全面地进行审视。在风险处置中，要排除主观臆断和推测，以第一线调查为依据，兼顾旁证材料，对比被保险人投保前后资料，依据保险医学基准判定是否符合疾病发生、发展规律。

五、保险医学的应用

保险医学一方面通过对人群死亡率、事故率及疾病发生率的统计研究，为保险产品费率的计算、新险种的可行性论证等人身保险业务提供理论依据，另一方面，被应用于承保前端的健康风险评估和确立承保条件；在健康险和医疗险的理赔中，用于对保险标的发生的保险事故进行研判，最终确定是否符合条款约定的赔付标准。总之，保险医学是理赔风险控制的重要手段，在精算、核保、理赔等重要环节都有着广泛的应用，在风险控制方面发挥着极其重要的作用。

（一）在核保上的应用

从 1583 年第一张人寿保险单正式签发，至今已有 400 多年的历史。在最初的 100 多年间，保险公司在承保过程中一直采用“来者不拒“的经营方法，即采取不分性别、不分年龄、统一费率的承保方式，没有核保的过程。这种对风险不做任何筛选的粗放式经营模式使保险公司的风险不断积聚，最终很多保险公司随着风险的爆发无法正常经营而倒闭。因此，如何有效管控经营风险，如何科学确定保险费率，如何合理控制赔付等，成了保险公司最关心的课题。医学界早已认识到，在一定范围内，年龄越大，死亡率越高。特别是 1693 年英国著名天文学家哈雷（Edmund Halley）依据医学成果和统计数据编制出世界上第一份较为完整的生命表。这一科学成果很快被引入人身保险经营。1706 年，美国长期保险公司率先将被保险人的年龄区段限定在 12—45 岁，并且在对被保险人进行健康状况与经济情况等方面的询问调查后，才能决定是否予以承保。1762 年，英国衡平人寿保险公司率先提出差别费率概念，按照被保险人的年龄和身体健康状况计算保险费率，对超出一定条件的被保险人额外加收保费。这一里程碑式的行动开启了人身保险费率逐步科学化的历程。生命表已经在人身保险上得到广泛的应用，生命表中年龄与死亡、年龄与健康的关系已经成为保险精算的基础。1794 年，美国北美保险公司率先对被保险人进行普通体检，并以体检结果作为核保依据，对有疾病缺陷的被保险人增加10%特别保费。随后，其他保险公司纷纷效仿，体检成为核保的必要项目。到了1811年，苏格兰的部分保险公司开始实施体检医师制度。他们派遣经验丰富的医师对被保险人进行既往病及现时健康状况的询问，观察被保险人的面色、言语、动作，进行体温、身高、体重、呼吸频率等基础检查，并将体检结果作为核保的依据。目前，体检已经成为人身保险风险管理和筛查的重要手段，保险公司把体检获得的客户健康资料作为核保评估的依据，通过对各项指标的综合评估确定合适的承保条件。17世纪末到19世纪初，保险医学初现端倪，在保险风险识别和管理方面的作用也逐渐凸显。随着人身保险业务的不断发展，1919年，纽约人寿保险公司推出了“数理查定法”。这种评估方法将被保险人发生各项额外危险的可能性简化成不同程度的危险指数，较为科学合理且简便易行。危险因素的数字化有助于提高作业规则的一致性，有效减少风险评估的随意性；同时有助于提升核保作业效率，降低核保作业成本。额外危险因素对损失率的影响量化后，也便于危险指数能够及时依据最新经验与知识得以修正。“数理查定法”使危险因素与保险费率、承保条件建立了对价关系，被沿用至今。

保险医学的应用领域随着保险业务的发展不断拓宽，已从最初的契约成立前的危险估计，延伸拓展到承保后的保单复效、费率重估，以及保险故发生后的理赔服务。保险医学在核保方面，主要用于保险承保前的风险分类筛选和评估。承保阶段，核保员通过对被保险人既往病史或投保人身体状况的了解，科学评估其对损失发生率的影响，最终确定公平合理的承保方案。对于符合精算假设概率的多数人群，可按标准体，使用标准费率承保；对于各项健康指标明显优于标准体的被保险人，可据实按优选体给予费率优惠；对于既往病史和健康指标异常的少数人群，可通过加费、除外责任、延期、拒保等手段屏蔽风险。值得注意的是，并非所有既往病史和健康指标异常都会被加费、列为除外责任、延期、拒保，也有可能以标准费率承保，如子宫肌瘤投保住院险，可能会将子宫肌瘤除外，但投保寿险，则可以标准体承保。这主要取决于产品责任对应的风险与病史间的关联性，住院险的责任是疾病住院，被保险人因子宫肌瘤住院的概率高于正常人群，当然个案中往往还要考虑发病年龄、部位，病程，发作频率，目前状况，有无系统治理和有效控制等因素，但原理如是；而寿险主要承保死亡责任，子宫肌瘤对死亡率的影响较小，可以忽略不计。复效阶段，保险医学的应用与承保阶段类似。

（二）在产品精算上的应用

尽管各国都有自己的社会医疗保障制度，但“因病致贫、因病返贫”的现象依然普遍存在。正如南非外科医生马里优斯·巴纳德（Dr. Marius Barnard）那句经典名言：We saved their life，but took all their savings. 基于此，他于1983年率先发出倡议，为那些不幸罹患严重疾病或接受重大手术的人设计一款保险产品，以缓解被保险人承受的巨大经济压力。这类新型产品一问世便得到市场的高度认可。1986年后，重大疾病保险被陆续引入英国、加拿大、澳大利亚、东南亚等国家和地区，并得到迅速发展。1995年，重大疾病保险被引入中国市场。为了进一步规范市场，保护保险消费者合法权益，2007年4月，中国保险行业办会联合中国医师协会制定、发布了《重大疾病保险的疾病定义使用规范》，对成年人阶段最常见的25种重大疾病定义标准进行了统一和规范，并基于世界各国经验，将其中发生率和理赔率最高的恶性肿瘤、急心肌梗死、脑中风后遗症、重大器官移植术或造血干细胞移植术、冠状动脉搭桥术和终末期肾病6种疾病定义为核心必保疾病。重大疾病保险产品的发明和发展无疑是保险医学应用、发展的一个重要里程碑，其保障范围已从最初的仅涵盖四五种严重疾病和手术，发展到目前的涵盖几十种、甚至上百种。相关部门也在与时俱进地酝酿、研究新的《重大疾病保险的疾病定义使用规范》。

（三）在理赔上的应用

保险医学作用于保险承保后的理赔服务，通过投保前后对健康资料进行比对，避免保险诈欺的发生，维护保险制度的公平性。保险医学的重点在于了解被保险人疾病或意外伤害导致的治疗过程，根据发生与致病机制区分疾病和意外，审核医疗费用、住院天数和治疗方法的合理性；判定病理结果和严重程度是否符合重大疾病条款约定；依据治疗处置与病程发展推定预后、转归，预估后期康复治疗费用，提供康复指导等附加值延伸服务。

保险医学实践中有一个不能不提的常用工具——国际疾病分类（International Classification of Diseases，ICD）。承保时，可以通过ICD编码对疾病风险进行分类识别和评估；理赔时，可用ICD来判断一个疾病是否属于先天性疾病。很多保险条款中都将先天性疾病列为除外责任项，保险公司不承担赔偿责任。疾病编码以Q或P定义的疾病很可能就属于先天性疾病。例如，疾病编码中Q00－Q99为先天性畸形、变形和染色体异常的疾病代码；P00－P96 为起源于围生期的某些状况的疾病代码。ICD 的发展历史已逾百年。早在 1891 年，为了对死亡进行统一登记，国际统计研究所组织成立起草死亡原因分类委员会。1893 年，该委员会主席 Jacques Bertillon 提出了一个分类方法，形成《国际死亡原因编目》的第一版。以后，《国际死亡原因编目》基本上每 10 年修订一次。1940 年，第 6 次修订工作转由世界卫生组织（WHO）承担，首次引入了疾病分类，并强调继续保持用病因分类的原则。1994 年于日内瓦第 10 次修订的版本《疾病和有关健康问题的国际统计分类》在全球范围得到广泛应用，并且仍保留了 ICD 的简称，后被统称为 ICID－10。2010 年，WHO 发布了最新的 ICD－10 更新版本。WHO 只提供 4 位编码的 ICD－10，为了便于国际交流，其规定各国的本地化版本都可以对照转换成标准的 ICD－10 编码，各国在引用的时候可以添加附加码来增加疾病数量。澳大利亚于 1998 年发布了首部 5 位编码的 ICD－10AM。接着，加拿大在 2000 年、法国在 2005 年、泰国在 2007 年、韩国在 2008 年都发布了自己的本地化修改版本。美国在 2013 年 10 月正式启用 6 位编码的 ICD－l0。

《疾病分类与代码》是 ICD－10 在我国的本地化版本，是我国卫生信息标准体系的重要组成部分。该标准广泛应用于医疗健康行业的医疗管理、公共卫生、临床医疗与医学科研，社保部门的医疗保险、民政部门的医疗救助、公安与安全生产监督部门的伤害与职业卫生、统计部门的人口宏观管理等领域亦有应用。20 世纪 80 年代以来，国家卫生和计划生育委统计信息中心（以下简称国家卫计委统计信息中心）开始国际疾病分类与代码标准的应用、培训和推广工作，并指导北京协和医院世界卫生组织疾病分类合作中心开展国际疾病分类的翻译、培训和咨询等相关工作。为满足统计工作标准化需要并与国际接轨，1993 年，国家卫计委统计信息中心首次把 ICD－9 引入中国，经国家标准化管理委员会批准后等效采用，形成国家标准《GB/T 14396－1993》，2001 年，又将 ICD l0 等效采用。为满足我国医疗健康改革与发展的需要，2011 年，国家卫计委统计信息中心联合北京协和医院世界卫生组织疾病分类合作中心共同编制了《疾病分类与代码（试行)》，即在 ICD－10 框架下将疾病编码由 4 位扩展到 6 位，覆盖了 2 万余种疾病条目。经过广泛征求相关单位和部门意见，由国家计委上报国家标准化管理委员会审核批准。2016 年 10 月 13 日，国家标准化管理委员会批准发布了疾病分类与代码的国家标准《CB/T 14396－2016》。该标准将为进一步规范当前我国疾病和相关医疗健康统计的口径、保障数据一致性、促进医疗健康大数据应用发展奠定基础。

为全面、系统、规范、详细地评定意外伤害因素引起伤残的程度，确定意外险产品或包括意外责任的保险产品中伤残程度的评定等级以及保险金给付比例，改善保险公司理赔实务的可操作性和准确性，提高行业理赔管理的规范化水平，由全国金融标准化技术委员会保险分技术委员会提出，中保协负责统筹、组织行业内外专家，中国法医学会参与起草的《人身保险伤残评定标准及代码》（JR/T 0083－2013）（以下简称《新残标》）于2014年1月17日由中国保监会发布。《新残标》的制定参照世界卫生组织《国际功能、残疾和健康分类》的理论与方法，建立新的残疾标准的理论架构、术语体系和分类方法，并参考了国内重要的伤残评定标准，如《劳动能力鉴定、职工工伤与职业病致残等级》《道路交通事故受伤人员伤残评定》等，符合国内相关的对残疾界定政策的规定，同时参考了国际上其他国家地区的伤残分级原则和标准。《新残标》在中国人民银行1998年颁布的《人身保险残疾程度与保险金给付比例表》（以下简称《比例表》）的基础上，增加了神经精神和烧伤残疾，扩大了胸腹脏器损伤、智力障碍等残疾范围，残疾的涵义覆盖了神经系统、呼吸系统、消化系统等8大门类，伤残条目也由原《比例表》中的7个伤残等级、34项残情条目，大幅扩展到10个伤残等级、281项伤残条目。《人身保险伤残评定标准及代码》（JR/ T 0083－2013）是保险医学应用于理赔阶段的又一重要标志。

2016年4月18日，最高人民法院、最高人民检察院、公安部、国家安全部、司法部联合发布《人体损伤致残程度分级》（以下简称《分级》）公告。《分级》于2017年1月1日起施行。司法鉴定机构和司法鉴定人进行人体损伤致残程度鉴定统一适用《分级》标准。《分级》有两个重要改变：第一个是取消《道路交通事故受伤人员伤残评定》标准，自2017年1月1日后所有交通事故案件、故意伤害案件、雇员损害等人身损害致伤的鉴定标准统一适用《人体损伤致残程度分级》，工伤除外；第二个是新发布的《分级》标准比过去的《道路交通事故受伤人员伤残评定》标准在一定程度上提高了伤残等级鉴定标准。

六、保险医学的展望

回顾保险医学的发展历史，我们可以看到，新的医学理论和技术不断被应用于保险医学，而保险医学与保险理论和保险经营也是不断地彼此融合和互相促进。我国正在步入人口老龄化社会，健康、养老保障的需求日益凸显，“十三五”规划

“保险国十条”为保险公司如何满足人民群众多层次、多元化的保险需求指明了方向，对保险公司提出了要求。因此，保险功能也就不应再限于保险事故发生后的损害补偿，还要更多地发挥全民社会保障职能，如“健康管理服务”。健康管理服务是指保险公司通过体检、评估、指导等方法，实现控制风险、改善健康状况的服务，包括健康体检、就医服务、生活方式管理、疾病管理、健康教育等。通过建立电子健康档案和定期评估，保险公司能实时了解被保险人的健康状况；同时通过健康指导等方法，能有效降低疾病的发病率，有助于预后康复。此外，健康管理也使保险公司可以对保险客户提供个人有形化的健康服务，有效地强化保险公司与客户之间的关系，提高商品吸引力和客户满意度，提升产品竞力。

唐代医学家孙思邈曾将疾病分为未病、欲病、已病。《千金要方·论诊候第四》记载，“古人善为医者，上医医未病之病，中医医欲病之病，下医医已病之病，若不加心用意，于事混淆，即病者难以矣”。意思是说，最好的医生善于在人们身体健康之时预防疾病，提醒人们注重养生，保持健康；中等水平的医生善于抓住将要生病而还没有发生疾病之时，注重欲病早调，避免疾病的发生；一般水平的医生治疗已经发生的疾病，然而待疾病发生了，诊治就会很困难。预防可在“未病之前”和“欲病之时”，最好别在已病之时或之后。展望未来，保险公司将保险医学的经验与临床医学的验证结合运用，凭借自身保险业务提供健康产业链上下游延伸服务，与成熟的医疗机构合作，共同建立对保险保障配套的服务延伸，从而达到“消未起之患，治未病之疾，医之于无事之前”。

现代保险医学正在凭借着保险保障的核心优势，依托各医疗机构，为保户提供全生命周期的健康管理和医疗服务；保险公司业务逐渐从传统的健康保险扩延到健康管理、健康服务的方向，形成“财富管理”与“健康管理”共同经营。

第二节 医学基础知识

从生命开始到结束，人类要经历生长、发育、成熟、衰老直至死亡的生命过程，健康与疾病是生命过程中的对立与统一，诸多因素都会对人类健康产生影响。人类社会发展到今天，医学技术不断推陈出新，人们的健康管理意识也在不断增强，前瞻性的预防管理以较少的投入获得较大的健康效果，通过对健康状态的检测以及对危险因素干预，达到维护健康、促进健康的目的。

本章从医学基础概念、人体生命周期、衰老与寿命、健康与疾病、社会和心理因素与亚健康、影响人体健康和寿命的因素、健康管理7个方面对保险相关的医学基础知识进行阐述。

一、人体的基本结构与功能

（一）细胞

细胞是人体结构和功能的基本单位，由细胞膜、细胞质、细胞核构成。细胞膜的主要功能是保护细胞和参与细胞的新陈代谢；细胞核的主要成分是染色体，是调节细胞生命活动，控制分裂、分化的遗传控制中心；细胞质为细胞的新陈代谢场所。

细胞的生命历程都要经过未分化、分化、生长、成熟、衰老和死亡几个阶段。细胞衰老是指细胞在执行生命活动过程中，随着时间的推移，增殖与分化能力和生理功能逐渐发生衰退的变化过程，是机体衰老和死亡的基础。

细胞迁移是正常细胞的基本功能之一，是机体正常生长发育的生理过程。胚胎发育、血管生成、伤口愈合、癌症转移等过程都涉及细胞迁移，如癌细胞借血道转移到远端器官。

细胞凋亡指为维持内环境稳定，由基因控制的细胞自主有序的死亡。细胞凋亡与细胞坏死不同，细胞凋亡不是被动的过程，而是主动过程，并不是病理条件下自体损伤的现象，而是为更好地适应生存环境而主动争取的死亡过程，往往涉及单个细胞。

（二）组织

组织由形态相似、功能相同的一群细胞和细胞间质组合起来。人体有四大类基本组织，即上皮组织、结缔组织、肌肉组织和神经组织。

上皮组织由密集的细胞和少量细胞间质组成，具有保护、吸收、排泄、分泌等作用，如皮肤上皮、消化道上皮等。结缔组织由多种细胞和大量的细胞间质构成，分为疏松结缔组织、致密结缔组织、脂肪组织、软骨、骨、血液等，具有支持、保护、营养、修复和物质运输等多种功能。肌肉组织由收缩性强的肌细胞构成，占成人体重的一半，分为横纹肌、心肌、斜纹肌和平滑肌，具有舒张、收缩功能。神经组织由神经细胞和神经胶质细胞组成，具有高度发达的感受刺激、产生与传导电信号和化学信号的功能。

（三）器官

器官由两种或两种以上组织构成。上皮组织、结缔组织、肌肉组织和神经组织排序结合，组成具有一定形态并完成一定生理功能的结构，如胃、肠、肝、肾等。

（四）系统

系统是由许多器官联系起来，能完成一系列连续性生理机能的体系。人体系统分为呼吸、循环、消化、泌尿、神经、生殖、运动和内分泌 8 个系统。

1. 呼吸系统

呼吸系统是执行机体和外界进行气体交换的器官的总称。呼吸系统的机能主要是与外界进行气体交换，呼出二氧化碳，吸进氧气，进行新陈代谢。呼吸系统包括呼吸道（鼻腔、咽、喉、气管、支气管）和肺，是气体进出肺的通道。

2. 循环系统

循环系统是生物体的细胞外液（包括血浆、淋巴和组织液）及其借以循环流动的管道组成的系统，分心脏和血管两部分，叫心血管系统。循环系统是生物体内的运输系统，它将呼吸器官获得的氧气、消化器官获取的营养物质、内分泌腺分泌的激素等运送到身体各组织细胞，又将身体各组织细胞代谢产物运送到具有排泄功能的器官排出体外。此外，循环系统还维持机体内环境的稳定、免疫和体温的恒定。

3. 消化系统

消化系统由消化道和消化腺两部分组成。消化道包括口腔、咽、食道、胃、小肠（十二指肠、空肠、回肠）和大肠（盲肠、阑尾、结肠、直肠、肛管）等。临床上常把口腔到十二指肠的这一段称上消化道，空肠以下的部分称下消化道。消化腺有小消化腺和大消化腺两种。小消化腺散在于消化管各部的管壁内，大消化腺有 3 对唾液腺（腮腺、下颌下腺、舌下腺）、肝和胰。消化系统的基本功能是对食物进行消化和吸收，提供机体所需的物质和能量，对于未被吸收的残渣部分，消化道则通过大肠以粪便形式排出体外。

4. 泌尿系统

泌尿系统由肾脏、输尿管、膀胱及尿道组成，主要功能为排泄。排泄是指机体代谢过程中所产生的各种不为机体所利用或者有害的物质向体外输送的生理过程。

5. 神经系统

神经系统由脑、脊髓、脑神经、脊神经和植物性神经，以及各种神经节组成，分为中枢部分及其外周部分，能协调体内各器官、系统的活动，使之成为完整的一体，并与外界环境发生相互作用。

6. 生殖系统

生殖系统是人繁殖后代，分泌性激素维持副性征的器官的总称。根据所在的部位不同，可以分为内生殖器和外生殖器两部分。男性内生殖器包括生殖腺体（睾丸）、排精管道（附睾、输精管、射精管和尿道）及附属腺体、前列腺、精囊腺和尿道球腺，外生殖器包括阴囊和阴茎。女性内生殖器由卵巢、输卵管、子宫及阴道组成，外生殖器由阴唇、阴蒂及阴道前庭组成。女性生殖系统还有一个很重要的器官——乳房，对人类繁殖具有重要作用。

7. 运动系统

运动系统由骨、骨连结和骨骼肌 3 种器官组成。骨以不同形式连结在一起，构成骨骼。运动系统第一个功能是运动，第二个功能是支持，第三个功能是保护。骨、骨连结和骨骼肌形成多个体腔，即颅腔、胸腔、腹腔和盆腔，这些体腔的作用是保护脏器。从运动角度看，骨是被动部分，骨骼肌是动力部分，关节是运动的枢纽。

8. 内分泌系统

内分泌系统是一种整合性的调节机制，通过分泌特殊的化学物质来实现对有机体的控制与调节，也是机体的重要调节系统，它与神经系统相辅相成，共同调节机体的生长发育和各种代谢，维持内环境的稳定，并影响行为和控制生殖等。内分泌系统由内分泌腺和分布于其他器官的内分泌细胞组成。主要的内分泌腺有：甲状腺、甲状旁腺、肾上腺、垂体、松果体、胰岛、胸腺和性腺等。

二、人体的生命周期

生命是生物的组成部分，是生物具有的生存发展性质和能力，每天都有新生命诞生，旧生命逝去，就像地球上的其他生物一样，人类也要严格遵循自然规律，繁衍生息，面对生老病死。此处引入人体生命周期的概念，对人类生命各个时期的生理特点进行描述，并根据健康的整体观念，介绍生命周期中的健康影响因素。

（一）人体生命周期的概念及分期

人体生命周期，是指人经历生长、发育、成熟、衰老直至死亡的渐进的生理过程，这是不可逆转的客观规律。在这个连续不断的生长发育过程中，各系统器官组织逐渐长大，功能渐趋成熟，直至衰老、死亡。这一生理过程大致可分为婴幼儿期、学龄前期、学龄期、青春期、青壮年期、更年期、老年期7个时期。下面简单介绍各个时期的生理特点。

1. 婴幼儿期

婴幼儿期是指从出生到满3周岁之前的阶段，可分为婴儿期和幼儿期。在这一时期，机体的生长发育非常迅速，智力发育相对较快，语言、思维、交往能力发展相对较强，但系统器官发育还不完善。对世界了解不足以及身体抵抗力不足带来的意外与疾病是该时期的主要风险。

（1）婴儿期。婴儿期指从出生到满1周岁以前的一段时期。这是出生后生长发育最迅速、最旺盛的时期，也是人的生命中最短的一个阶段。在这个阶段，婴儿不仅身体迅速长大，体重迅速增加，而且脑和神经系统也迅速发展起来，1周岁已经开始学习走路，能听懂一些话和有意识的发音。

（2）幼儿期。临床医学领域，一般将1—3岁定义为幼儿期。生长速度相对于婴儿期减慢。身高在幼儿期每月大概增长10cm，3周岁时能达到93.5cm。神经系统的发育仍然很快，前囟1—1.5岁时闭合。2岁以后，小儿出现第二信号系统的活动，对语言、文字形成条件反射。3岁时，大脑皮层细胞已大致分化形成，语言能力迅速发育。

2. 学龄前期

学龄前期指3岁到六七岁的阶段，即从幼儿期到可以上小学这段时间。在此阶段，体格生长速度明显放慢：3岁以后，孩子的生长速度会明显放慢，直到青春期才会再次加速。3—4岁的一年，孩子可能会长高5—8cm，4岁后的孩子大约每年长高5cm。大脑功能更为完善，语言能力发展迅速，逐渐能用较复杂的语言来表达自己的思维和情感。这个时期的孩子抵抗能力稍强，患病机会比婴幼儿时期减少，但防病能力仍较差。

3. 学龄期

学龄期即6—7岁入小学起至12—14岁进入青春期为止的年龄段。此期体格稳步增长，除生殖系统以外的其他器官发育到本期末已接近成人水平；脑的形态发育基本完成，智能发育进一步成熟，早年掌握的运动功能被发展到用于目的明确的活动，理解、分析、综合能力逐步完善，发病率有所下降。

4. 青春期

从第二性征出现到生殖功能基本发育成熟、身高停上增长的时期称为青春期。青春期是儿童到成人的转变期，是生殖器官、内分泌系统、体格逐渐发育至成熟的阶段。WHO 规定，青春期为 10—19 岁。

青春期通常始于 8—10 岁，此时中枢性负反馈抑制状态解除，促性腺激素和卵巢性激素水平升高，第二性征出现，并最终获得生殖功能。

5. 青壮年期

人生是一个连续渐进的过程，一般把 19—44 岁这一年龄段统称为成人期。以人体大多数生理功能开始衰败作为青年与壮年的分界线，即把 19—30 岁定位为青年期，把 31—44 岁定位为壮年期。

（1）青年期。形态生长发育完全成熟，脉搏频率随年龄的增长而逐渐减慢，收缩压和舒张压均随年龄的增长而增加，肺活量随年龄增长而增大，第二性征在 19—20 岁发育完成。脑的发育不论在形态上还是功能上都已成熟。

（2）壮年期。人体器官的形态结构发育成熟，机能日益完善，并处于相对稳定阶段。脑力活动能力仍不断发展，智力维持在较高水平，并可发挥其创造性思维优势。基础代谢率开始下降，若体力活动减少，运动量不足，就会因为营养过剩而导致肥胖，成为许多疾病的诱因。心血管系统也随年龄增长发生变化，血管壁弹性下降，机体对血压的反性调节功能减退，从而易引起血压波动，在其他不良因素的共同作用下容易发生高血压。

6. 更年期

更年期是生理和心理上较明显地呈现衰老的一个起点时期，是一生变化比较剧烈的时期，标志着中年向老年过渡。

女性更年期长短因人而异，可开始于 40 岁，历时 10 年，甚至 20 年。卵巢功能衰退，生殖器官开始由萎缩向衰退变更。

男性更年期一般在 50—60 岁，且男性更年期发生缓慢，症状也较轻。睾丸轻度萎缩，功能减退，产生的雄性激素逐步减少，但不会完全丧失功能；全身肌肉开始松弛，皮肤脂肪较前丰富，体重明显增加。

7. 老年期

老年期，人生过程的最后阶段。身体各器官组织呈现明显的退行性变化，人体结构、代谢以及各器官系统衰老现象逐渐明显。由于各种变化包括衰老是循序渐进的，人生各时期很难截然划分，而且衰老过程的个体差异很大，即使在“一个人身上，各脏器的衰老进度也不是同步的。

（二）人体生命周期中的健康危险因素

健康水平提高标志着社会的整体进步，是个人和社会共同追求的重要目标。健康不仅涉及人的生理、心理，而且涉及社会道德方面的问题，生理健康、心理健康、道德健康三方面构成健康的整体概念。健康是许多因素相互制约、相互作用的结果。一个健康人的机体功能和其生活、工作环境处于相对稳定的平衡状态，这种平衡一旦被破坏，就会影响人的健康。

卫生部 2011 年颁布的 WS364. 5 – 2011 卫生信息数据中，影响健康的因素主要包括职业危险因素、行为危险因素、环境危险因素以及其他危险因素 4 类。其中，职业危险因素包含放射性危险因素和非放射性危险因素，行为危险因素包含饮食、吸烟、运动和饮酒等不良生活方式。

2012 年，我国城市居民主要疾病死亡率及构成前 5 位依次为恶性肿瘤、心脏病、脑血管病、呼吸系统疾病、损伤和中毒外部原因，这与 2005 年《美国国家生命统计报告》死因顺位基本一致，主要死因疾病中已不再包含传染病。由此可知，慢性病已经成为我国卫生系统主要疾病负担。造成慢性病的主要原因为吸烟、饮酒、不良饮食、体力活动不足等，这些恰恰是行为危险因素中最主要的不良生活方式。因此，在影响人体健康的主要危险因素中，行为危险因素占据主导地位，而职业危险因素、环境和其他危险因素对健康的影响较小。

（三）人体生命周期各时期风险特征

随着国民素质的不断提升，人们对健康的关注度愈加强烈，从经济发达地区到一般地区，从城市到农村，越来越多的人意识到风险防范对健康管理的重要性。生命周期各个阶段生理特点的不同决定了风险特征也不尽相同，下面对每个时期的健康风险因素、易患疾病以及意外发生概率进行阐述。

1. 婴幼儿期

婴幼儿生长发育快，对能量和蛋白质的需求特别高，如果能量和蛋白质喂养不足，就容易发生营养不良和发育落后。同时，因为婴幼儿的消化和吸收功能不完善，这一时期又容易发生消化不良和营养紊乱。

成长中，婴幼儿从母体内获得的免疫力逐渐消失，自身后天获得的免疫力减弱，对于疾病的抵抗力较弱，因此易患感染性疾病。此外，婴幼儿缺乏自我保护意识和能力，对灾害的自我防御能力较差。

综上所述，婴幼儿期的患病率、病死率及意外伤害事故的发生率均较其他时期要高，且恢复能力差，这是生命周期中死亡率较高的时期。据统计，2012 年新生儿死亡率为 6. 9 ‰，婴儿死亡率为 10. 3‰。

2. 学龄前到学龄期

学龄前到学龄期儿童的发病率虽较婴幼儿期有所降低，但也有这一时期的好发疾病，包括龋齿、屈光不正、肥胖和缺铁性贫血等，应注意防治。这一时期需要注意的问题有：

（1）继续按时进行预防接种和健康检查，预防传染性疾病。

（2）正确地坐、立、行走，特别是读书、写字的姿势要正确，预防脊柱异常等畸形发生。

（3）学习时注意坐姿，平时少看电视，注意不要用眼过度，预防近视。

（4）正确清洁牙齿，限制吃含糖量高的食物，预防龋齿。

（5）养成良好的卫生习惯，预防肠道寄生虫病。

（6）学龄期意外伤害常见为车祸、溺水，以及在活动时容易发生的擦伤、割伤、挫伤、扭伤或骨折等。

3. 青春期

青春期生长迅猛，可能会引起一些营养缺乏或急、慢性疾病。青春期的常见病，有些是从儿童期就有的，有些则是发生在青春期。

（1）发育异常：偶见青春期体格发育过于缓慢或非常迅速，但实质没有内分泌疾病或营养失衡，或者因为激素水平异常出现发育明显超速或过慢。

（2）营养不良：因为生长发育旺盛，活动量大，热能和蛋白质的需求量增加，长期缺乏可引起营养不良，机体抵抗力下降，容易感染疾病；营养性贫血也是青春期容易发生的疾病之一。

（3）痤疮：皮脂腺内及其周围的慢性炎症可引起痤疮。

（4）创伤：青少年体力迅速增长，反应快，但又常常因为高估自己的能力在运动中发生创伤，造成骨折、残疾。

4. 青壮年期

青壮年期是生命力最旺盛、死亡率最低的时期，此时易受到的伤害是威胁青壮年健康的严重卫生问题。伤害可以分为非故意伤害和故意伤害两大类。青壮年期伤害死因顺位依次为意外跌落、车祸、自杀、意外中毒和溺水。伤害发生的个人因素包括：个体状态差异，如生理节律、神经系统成熟度、智能及事故倾向性等；性格与行为差异，如病态性格、社会心理失衡等；生活与遭遇，如紧张、压力等。青壮年的心理特点、现代社会的复杂性增加和各种药物的广泛可得导致出现越来越多的物质滥用。在对青少年和成人的一项大范围社区调查中发现，15—24岁的人有不同程度的物质依赖，程度因所滥用的物质不同而不同。滥用物质的种类随年龄、性别、种族和地理因素不同而不同。常见的滥用物质有酒精、烟、镇静催眠药等。

（1）酒精。酒精的危害主要是导致中枢神经系统的损伤。作为中枢神经系统抑制剂，酒精可以令人产生欣快、头晕眼花等感觉，可导致多语和短期记忆障碍等，长期大量滥用可致酒精性肝炎、肝硬化。

（2）烟草。吸烟是导致心血管疾病、慢性支气管炎、肺气肿、肺癌、喉癌、咽癌、口腔癌等多种癌症及胃溃疡的主要危险因素。动脉硬化的严重程度与吸烟期限有关，自青春期开始吸烟者动脉硬化的危险增加。

（3）镇静催眠药。镇静催眠药包括巴比妥类和苯二氮卓类。这类药物的主要药理作用是中枢抑制。临床上主要用于镇静催眠和抗焦虑。由于应用范围甚广，极易形成滥用。

5. 更年期

女性更年期综合征是更年期妇女常见的病症之一，是指妇女在围绝经期或其后，因卵巢功能逐渐衰退或丧失，以致雌激素水平下降所引起的一系列症候群。常见症状主要有：血管舒缩综合征、精神或神经症状、月经紊乱、血压增高、肥胖、下肢水肿、关节疼痛或骨质疏松等。

男性更年期一般症状较轻，可能会出现心悸、血压波动、头晕耳鸣、失眠、记忆力减退、反应迟钝等症状。

6. 老年期

各器官系统老化是老年期主要的生理特点。

（1）循环系统：大动脉管壁硬化，弹性减退，引起收缩压增高，舒张压降低。由于心肌收缩时后负荷增大，可引起心肌肥大，心室扩大。静脉血管壁弹性减弱，血流缓慢，易发生静脉瘀血。

（2）呼吸系统：咳嗽反射及纤毛运动功能退化使滞留在肺内的分泌物和异物增多，致使容易发生呼吸道感染。

（3）消化系统：消化道平滑肌萎缩，胃肠运动和紧张性减弱，易引起胃肠下垂。食物在肠道内停留时间延长，水分吸收过多，容易引起便秘。肝脏细胞数量减少、变性，结缔组织增加，易造成肝纤维化和硬化，包括肝功能减退。胆囊及胆管变厚，弹性降低，胆囊收缩功能减弱，胆汁过度浓缩，胆固醇沉积，易发生胆石症和胆囊炎。

（4）感觉器官和神经系统：感觉功能减退，如听力下降、视力减退、视野变小、感觉迟钝。脑多种神经递质的能力下降，导致健忘、智力减退、动作迟缓、痴呆等。

（5）内分泌系统：甲状腺功能减退，代谢水平降低，怕冷，倦怠。胰岛功能减退，胰岛素分泌减少，胰岛素受体减少及对胰岛素的敏感性降低，易患糖尿病。

（6）运动系统：骨、关节老化，骨质疏松、脆性增加，易发生骨折。

这一时期，已经患上疾病或即将患上疾病的风险相当高，而且更容易受到意外伤害，所以一般国内保险公司对投保年龄在 60 岁以上的老年人均要求体检，而对意外险续保的年龄也控制在不超过 70 岁。

三、衰老与寿命

（一）衰老的概念

衰老是指生命过程中生长发育成熟以后，随着年龄的增长，机体形态结构和功能出现一系列退行性变化，这些变化表现为不断发生发展的过程。

衰老是自然界存在的一个生物学法则，是不以人的意志为转移的客观规律，是生物体在整个生命周期中随时间进展表现的形态和功能不断衰退的变化过程。衰老在结构形态上表现为体内细胞数量减少，组织与器官萎缩、重量减轻，功能减退，导致机体各种能力下降。

衰老是涉及多个环节的复杂生物学过程，可分为生理性衰老与病理性衰老。生理性衰老指机体在其生长过程中必然发生的普遍退行性变化；病理性衰老的主要原因是各种疾病因素导致的机体退行性变化。两者往往同时存在，相互作用、相互影响，难以严格区分。衰老受个体和环境影响很大，其进程和表现在不同个体上存在明显差异。

（二）衰老的特征

1. 普遍性

衰老是自然界存在的一个生物学法则，即随着年龄的增长，在生物、遗传、环境、社会经济等诸多因素的影响下，机体形态结构和生理功能方面出现一系列不利于自身的退行性变化，包括人体细胞数目减少，组织与器官萎缩，机体的生理功能下降，对内外环境的适应能力、储备能力降低等。

2. 积累性

衰老不是突然发生的，是一些轻度、微量变化逐步长期积累的结果，是一个漫长的过程。

3. 渐进性

衰老是诸多因素持续渐进的、不断发展的过程，而且这一过程是不可逆的，即使不同个体衰老速度不同，衰老加重的趋势是一致的。

4. 内生性

衰老源于生物固有的特性，不是外界环境造成的。

5. 危害性

衰老使机体功能下降，容易发生疾病，危及生命。

（三）衰老的机体变化

1. 外形变化

衰老最显而易见的表现就是机体外形的变化，如身高下降、体重减轻或发胖。容貌变化最直观，随年龄增长出现头发及眉毛变白、稀疏，面部皱纹增多等。

2. 各系统结构和功能变化

衰老的另一表现就在于机体各系统结构和功能的变化，因细胞的衰老而引起各组织、器官形态改变，功能衰退，进而增加患病风险。

3. 心理变化

老年期的心理变化与生理功能的衰老过程密切相关，生理功能的变化可使某些心理功能减退；同时进入老年期后，老年人在社会、家庭中的角色发生改变，健康、人际关系等诸多因素都将引起心理的变化。

（四）寿命与抗衰老

1. 寿命

预期寿命（expectation of life）指某年某地区新出生的婴儿预期存活的平均年数，又称出生期望寿命或人均预期寿命。我国和亚洲及世界部分国家人口预期寿命如表4－1和表4－2所示。

表4－1　我国人口预期寿命

时间	预期寿命（岁）		
	合计	男	女
中华人民共和国成立前	35.0	—	—
1973—1975年	—	63.6	66.3
1981年	67.9	66.4	69.3
1990年	68.6	66.9	70.5
2000年	71.4	69.6	73.3
2005年	73.0	71.0	74.0
2010年	74.8	72.4	77.4

资料来源：国家卫生和计划生育委员会《2013年中国卫生和计划生统计年鉴》，中国协和医科大学出版社2013年版。

表4－2　亚洲及世界部分国家预期寿命

国家	期望寿命（岁）								
	合计			男			女		
	1990年	2000年	2009年	1990年	2000年	2009年	1990年	2000年	2009年
中国	68	71	74	68	70	72	69	73	76
法国	77	79	81	71	75	78	81	83	85
印度	57	61	65	57	60	63	58	62	66
日本	79	81	83	76	78	80	82	85	87
韩国	72	76	80	68	72	77	76	80	83
俄罗斯	69	65	68	63	58	62	74	72	74
新加坡	75	78	82	73	76	79	77	81	84
泰国	68	68	70	65	63	66	71	71	74
英国	76	78	80	73	75	78	78	80	82
美国	75	77	79	71	74	76	79	80	81
越南	65	70	72	63	68	70	67	72	75

资料来源：国家卫生和计划生育委员会：《2013年中国卫生和计划生育统计年鉴》，中国协和医科大学出版社2013年版。

注：表中国家排名不分先后。

2. 抗衰老

预期寿命综合反映了一个国家或地区医疗健康和卫生服务水平，也是体现一个国家或地区社会发展及文明程度的重要指标。延长预期寿命，延缓衰老及抗衰老已引起人类社会高度关注，医学、生物学、心理学等诸多领域竞相研究。

（1）心理调整。心理调整被认为是抗衰老的一个非常重要的手段。心理状态可以决定人的思想和行动，好的心理状态能够使人愉悦，有助于调节机体各组织和器官的功能、延缓衰老。

（2）健康生活方式。杜绝吸烟、少量饮酒、经常运动、适度睡眠、起居规律有助抗衰老。

（3）合理饮食。热量、脂肪、维生素、蛋白质及矿物质的摄入，需在饮食上合理搭配；脂肪和蛋白质摄入应适量，需谨慎心脑血管及肾脏疾病；维生素 C、维生素 E 和胡萝卜素有助于抗衰老；矿物质，特别是钙对老年人很重要，硒和锌也有抗自由基氧化作用，可以延缓衰老。

（4）药物抗衰抗老。例如，卵磷脂等改善脑功能，维生素 C、维生素 E 等抗氧化，多维元素、葡萄糖酸锌等补充微量元素，双歧杆菌等调节胃肠功能，这些药物都可起到一定的抗衰老作用。

（5）运动。应以有氧运动和个人兴趣为主，如步行、慢跑、打太极拳、跳健身操等，强度要适当，保证有效的运动量，起到健身作用，运动时间和频率也因人而异。

四、常用医学统计术语

率是指在某一确定人群中某些事件发生的频率，由分子（发生数）、分母（可能发生的总数）、事件发生的特定时间和乘数组成。乘数将分数和小数转换成整数。大多数率是构成比，分子是分母的一部分。例如：某病病死率是某病死亡数除以某特定时期内的患某病病人数，结果用百分数、千分数表示。分子和分母代表的应该是同一人群。如果分子被限定在某一年龄、性别或种族组内，分母也应该有同样的限定。

（一）出生率

出生率指某地一个时期之内（通常指一年）出生人数与平均人口之比，它反映人口的出生水平，一般用千分数来表示：

$$出生率=(年内出生人数/年内平均人口数)\times 1\,000‰$$

其中，出生人数是指活产，即指脱离母体时（不管怀孕月数），有过呼吸或其他生命现象的活婴儿总和；年平均人数是年初、年底人口数的平均数，也可以用年中人口数代替。

出生率受人口年龄、性别构成的影响，只能大致反映一地的生育水平，所以亦称粗出生率或总出生率。

（二）死亡率

死亡率表示在一定期间内，在一定人群中，死于某病（或死于所有原因）的频率，是测量人群死亡危险最常用的指标。其分子为死亡人数，分母为发生死亡事件总人口数（通常为年中人口数），常以年为单位，多用千分率、十万分率表示。

死亡率：[某时期内(因某病)死亡总人数/同时期平均人口数] × K

其中，K 为 100%、1 000 ‰或 10 000‱……

死于所有原因的死亡率是一种未经过调整的率，也称死亡粗率。死亡率也可按不同特征——如年龄、性别、职业、民族、种族、婚姻状况及病因等——分别计算，即死亡专率。计算式应注意分母必须是与分子相应的人口。对不同地区死亡率进行比较时，须注意不同地区人口构成不同且存在差异。为消除年龄构成不同造成的影像，需将死亡率进行标化后才可进行比较。

一定社会一定历史时期的人口出生率与死亡率之间还有着补偿性的联系。一般的情况是，死亡率升高则人口出生率随之增高，死亡率降低则为人口出生率的降低提供了极大可能性。

（三）期望寿命

期望寿命又称平均期望寿命，指 0 岁时的预期寿命，一般用“岁”表示，即在某一死亡水平下，已经活到 X 岁年龄的人们平均还有可能继续存活的年岁数。

（四）发病率

发病率表示在一定期间内，一定人群中某病新病例出现的频率。

$$\text{发病率} = \frac{\text{一定时期内某人群中某病新病例数}}{\text{同时期暴露人口数}} \times K$$

其中，K 为 100%、1 000‰或 10 000‱……观察时间单位可根据所研究的疾病病种及研究问题的特点决定，通常多以年表示。

分子与分母的确定：分子是一定期间内的新发病人数。若在观察期间内一个人多次患病，则应分别计为新发病例数，如流感、腹泻等；但对发病时间难确定的一些疾病，可将初次诊断的时间作为发病时间，如恶性肿瘤、精神病等。分母中所规定的暴露人口是指可能会发生某种疾病的人群，对那些不可能患某种疾病的人（如传染病的非易感者，已接种疫苗有效者），如已患麻疹者或有效接种麻疹疫苗者，不应计入分母，但实际工作中不易实现，当描述某些地区某集团的某病发病率时，分母多用该集团该时间内的平均人口数。如观察时间以年为单位，可以年初与年终人口之和的平均人口数或以当年 7 月 1 日的人口数为标识。

发病率可按不同特征（如年龄、性别、职业、民族、种族、婚姻状况、病因等）分别计算，即发病专率。由于发病率的准确度可受很多因素的影像，在对比不同资料时，应考虑年龄、性别等的构成，进行发病率的标化。

（五）评价治疗措施效果的指标

1. 有效率

$$\text{有效率}=\frac{\text{治疗有效病例}}{\text{治疗的总例数}}\times 100\%$$

治疗有效例数应包括治愈人数和好转人数。

2. 好转率

$$\text{好转率}=\frac{\text{好转人数}}{\text{治疗人数}}\times 100\%$$

3. 治愈率

$$\text{治愈率}=\frac{\text{治愈人数}}{\text{治疗人数}}\times 100\%$$

4. 病死率

$$\text{病死率}=\frac{\text{因某病死亡人数}}{\text{某病受治疗人数}}\times 100\%$$

5. 生存率

$$\text{N 年生存率}=\frac{\text{N 年存活的例数}}{\text{随访满 N 年的病例数}}\times 100\%$$

第三节 疾病与健康管理

一、健康与疾病

健康与疾病问题是每个人都会遇到的问题，健康是人类社会永恒的主题，而疾病在不同程度上影响着人们的健康。人类社会产生以来，各种各样的疾病不断危害着人类的健康，甚至带来死亡。

虽然随着医疗水平的提高和科技的发展，越来越多的疾病得以攻克，但是新的疾病也在不断出现和演变。

（一）健康

1. 健康概述

《现代汉语词典》对健康的释义有两种：第一种，（人体）发育良好，机理正常，有健全的心理和社会适应能力。第二种，（事物）情况正常，没有缺陷。传统的健康观认为“健康”即“机体处于正常运作状态，没有疾病”。通常情况下，我们确实把疾病看成机体受到干扰，导致功能下降，进而生活质量受到损害（主要由肉体疼痛引起）或早亡。现代人的健康观是整体健康。WHO 关于健康的含义是：健康不仅是没有疾病，而且要有健全的身心状态及适应能力。它反映了现代医学模式，说明健康的人不仅要身体健康，心理也要健康，而且还要适应环境，三者应和谐与统一。

2. 健康标准

根据 WHO 对健康的定义，现代人的健康内容包括：

（1）躯体健康，指人的机体及其生理功能方面的健康，包括身体发育正常，体重适当，体形匀称，眼睛明亮，头发有光泽，皮肤有弹性，睡眠好，能够抵抗一般性感冒和传染病等。

（2）心理健康，指人的精神、情绪和意识方面的状态良好，包括智力发育正常，自我人格完整，心理平衡，有正确的人生目标和较好的自控能力，精力充沛，情绪稳定，处事乐观，能从容不迫地负担日常生活的付出和繁重的工作而不感到过分紧张与疲劳，思想和行为符合社会准则及道德规范，与周围环境保持协调，具有追求健康文明生活方式的主观愿望和自觉行动，能够对健康障碍采取及时、合理的预防、治疗和康复措施。

（3）社会适应性良好，指人的外显行为和内隐行为都能适应复杂的社会环境变化，能为他人所理解，为社会所接受，行为符合社会身份，与他人保持正常的人际关系。同时，还应该接受良好的文化教育，掌握与自身发展和社会进步相适应的科学知识或专业技能，培养从事工作、生产、劳动及其他社会事务的综合素质，不断丰富人生经历、积累人生经验、增强社会适应能力。

3. WHO衡量人体健康的10条标准

（1）充沛的精力，从容不迫地负担日常生活的付出和繁重的工作而不感到过分紧张与疲劳。

（2）处事乐观，态度积极，乐于承担责任，事无大小，不挑剔。

（3）善于休息，睡眠好。

（4）应变能力强，能适应外界环境中的各种变化。

（5）能够抵御一般感冒和传染病。

（6）体重适当，身体匀称，站立时，头肩位置协调。

（7）眼睛明亮，反应敏捷，眼睑不发炎。

（8）牙齿清洁，无龋齿，不疼痛，牙龈颜色正常，无出血现象。

（9）头发有光泽，无头屑。

（10）肌肉丰满，皮肤有弹性。

（二）疾病

1. 疾病概述

疾病是机体遭受病因损害作用后，因自稳调节紊乱发生的异常生命活动过程。在此过程中，人体的形态和（或）功能发生一定的变化，主要表现为代谢、功能、结构、空间、大小等方面的异常。在这种状态下，正常的生命活动受到限制或破坏，或早或迟地表现出可觉察的症状和行为异常，以及可以检查出来的病理体征，这种状态的结局可能是康复（恢复正常），也可能长期残存，甚至死亡。

世界卫生组织颁布的《疾病和有关健康问题的国际统计分类》（ICD－10）记载的疾病名称就有2万多个，新的疾病种类还在不停地被发现。

2. 疾病分类

临床医学通常把疾病区分为器质性疾病和功能性疾病两大类。器质性疾病，是指在组织、器官中发现有形态学病变的疾病。功能性疾病，只有功能和代谢障碍而无明显形态学上的改变。两者的区别并非绝对，病情可以相互转化。

ICD是世界卫生组织成员国进行疾病、损伤和死亡原因统计必须遵循的标准化分类方法。它把伤病按一定标准（如疾病发生原因、病伤部位、疾病过程临床表现等）分成若干大类（母类），大类下面再分成小类（子类）。所有病伤都各自分在一类中，有类可归。分类的疾病名称，可以准确反映疾病发生规律和个体病例特征，成为临床医疗、教学、科研和管理疾病的规范与标准。

WHO 还对现代疾病进行了分类，分别为：遗传性疾病、先天性疾病、匮乏性疾病（或称“贫穷病”）、现代病（或称“富贵病”）。

3. WHO 对现代四大疾病的控制意见

（1）遗传性疾病，指遗传物质结构和功能异常而导致的疾病。这种异常既可能发生于生殖细胞，也可能发生于体细胞。此类疾病重在预防，不要近亲婚配，母亲应做产前检查，发现胎儿先天性、遗传性疾病，立即终止妊娠。

（2）先天性疾病，指婴儿出生时即显示病状或表现特征的疾病。其病因是母亲营养不良、缺乏某种营养素，影响到胎儿的正常发育，或吸烟（包括丈夫吸烟、孕妇吸烟或被动吸烟）、饮酒、病毒性感染、滥服药物、暴露在辐射下等。预防的办法是联系实际，加强孕期卫生保健，有针对性地克服上述不良因素对孕妇和胎儿的影响。

（3）匮乏性疾病，或称“贫穷病”。其病因是人出生后，生活条件恶劣、营养不足而造成营养不良，或周围环境中病菌、病毒等危害因素太多，使人罹患传染性疾病、寄生虫病等。预防“贫穷病”的方法主要是发展经济、控制人口、改善环境、搞好计划免疫、注意个人卫生等。

（4）现代病，或称“富贵病”。病因主要是生活方式不健康，如吸烟、酗酒、膳食不合理（如进食动物脂肪过多、摄过多等）、缺乏体育锻炼（肌肉饥饿是对现代人健康的一大威胁）、心理不平衡等。因这类疾病是人们生活方式不健康所致，故也称为“生活方式病”，比如已占到我国人口死因 2/3 的癌症、心脑血管疾病等。因此，人们应树立正确的健康观、注意自我保健、提倡和建立健康的生活方式，不吸烟、饮酒不过量、平衡膳食、进行体育锻炼。

（三）健康与疾病的联系

健康与疾病是医学的两个基本概念，是生命过程中的对立与统一。WHO 认为：亚健康状态是健康与疾病之间的临界状态，各种仪器及检验结果为阴性，但人体有各种各样的不适感觉。这是新的医学理论、新概念，也是社会发展、科学与人类生活水平提高的产物，它与现代社会人们的不健康生活方式及所承受的社会压力不断增大有直接关系。“亚健康”是介于健康和疾病之间，既非疾病又非健康的“第三状态”。自 20 世纪 80 年代以来，人们认为在健康与疾病之间存在业健康状态，它至少包含着 3 个相互区别曲延续的过程：第一，心身轻度失调状态，表现为周期性的情绪低落、心情烦躁、纳呆失眠等。第二，潜临床状态，表现为与某些疾病相关的高危倾向，潜伏着向某一疾病发展的极大可能或已启动向某一疾病发展的态势。第三，前临床状态，出现了病理改变，但无明显的临床表现。在人群中，处于这类状态的超过1/3，且40岁以上人群所占比例陡增。这些状况可看做身体发出的警报。只要意识到这种情况，及时改善心理状态，改变生活规律，再根据医学原理进行凋节，就能轻松走出亚健康的状态。掌握亚健康概念有利于尽早采取预防措施，阻断亚健康向疾病发展，提高健康水平。

二、社会、心理因素与亚健康

20世纪初，许多人出现以疲劳为主的包括头晕、头痛、心悸、气促、耳鸣、肢麻、抑郁、失眠、出汗等系列不适的症候群。早期这种“病”多发于30—40岁、经济宽裕的白领女性，随后迅速在全球蔓延。生活节奏加快、社会竞争加剧、心理应激增多，人体过于疲劳，加之营养比例失衡，运动不足，环境污染等因素的作用，世界各国不同年龄、种族、阶层的人发现同样“病征”的案例越来越多。人的反应能力、适应能力、活力、耐力均有不同程度降低，生理活动趋向减弱，工作效率降低，症状复杂多样。令人困惑的是，在医院检查大多没能发现病理性的改变，这种状态称为“亚健康状态”。

（一）亚健康的概念

亚健康是健康与疾病的中间状态，亚健康人群无论是身体还是心理，均处于一种非健康的状态，其危害是容易导致肿瘤、心血管疾病、呼吸及消化系统疾病和代谢性疾病。这些疾病均有一个缓慢发展的过程，开始时表现为亚健康，此时不注意很容易发展为真正的疾病。

目前，中国沿海城市的亚健康人群比例高于内地，大、中型城市的亚健康人群比例高于小型城市及农村。处于亚健康状态的人口呈现不断上升趋势，国内近万人次的调查显示，超出半数的中年人处于亚健康状态。各行业中青年骨干人员、高级知识分子、企业家、管理者属于“易感人群”，亚健康的发生率高达70%以上。在一些新兴行业人群中，如高新技术产业、IT从业人群，亚健康发生率也较高，广告、新闻、机关及演艺等行业的亚健康人群可达50%。在亚健康状态早期，如能注意防范，往往能有效避免真正疾病的发生与发展，但令人担忧的是，大多数人在进入亚健康状态时并不自知。

（二）亚健康的表现及危害

1. 亚健康的表现

亚健康状态主要表现为植物神经系统紊乱，以内分泌功能变化和机体各器官功能变化为主，在生理上表现为精神、胃肠道、心血管及肌肉等方面的症状。概括起来有以下 3 个方面：

（1）躯体亚健康症状，主要表现为身体、头颅、躯干、四肢及内脏的不适，包括倦怠乏力、头晕头痛、双目干涩、鼻塞咽痛、耳鸣肢麻、颈肩僵硬、腰背疼痛、手足发凉、心悸气促、胸闷腹胀、掌腋多汗、口舌溃疡、便秘尿频、肥胖、性欲减退、易晕车船、月经紊乱。其主要表现是难以恢复的持续疲劳，睡眠障碍（失眠、多梦、易醒等），血管神经性头痛及周身不适，妨碍生活、学习、工作，损害健康，甚至诱发猝死。

（2）心理亚健康症状，主要表现为心因性不适和情绪方面的变异，如抑郁寡欢、紧张焦虑、对周围事物缺乏兴趣、精神不振、烦躁易怒、失眠易醒、记忆力减退、食欲异常。常见的是焦虑、缺乏具体指向的心理紧张和不愉快的情绪，还可表现为抑郁，从而导致社会适应能力和工作效率降低，人际关系不和谐，影响生活质量和人生价值的实现。

（3）社交亚健康症状，指与人交往方面存在的障碍，如不良心态、性格和思维方法，如过分的孤独、恐惧、自卑、自闭、冷漠、猜疑、嫉妒、傲慢、虚荣等，常见意志脆弱、自怨自艾、无端猜疑、表现出某些偏离行为。

2. 亚健康的危害

医学专家指出，亚健康是综合性与多学科的问题。处在亚健康状态的人易导致肿瘤、心血管疾病、呼吸与消化系统疾病以及代谢性疾病。如果不及时保健调理，会造成巨大危害。

（1）猝死。猝死是亚健康危害中最严重的危害。猝死最好发于一些心理压力巨大、植物神经功能极不稳定的人群。这类人群最容易突然发生植物神经功能严重紊乱，从而诱发心电生理严重失调，发生恶性心律紊乱。亚健康人群的身体新陈代谢和植物神经功能常处在不稳定状态，一旦突然遇到剧烈的心理情绪波动，导致剧烈的植物神经功能紊乱，就会引起心律失常。通常表现为心动过速、偶发早搏，严重时可能发生猝死。

（2）寿命缩短。随着社会的发展，生活水平和医疗水平的不断提高，人类寿命在不断延长。按照世界卫生组织的定义，65 岁以前算中年人，65 岁至 74 岁算青年老年人，75 岁到 90 岁才算正式老年人，这是一个普遍的趋势。

对于长期处于亚健康状态的人群，其平均寿命在下降，特别是中年知识分子。1983 年进行的有关调查显示，中年知识分子的死亡率是老年人的两倍多，且还有上升的趋势。这一人群长期处在紧张、压力下，心理、精神受到摧残，体力透支，忽略自身保健，亚健康出现，造成寿命缩短。

（3）精神生活质量下降。重视文化娱乐，追求社交健身、旅游休闲，这些无疑已经成为现代人高质量生活的标志。然而，亚健康状态已成为高质量生活的头号绊脚石。“身心疲劳”使越来越多的现代人痛苦不堪。亚健康并非疾病，不能当作一般的病症来下药治疗，但是它确实影响着人们的生活，大大降低了生活质量。

（三）社会、心理因素对亚健康形成的影响

造成亚健康状态的原因往往是正常生活工作环境中自身适应力或调适性降低，这些原因多是隐性的，并持续一段时间逐渐作用，所以多数亚健康人士无明显原因，只是逐渐感觉自己不能胜任某些工作或不能适应生活、社会环境，此时已经出现亚健康状态。总的来说，亚健康与工作学习环境、生活方式、心理状态、环境污染等有密切关系，可能是多方面因素综合作用逐渐形成，概括起来主要有以下几方面。

1. 心理因素

心理压力是影响人们心理健康的最主要因素。在日常生活中，我们每个人都会不同程度地感受到心理压力的存在。过度的心理压力会影响一个人的精神面貌，使人看上去无精打采。同时，心理压力也是一种持续存在的消极情绪体验，当生活发生改变，心理挫折、冲突产生时，容易产生较大的心理压力，长期的压力引起的心理上的负面情绪反应是形成亚健康的原因之一。

亚健康状态与心理失衡密切相关。据统计，亚健康同时并发抑郁症者占 40%—47%，焦虑症者占 32%，躯体化障碍占 15%。同时，性格因素与亚健康发生也有一定关联。一般将性格分为 A、B、C 型。其中，A 型性格脾气火暴，易急躁，好竞争；B 型性格中庸，不争强好胜；C 型性格情绪压抑，逆来顺受。A 型性格与 C 型性格者是亚健康易发人群。

2. 疲劳过度造成脑力体力透支

现代社会经济飞速发展、科学技术日新月异，对人们的素质、能力和知识更

新提出更高、更新的要求，人们不得不花费更多时间投入学习、工作和社会竞争，不得不加快生活、工作节奏以提升效率，所以容易产生紧张、焦虑，脑力和体力都在大量“透支”，长此以往，造成身体和精神上疲乏，机体逐渐进入亚健康状态。特别是人到中年，长时间的压力和超负荷的工作更容易使人们过早地进入亚健康状态，学习、工作效率下降造成更大精神压力，导致恶性循环。

3. 不良的饮食生活方式

随着生活水平的提高，饮食结构、生活方式也发生了变化，尤其是城镇居民，出门时乘车代替了骑车和步行，饮食上“大鱼大肉”代替了蔬菜、粗粮，啤酒、饮料代替了白开水。因运动减少、营养过高、热量过剩，肥胖者越来越多。肥胖者往往会表现出虚弱、易疲劳、出汗多、心慌气短等症状，严重者还会增加并发症的发生率。

亚健康状态及某些慢性疾病并不是社会经济发展的必然产物，而是经济富裕之后，人们缺乏保健知识，养成不良生活习惯的恶果。随着人们对业健康的不断了解，对自身健康管理意识的增强，防患于未然、积极改变不良饮食及生活习惯已逐步成为都市人群的热门话题。

4. 室内、室外环境污染

生活水平提高的另一表现是人们开始注重自己的居住环境，居住面积逐渐增加，室内装潢提升家居品味，而装饰制料中含有的大量有害物质对居住在室内的人构成了危害，可以说室内装饰材料的污染已成为危害人类健康的一大杀手。现代人 60% 以上的时间是在室内活动，尤其是“白领”在室内时间相对更长，而室内污染程度往往比室外更加严重，既有来自室外的污染空气，又有室内由建筑与装潢材料、烹饪、取暖、吸烟等人为活动所造成的污染。此外，建筑材料中的大理石、花岗石还含有放射性物质氡，这些都会对人体造成损害。因此，室内环境污染也是亚健康的主要原因之一。

高层建筑林立，拥挤的街道，空气中的负氧离子浓度较低，长期处于这种环境当中，人们血液中的氧浓度降低，组织细胞对氧的利用率降低，组织细胞正常的生理功能受到影响。因此，室外环境直接影响健康水平。

5. 吸烟、酗酒

吸烟导致大脑皮质兴奋、抑制功能失调，烟草中的尼古丁可以直接损害大脑神经细胞，短暂兴奋大脑皮质后引发长时间的抑制和疲倦；酒精能直接损害肝脏功能，降低人体抵抗力，小量饮酒表现为大脑皮质兴奋、多话，大量酗酒可深度抑制中枢神经系统，表现为步态不稳等共济失调症状，重者昏迷甚至死亡。烟酒是导致亚健康的重要因素。

6. 滥用药品

用药不当不仅会对机体产生一定的副作用，而且还会破坏机体的免疫系统。如稍有感冒就大量服用抗生素，不仅会破坏人体肠道的正常菌群，还会使机体产生耐药性。

（四）亚健康的预防、评估与治疗

1. 亚健康的预防

（1）饮食合理，营养均衡。根据中国人的饮食特点，预防亚健康推荐食物多样，以谷物为主；多吃蔬菜和水果；常吃奶类、豆类制品；适量摄入鱼、禽、蛋、瘦肉，少吃肥肉和动物油；膳食清淡少盐；食量与体力活动平衡，保持适宜体重。

（2）戒烟限酒。医学证明，吸烟除对心、肺等器官造成损害外，还容易使人体血管发生痉挛，局部器官血液供应减少，营养素和氧气供给减少，尤其是呼吸道黏膜得不到氧气和养料供给，抗病能力也随之下降。少量饮酒有益健康，酗酒则会损伤脾胃、肝脏，使人体免疫功能下降。

（3）适度运动。运动锻炼贵在坚持，重在适度。每个人都应制定合理的锻炼计划，从小量运动做起，根据个人体质情况逐渐增加运动量，并且要持之以恒。

（4）作息规律。保证睡眠，劳逸结合。有关文献显示，第一天的睡眠不足，可导致第二天的免疫力下降，工作效率降低；长期睡眠不足，则造成精力、体力的透支。每天的睡眠时间应保持在 8 小时以上，劳逸结合。

（5）保持乐观心态。善待压力，把压力看作生活不可分割的一部分，学会适度减压，保持健康、良好的心境。培养广泛的兴趣爱好会使人受益无穷，不仅可以修身养性，而且能够辅助治疗一些心理疾病。

2. 亚健康的评估与治疗

（1）症状评估法。亚健康症候群没有特异性，需要观察其出现的频度和严重程度。一般说来，偶尔出现轻微症状且迅速消失仍可归为健康人群；持续出现的严重症状常见于疾病状态；较多出现持续时间超过 3 个月以上，经过干预调整能逐渐缓解消失者可以初步辨识为亚健康状态。

（2）常规体检法。通过现代医学常用的仪器检测、筛查疾病和高危因素，具体分为一级检查和二级检查。一级检查指一般的健康体检，如果初步筛查没有发现病因，临床症状比较明显，可选择二级检查，如 24 小时动态心电图、24 小时动态血压监测、糖耐量、骨密度、血黏度、性激素、免疫球蛋白、肿瘤基因、胃镜、肠镜、脑电图等相关项目检查。

（3）心理测试法。主要通过心理测试量表进行测试。目前用于心理测试的心理测验和心理量表有 200—300 个，但是临床上和心理咨询工作中常用的只有 20 余个。

三、影响人体健康和寿命的因素

人的自然寿命，是指无任何疾病情况下寿命的极限值，或者称为理想寿命。一般认为，哺乳动物——包括人的寿命有着共同的规律，最高寿命相当于生长期年龄的 7—9 倍（人的生长期为 20—50 岁），是性成熟期年龄的 8—10 倍（人的性成熟期为 14—15 岁），照此推算，人的寿命至少应当是 110—150 岁。目前，世界上超过 100 岁的老人仍属罕见，一般人不能达到自然寿命，

那么，影响人类健康与寿命的主要因素有哪些？保健学家把这些因素归纳为四大类。第一类，环境因素，包括自然环境因素和社会环境因素。第二类，行为生活方式因素，包括促进健康的行为生活方式和危害健康的行为生活方式。第三类，生物学因素，包括生物遗传因素和心理因素。第四类，医疗卫生服务因素，包括公共卫生服务因素和医疗服务因素。

（一）环境因素

1. 自然环境因素

自然环境因素是指与人类生存有关的各种自然条件的组合，包括物理、化学、生物等因素。自然环境因素对人群健康的影响有正反两方面，我们应该积极利用有利因素的作用，控制有害因素的影响。例如，物理因素中充足的阳光、适宜的气候，化学因素中洁净的空气、水、土壤，生物因素中作为食物的动物、植物等都是人类生存的必要条件，可促进人类健康；当环境污染使上述因素发生变化或使之存在有害物质时，就可能对人体健康造成危害。

环境污染、特别是空气污染对人体健康的影响越来越引起民众的关注。空气污染对健康的影响分为急性危害和慢性危害。急性危害主要是大气（特指室外环境空气）污染物的浓度在短期内急剧升高（如重度雾霾），人群大量吸入污染物造

成的危害，主要表现为呼吸道和眼部刺激症状、咳嗽、胸痛、呼吸困难、咽喉痛、头疼、呕吐、心功能障碍、肺功能衰竭，诱发慢性心脑血管疾病的急性发作。慢性危害主要包括：长期刺激作用导致的眼和呼吸系统慢性炎症；机体免疫功能下降；加重慢性心脑血管疾病；加重变态反应或过敏性疾病——大气中某些污染物如具有致敏作用，可使哮喘、过敏性鼻炎等疾病加重。

环境污染对健康和寿命的威胁早已引起全球的关注。据统计，19.7%的人死亡与环境因素有关。环境恶化又引发更多自然灾害，致命性疾病也接踵而至。几十年来，世界各国，尤其是发达国家，在环境污染治理方面取得了很大进展，不少曾经肆虐的“公害”逐渐成为历史，而在这些方面发展中国家依然任重道远。随着经济的发展，我国环境问题的矛盾也日益突出，环境保护成为我国的一项基本国策。

2. 社会环境因素

人类不仅生活在自然环境中，也生活在社会环境中。社会环境因素包括一系列与社会生产力和生产关系有密切联系的因素，即以生产力发展水平为基础的经济状况、人口状况、科学技术等，以及以生产关系为基础的社会制度、文化教育、家庭婚姻等。社会环境因素可以通过影响自然环境和人的心理过程间接地影响人的健康。近30年来，全球经济发展水平和人们的生活水平有了极大提高，但经济发展也带来了新的社会问题和健康问题，如日本福岛核电站事故引发的放性污染，对周边人群健康造成严重威胁，同时波及食品卫生安全。

（二）行为生活方式因素

行为生活方式是指人们在社会化过程中逐渐形成的一系列行为习惯、生活习惯。良好的行为生活方式对健康有利，如充足的休息与睡眠、平衡膳食、适度锻炼、定期体检等。相反，不良的行为生活方式对健康有害，如吸烟、过量饮酒、不良饮食习惯、缺乏锻炼等，属于危害健康的行为。根据《中国居民营养与慢性病状况报告（2015年）》，2012年全国居民慢性病死亡人数已占总死亡人数的86.6%。同时，10年间居民膳食营养状况总体改善，但也存在谷类、蔬菜类方面相对欠缺，脂肪摄入量明显增加的情况，其中平均膳食脂肪供能比超过30%。不均衡的膳食结构会增加超重、肥胖以及患慢性疾病的风险。世界卫生组织发布的数据显示，19%的胃肠道癌症、31%的缺血性心脏病和11%的中风都与果蔬摄入过少有关。因此，倡导大众增加果蔬摄入量，保持平衡的膳食结构显得尤为重要。

注重果蔬摄入的同时，还要注重整体的膳食模式，将果蔬放入平衡膳食中才能发挥作用，任何忽视或者迷信果蔬营养的做法都会损害健康。

香烟中含有尼古丁等化学成分数百种，一些有害物质刺激中枢神经系统，影响心血管功能，减少血液带氧能力，导致肺脏纤维化，引起消化和呼吸系统疾病。另有研究证明，每天饮用白酒250ml左右或啤酒3 000ml左右者，5年后骨骼肌活检结果发现：肌纤维内存在大量脂肪滴的沉积；电镜检查线粒体结构异常；酒精中毒性肌肉病发病率达每10万人2 000例；1/3—2/3的长期饮酒者出现以肌纤维萎缩为特点的肌肉病。

行为生活方式因素是影响健康和寿命的最主要因素。世界卫生组织的调查显示，1991年在全球的主要死因中，4类健康危险因素所占的比重分别是：行为生活方式因素占60%、环境因素占17%、生物学因素占15%、卫生服务因素占8%。行为生活方式因素对健康的影响是自创性的、可改变的。适当参加体育、文娱活动，能使机体处于生命旺盛的状态，可以有效预防和控制疾病的发生。

（三）生物学因素

1. 遗传因素

人类在长期生物进化过程中也具有遗传变异等生物特征。研究表明，有些疾病是直接由遗传因素引起的，如血友病、色盲等，但多数疾病是遗传因素与环境因素、行为生活方式因素、医疗卫生服务因素等综合作用的结果，如某些精神障碍疾病、高血压、糖尿病、肿瘤等。遗传性疾病目前多无有效的根治方法，通过优生优育、产前检查等措施可有效预防遗传性疾病的发生，提高人群健康和寿命水平。

2. 心理因素

心理状态对健康和寿命的影响是多方面的，也是非常复杂的。积极良好的心理状态将有效促进身心健康；反之，不良的心理状态会损害身心健康。心理因素对人体健康的影响主要表现在以下几方面。

（1）对神经系统的影响：可致神经功能障碍，轻者头晕、记忆力减退，重者精神错乱、行为异常等。

（2）对心血管系统的影响：惊恐导致的血压升高，大多表现为收缩压升高，主要机理是心搏量增加；痛苦和愤怒引起的是舒张压增高，是由小动脉痉挛收缩，血压通过时阻力增大所致；盛怒可引起心肌细胞受损，导致猝死。

(3) 对消化系统的影响：消化系统对情绪的反应很敏感。忧愁、悲哀、痛苦、焦虑等负面情绪可致胃肠蠕动减慢，胃液分泌减少，胃肠机能受到严重干扰，使人不思饮食。

(四) 医疗卫生服务因素

医疗卫生服务可分为两类：一是公共卫生服务，包括范围广泛的卫生专业人员所提供的卫生服务，如卫生防疫、环境保护、计划生育和健康教育，是卫生工作者对整个人群的服务；二是医疗服务，包括医院和诊所提供的服务，是医务人员对患病个体的服务。完整、系统的卫生服务对人体健康和寿命产生至关重要的影响。

据统计，10.9%的人死亡与缺乏卫生保健服务有关。卫生服务的范围、内容与质量直接关系到人的生、老、病、死及由此产生的一系列健康问题。截至2019年底，我国共有医疗卫生机构101.4万个，其中医院3.4万个，基层医疗卫生机构96.0万个，专业公共卫生机构1.7万个。从卫生人员、床位、诊疗人次来看，2019年我国医疗卫生技术人员1 010万人，其中执业医师和执业助理医师382万人，注册护士443万人；医疗卫生机构床位892万张，其中医院697万张，乡镇卫生院138万张；全年总诊疗85.2亿人次，出院2.7亿人。

我国城镇医疗条件较好，加之职工享有较为全面的社会保障和定期体检福利，某些疾病发现早、治疗及时、恢复较快，无形中延长了寿命。农村地区医疗条件相对较差，在一定程度上存在缺医少药、看病难、看病贵的情况。国家对医疗卫生事业的改革和服务条件越来越充实，将会逐步加大对农村医疗卫生工作的经费投入，建立疾病监测和控制机构，缩小城乡卫生服务条件的差别和距离，保险医学必将在农村发挥越来越重要的作用。

四、健康管理

(一) 健康管理的概念

健康管理是对个体或群体的健康状态及危险因素进行全面监测、分析、评估，提供健康咨询和指导以及对健康危险因素进行干预的全过程。健康管理适用于健康人群、亚健康人群、急性病患者、慢性病患者等所有人群。健康管理以预防和控制疾病发生发展、降低医疗费用、提高生命质量为目的，主要内容包括采集信息、评估危险因素、进行健康咨询与指导、制定健康促进计划、进行健康维护等。健康管理在保险行业中可理解为保险管理与经营机构在为被保险人提供医疗服务保障和医疗费用补偿的过程中，利用医疗服务资源和与医疗、保健服务提供者的合作进行的健康指导和诊疗干预管理活动。

（二）健康管理的特点

1. 始终以控制健康危险因素为核心

健康管理与疾病治疗不同。疾病治疗往往注重对疾病症状的治疗，即血压高了降血压，血糖高了降血糖。健康管理则注重对影响人的健康危险因素进行干预与控制。

2. 一、二、三级预防并举

一级预防是指通过健康教育、健康促进手段，达到对一般人群的心理、行为、社会、生物可控制的危险因素的综合一级预防目标来改善健康状况，降低疾病的发生率；二级预防是指通过危险因素的预测，有针对性地进行干预，达到早发现、早诊断、早治疗、规范化管理的二级预防目标；三级预防是指通过健康管理，提高现有患病人群的自身管理技能，减少疾病的危害，达到预防各种并发症的发生、有效降低病人残疾和死亡率的三级预防目标。

3. 预防医学与临床医学相结合

预防医学与临床医学相结合，可形成一种真正以人为中心、以健康为中心的新的医学模式，即从单纯的生物医学模式向生物、心理、社会医学模式的转变，而且从手段与措施上，将群体健康教育与个体指导相结合，不仅告知影响健康的危险因素是什么，使人明白应如何采取有效措施，积极予以防治，而且针对健康危险因素进行分析，提出有利于控制影响健康的危险因素、提高身心健康水平的干预方案。

（三）健康管理的起源

20 世纪 70 年代，美国保险业率先提出健康管理的概念，主要通过健康教育和健康促进手段使投保人患病率降低、就诊率降低、医疗费用降低，旨在使病人及健康人更好地拥有健康、恢复健康，从而减少理赔金额、提高经济效益。随着业务内容的不断充实发展，健康管理逐步发展为一套专门的系统方案和营运业务，并出现了区别于传统医疗机构的专业健康管理公司。这些公司作为第三方服务机构与医疗保险机构一起直接面向个体需求，提供系统专业的健康管理服务。

（四）客户健康管理的基本步骤和常用服务流程

健康管理是一种具有前瞻性的卫生服务模式，它以较少的投入获得较大的健康效果，从而增加了医疗服务的效益，提高了医疗保险的覆盖面和承受力。一般来说，健康管理分3个基本步骤。

第一步是了解客户的健康状况，只有了解个人的健康状况才能有效维护个人健康。具体地说，了解客户的健康状况就是收集服务对象的个人健康信息。个人健康信息包括个人一般情况（性别、年龄等）、目前健康状况和家族病史、个人生活方式（膳食、体力活动、吸烟、饮酒情况等），体格检查（身高、体重、血压值等）和血、尿实验室检查（血脂、血糖值）等结果。

第二步是进行健康及疾病风险性评估，即根据收集的客户健康信息、对客户的健康状况及未来患病或者死亡的危险性用数学模型进行量化评估。其主要目的是帮助客户综合认识健康风险，鼓励和帮助他们纠正不健康的行为习惯，制定个性化的健康干预措施，并对效果进行评估。

第三步是进行健康干预，即在前两部分的基础上，以多种形式帮助客户采取行动，纠正不良生活方式和习惯，控制健康危险因素，实现客户健康管理计划的目标。与一般健康教育和健康促进不同的是，健康管理过程中的健康干预是个性化的，即根据个体的健康危险因素，由健康管理师进行个体指导。

（五）客户健康管理的服务项目及模式

1. 狭义的健康管理服务

（1）体检筛查类：健康体检、电子档案、肿瘤筛查、健康评估与疾病预测、在线自助健康自检、慢性病管理。）

（2）就医通道类：围诊期咨询、预约挂号、导医导诊、贵宾就医服务、口腔护理、二次诊疗意见、医疗费用垫付、异地转珍、重大疾病住院安排绿色通道。

（3）咨询促进类：健康咨询、24小时医疗咨询援助服务热线、私人医生。

2. 广义的健康管理服务

（1）医疗网络管理：控制健康险运营管理成本，具体包括提供网络医院手册、对网络医院进行满意度调查、为医院提供培训等，建立网络医院遴选标准并进行信用评级。

（2）理赔管理：简化理赔流程，包括理赔文档收集、理赔流量管理、医疗费用审核、理赔结算付款、为保险公司提供理赔管理报告。

（3）运营、医疗服务管理：有效降低理赔成本，包括对被保人主要医疗活动出具事先授权函、制定常规合理费用标准对医疗服务行为进行监督、提供医疗数据分析报告、控制医疗服务成本。

（4）客户服务：提高客户满意度，具体包括24小时服务热线、客户投诉热线、网络医疗无现金支付、客户满意度调查、医疗服务质量评估。

（5）其他增值服务：承担保险公司部分职能，包括开展专业培训、提供核保指南支持、支持营销活动。

第四节　医学诊断学

一、医学诊断学

（一）概述

医学诊断学是运用医学基础理论、基础知识和基本技能对疾病进行诊断的一门学科，也是从基础学科过渡到临床医学各学科，如内科、外科、妇产科、儿科、五官科和神经内科等的桥梁学科。医学诊断学主要内容包括5个方面：

（1）病史采集，即通过问诊了解疾病发生与发展的过程。

（2）症状和体征，症状是患者病后对机体生理功能异常的自身体验和感觉，是病史的重要组成部分。研究病史即研究症状的发生、发展及演变。体征是患者的体表或内部结构发生可察觉的改变。症状和体征可单独出现或同时存在。

（3）体格检查，是医生用自己的感官或传统的辅助器具（听诊器、叩诊锤、血压计、体温计等）对患者进行系统的观察和检查，揭示机体正常和异常征象的临床诊断方法。

（4）实验室检查，是通过物理、化学和生物学等实验室方法对患者的血液、体液、分泌物、排泄物、细胞取样和组织标本等进行检查，从而获得病原学、病理形态学或器官功能状态等资料，结合病史、临床症状和体征进行全面分析的诊断方法。

（5）辅助检查。心电图、肺功能和各种内镜检查，以及临床上常用的各种诊断操作技术等都可列为辅助检查。

当前医学科学的飞速发展突出表现在诊断领域高新技术的应用，如影像诊断方面有计算机体层扫描（CT）、仿真内镜、磁共振肠道造影、三维彩色多普勒超声检查及正电子发射断层摄影术（PET）等。分子生物学方面有 DNA 重组技术、荧光定量 PCR 技术、基因诊断及计算机生物芯片技术等。这些新技术的应用提高了临床诊断水平。

（二）医学诊断学与医务核保

人身保险核保是保险公司降低逆选择和道德风险，严把风险入口的第一道关。人身保险核保分为医务核保和非医务核保。其中，医务核保又称为健康风险选择，是指保险公司对客户参加保险的个体风险加以分类筛选，根据不同的危险程度选择适当的承保条件；在实务中，是指根据被保险人的健康告知、体检报告、既往病史等相关医学资料，评估其健康状况对死亡率及发病率的影响，从而做出相对合理的核保决定的过程。

医务核保与保险医学、医学诊断及各临床医学学科关系密切，主要侧重于评估被保险人的预期死亡率和发病率，评估潜在的风险，但不需要对疾病做出诊断及治疗。医务核保实务中，常见的健康风险审核资料包括健康告知书、体检报告、被保险人的既往病史、就诊的门诊资料和住院资料等。其中，核保人员在医务核保实务中最为常见、接触最多的是被保险人因风险保额超过免体检限额而进行体检的体检报告。现阶段，因投保而体检的常见体检项目包括：内科、外科、五官科、神经科、妇科体检，尿常规、血常规、肝肾功能、血糖、血脂、腹部超声和胸片等检查，根据保障额度还会涉及甲状腺、乳腺超声、宫颈 TCT、肿瘤标记物和运动心电图等检查。因此，核保人员对体检报告中常规体检项目的检查意义的掌握、对体检结果异常所提示的健康风险因素的了解是评估被保险人医务风险的重要的基本功之一。

不仅如此，随着医学诊断学的不断发展与快速进步，某些高、精、尖检查技术的应用，如超声检查精准度的进步、基因检测和肿瘤标记物检查等，可能会增加某些疾病的检出率，从而对医务核保审核技术提出新的挑战。例如，近 10 年来，甲状腺癌发病率的急速增长，一方面是甲状腺超声检查的普及所致，另一方面可能与 B 超检查的设备敏感性提高等有关联，这不仅会直接影响核保人员对甲状腺结节的风险评估，也会影响到产品尤其是重疾险产品的定价。

二、症状、体征、病史、家族史、个人史

对于保险公司，症状、体征、既往病史和现病史、家族史、个人史的询问主要体现在健康告知中，对于阳性告知，应该予以关注。例如，被保险人告知颈部有包块时，需警惕甲状腺肿瘤或淋巴瘤的可能，被保险人需要明确风险以便评估。对于被保险人有住院或门诊就诊史者，应收集被保险人的住院或门诊资料，根据资料进行相应的风险评估。

（一）症状、体征和病史

1. 概述

（1）症状。症状是指患者病后对肌体生理功能异常的自身体验和感觉，如瘙痒、疼痛、心悸、气短、胀闷、恶心和眩晕等。异常感觉出现的早期，临床上往往未能客观地查出，但可在询问时患者的告知中获得。症状是病史的重要组成部分，研究症状的发生、发展及演变，对做出初步风险判断和风险评估有重要的作用。

（2）体征。体征是指患者的体表或内部结构发生可察觉的改变，如皮肤黄染、肝脾肿大、心脏杂音和肺部啰音等。症状和体征可单独出现或同时存在。

（3）病史。病史是指患者的健康状况和曾经罹患或者正在罹患的疾病，也包括外伤手术、预防注射、过敏病史等。

2. 理赔应用

理赔人员应特别关注病史是否与本次理赔疾病有关联影响，由此判断是否需要进一步调查清楚，发起二次核保来判断是否影响理赔结论。

（二）家族史

1. 概述

家族史指被保险人家庭成员的年龄、健康状况，有无家族遗传疾病。家庭成员一般仅限于被保险人的双亲、兄弟姐妹，有时也包括祖父母或孙子女，但不包括被保险人的配偶。家庭史的评估，旨在了解被保险人是否具有遗传性疾病的潜在基因，或是因先天性体质、环境因素、生活方式等的影响，而对某些特定性疾

病有很高的罹患率。家族病史主要是考虑遗传性疾病对死亡或者重疾发生率的影响，此类疾病通常包括：

（1）恶性肿瘤，如结肠癌、乳腺癌、卵巢癌。

（2）肾脏疾病，如多囊肾。

（3）心脑血管疾病，如高血压、冠心病、脑血管疾病。

（4）内分泌疾病，如糖尿病。

（5）神经系统疾病，如多发性硬化、运动神经元病、阿尔茨海默症、帕金森病。

（6）良性肿瘤：家庭性肠腺瘤等。

2. 理赔应用

家族史在理赔上的应用主要有两个方面：一是作为所患疾病是否为遗传性疾病的辅助诊断——遗传性疾病在某些保险产品条款中属于除外责任，尤其是健康险。二是如果病历中家族史提示了重要内容，要检视投保时是否如实告知，充分评估客户未如实告知的性质以及保险公司是否尽到询问和明确说明的义务，同时还要注意未如实告知内容与出险结果之间是否存在直接因果关系，确保理赔结果公正、合理。

（三）个人史

被保险人个人史通常包括如下信息：被保险人出生、成长及居留的地点和时间（尤其应注意疫源地和地方病流行区）；受教育程度，有无高风险运动爱好；饮酒嗜好及射入量，有无其他异嗜物和麻醉毒品摄入史；具体职业，有无经常与有毒有害物质接触等；对儿童被保险人，需要了解出生前母亲怀孕及生产情况（如顺产、难产），以及喂养史、生长发育情况等。

1. 饮酒史

（1）概述。过量饮酒及酗酒，会引起短期或长期危险。酗酒者易患肝病、癌症、心肌病、血管病和精神病，并可能遭遇暴力死亡，包括意外事故、自杀和杀人。

（2）理赔应用。了解饮酒史在理赔方面的应用主要包括两个方面：一是需要关注与长期过量饮酒有关的疾病是否存在投保前不如实告知的情况，如酒精肝等；二是对于意外造成的保险事故的理赔，发现客户提交的病历中提示饮酒的，要重点核实是否因酒后驾驶等造成意外事故，排除免责事项。

2. 药物滥用

（1）概述。药物滥用指对麻醉剂、幻觉剂、兴奋剂、镇静剂等药物的过度使用。滥用药物可能造成精神损害、身体器官损害以及身体对药物的依赖或个性紊乱。

（2）理赔应用。“被保险人主动吸食或者注射毒品”是大多数寿险产品条款中的除外责任。主动吸食或注射毒品，是指被保险人的故意行为，是被保险人在意识自主状态下做出的吸食或者注射毒品的决定。如果被保险人在收到第三人胁迫或者蒙骗时吸食或者注射毒品，则不属于主动行为。

毒品指《刑法》规定的鸦片、海洛因、甲基苯丙胺（冰毒）、吗啡、大麻、可卡因以及国家规定管制的其他能够使人形成瘾癖的麻醉药品和精神药品，但不包括由医生开具并遵医嘱使用的用于治疗疾病但含有相关成分的处方药品。

三、物理检查

物理检查是以感观观察、触摸、度量、物理学仪器诊断等物理手段进行体检的方法。身高、体重、体温、血压、心电图、X 光、B 超、核磁共振等检查均在物理检查之列。下面以血压为例进行讲解。

1. 血压概述

血压通常指体循环动脉血压，是重要的生命体征。高血压是一种以体循环动脉血压升高为主要特点的临床综合征。血压值与心血管疾病的关系具有一致性和持续性，而且与其他风险因子是相互独立的，血压值越高，罹患心肌梗死、心脏衰竭、中风、肾脏疾病的概率也越高。

2. 理赔应用

高血压是一种常见的疾病，一般在门诊治疗，症状较为严重时可以进行住院治疗。理赔重点审核如下内容：

①医疗费：重点关注与出院诊断不符的用药和大型检查费用。

②住院天数：审核是否有必要住院，住院天数与病情是否相符。

③是否为投保前疾病：高血压通常病史较长，且有明显的自觉症状，理赔人员可以从住院病历的现病史、既往史中查找线索。

四、血液检查

血液检查项目通常包括血常规和血生化检查。传统的血常规检查包括红细胞计数、血红蛋白测定、白细胞计数及其分类计数。近年来血液学分析仪器的广泛应用使血液常规检测的项目增多，包括：血红蛋白测定、红细胞计数、红细胞平均值测定和红细胞形态测定；白细胞计数及分类计数；血小板计数、血小板平均值测定和血小板形态检测。

血生化检查一般包括血糖、血脂、肝功、肾功（尿素氮、二氧化碳结合力、肌酐、尿酸、尿微量蛋白）、离子、淀粉酶、心肌酶等。下面以血糖为例进行讲解。

1. 血糖概述

在日常“两核”审核中，常关注的与血糖相关的血液生化检查项目通常包括空腹血糖和糖化血红蛋白。

①空腹血糖检测。空腹血糖是诊断糖代谢紊乱最常用和最重要的指标。参考值为3.9—6.1mmol/L。

②糖化血红蛋白（HbA1c）。糖化血红蛋白是在红细胞生存期间HbA与己糖（主要是葡萄糖）缓慢、连续的非酶促反应的产物。其代谢周期与红细胞的寿命基本一致，反映了近2—3个月的平均血糖水平。可用于血糖控制效果的检测、追踪糖尿病治疗的合理性，能稳定、可靠地反映糖尿病患者的预后情况。

③口服葡萄糖耐量试验（OGTT）。口服葡萄糖耐量试验是检测葡萄糖代谢功能的试验，主要用于诊断症状不明显或血糖升高不明显的可疑糖尿病。

2. 理赔应用

糖尿病是一种常见的慢性疾病，一般在门诊治疗，症状较为严重时可以进行住院治疗。理赔中重点审核以下内容：

①医疗费：重点关注与出院诊断不符的用药和大型检查费用。

②住院天数：审核是否有必要住院，住院天数与病情是否相符。

③是否为投保前疾病：糖尿病通常病史较长，且有明显的自觉症状，理赔人员可以从住院病历的现病史、既往史中查找线索。

五、肿瘤标志物检测

肿瘤标志物（Tumor Marker）是由肿瘤细胞本身合成、释放，或是机体对肿瘤细胞反应而产生或升高的一类物质。肿瘤标志物存在于血液、细胞、组织或体液中，反映肿瘤的存在和生长情况。通过化学、免疫学以及基因组学方法测定肿瘤标志物，对肿瘤的诊断、治疗效果，复发监测和预后判断具有一定的价值。

六、医学影像学

影像学，是研究借助于某种介质（如 X 射线、电磁场、超声波等）与人体相互作用，把人体内部组织器官结构、密度以影像方式表现出来，供诊断医师根据影像提供的信息进行判断，从而对人体健康状况进行评价的一门科学。

医学影像学检查常见的胸片、乳腺钼靶与乳腺超声、甲状腺超声在理赔实务应用中应关注投保健康告知问卷中关于检查项目的询问与理赔申请时的信息是否一致，如果有明确的询问事项投保时未告知，而理赔材料显示在投保前已有相关的检查报告，并与本次理赔疾病有密切关联，应评估是否存在投保前不实告知。

七、心电图

心电图是评估心血管疾病风险的基础，包括静态心电图或运动后测得的心电图。静态心电图是利用心电图机从体表记录心脏每一心动周期所产生大的电活动变化图形的技术。可反映心率异常、心律失常、心脏传导异常、心肌缺血、心室肥大、心脏瓣膜病。心电图图形异常主要应用于急性心肌梗死的诊断。

八、病理学

病理学是研究疾病的病因、发病机制、病理变化、结局和转归的医学基础学科。在临床医疗实践中，病理学又是为许多疾病的诊断和治疗提供依据的最可靠途径。在保险实务中，重大疾病保障中涉及的恶性肿瘤、红斑狼疮等病种，在理赔时需要提供病理诊断作为理赔金的给付条件。因此，病理学对于理赔标准的认定具有非常重要的价值。

九、基因检测

人寿保险作为保险业务的一种，具备保险的基本特征，被保险人将死亡或发生疾病的风险转移给保险人并支付保险费。进入 20 世纪 90 年代后，随着基因技术的兴起，与基因相关的重大疾病能够被预测，基因治疗的概念也使得预知人类寿命变得可能。这一技术进步对寿险行业的影响不言而喻。2019 年 12 月 1 日，中国银保监会发布了新修订的《健康保险管理办法》，对业内争议较大的基因检测问题明确规定，“保险公司不得以被保险人家族遗传病史之外的遗传信息、基因检测资料作为核保条件”“禁止保险公司非法搜集、获取被保险人除家族病史之外的遗传信息、基因检测资料等”。

第五节 医学治疗学

治疗学是临床医学的一个分支，研究疾病治疗的起源与发展规律、治疗方法和专门技术、作用机制、适用范围与禁忌证等内容。临床治疗学就是掌握和研究如何结合患者的实际，合理地进行治疗的科学。随着社会的不断进步，经济、文化持续发展，环境状况在日益改善，疾病谱也在随之改变，新的药物不断涌现，医学模式已从“生物—医学”转变为“社会—心理—生物—医学”模式，临床治疗学也在纵深发展。

一、治疗与诊断的关系

正确而及时的诊断和判断病情变化是治疗成功的必要条件。对于已确诊疾病，一般情况下按照循证医学推荐的治疗方法进行治疗。一旦诊断错误便会导致治疗失败。会导致治疗失败的其他因素还有很多，如发现疾病过晚失去治疗时机、诊断不及时、患者体质太差、医务人员技术水平有限、病情复杂、并发症太多等。对于未确诊的疾病，可以尝试进行实验性治疗。

二、治疗原则

对任何疾病都必须始终贯彻预防为主、防治结合的原则，即未病防病（包括传染性和非传染性疾病），有病防重（早发现、早诊断、早治疗），病重防危（防止并发症，保护重要器官功能），病愈早康复，防复发。

三、分类

临床疾病治疗学通常包括的治疗方法有：药物治疗、手术治疗、放射治疗、放射性核素治疗、物理治疗、经内镜治疗、血液净化治疗、静脉营养治疗、器官移植治疗、重病监护治疗和介入性治疗。

（一）药物治疗学

药物治疗是使用一切可以消除病因、维持机体内环境稳定和改善病变器官功能、减轻或解除患者痛苦、治愈患者的药物进行治疗。药物治疗包括使用各种药物、电解质、液体、抗毒血清、血液或血液成分及各种代血品进行治疗。

1. 药物治疗的基本过程

第一步，明确诊断。这是开始正确治疗的决定性步骤。

第二步，确定治疗目标。

第三步，确定治疗方案。

第四步，开始治疗，即开具处方，病人治疗开始。

第五步，评估与干预，即监测疗效指标和毒副作用，进行评估，决定继续、调整还是终止治疗方案。

2. 药物治疗的注意事项

（1）了解药物。药物是治疗疾病的重要武器。对于所使用的药物，必须充分了解其药物代谢动力学，包括吸收、分布、代谢、排泄及影响这些环节的因素及其药效学，包括作用部位、疗效机制、显效时间及毒副作用；尤其对新药，必须仔细阅读说明书。

（2）评价疗效。首先需要明确疗效的标准。对许多急性病、慢性病的急性合并症来说，疗效的标准应该是治愈或病情得到有效控制。某些慢性疾病，通过较长期的药物治疗也是可以治愈的，但大多数慢性病药物难以根治，只能缓解或减轻痛苦，而且可能还需长期治疗。

（3）联合用药时可有协同或拮抗作用。使用两种以上药物时，可因配伍禁忌而降低疗效。联合用药有时可加强疗效，有时某些药物又可在体内发生拮抗而降低疗效。因此，凡同时应用两种以上药物时，均要注意其间有无拮抗或协同作用，以及它们之间的相互作用对治疗所带来的后果。

（4）药物二重性问题。药物的作用都是一分为二的，用药之后既可产生防治疾病的有益作用，也有可能产生与治疗疾病无关，甚至对机体有毒性的作用。前者称为治疗作用，后者称为不良反应。

（5）谨慎使用新药。我国对新药的报批和上市有严格的规定。管理新药上市的机构是国家食品药品监督管理总局。我国对于医保报销的药品也做了规定，这就是经7个部委专家论证通过、由劳动和社会保障部正式颁布的《国家基本医疗保险药品目录》。该目录每年更新一次。

（6）循证医学的应用。循证医学，即遵循证据的医学，其核心思想是医疗政策（包括病人的处理、疾病治疗指南和医疗政策）应在现有的最好的临床研究依据基础上做出，同时也重视结合个人的临床经验。循证医学不同于传统医学，它强调任何医疗决策建立在最佳科学研究证据的基础上。

3. 药物进入人体的途径

（1）口服。这是最常用的药物进入人体的方式。

（2）注射，包括皮下、皮内、肌内、静脉内注射或滴注，动脉注射（多与手术或插管结合），以及关节腔内、骨髓腔内、椎管内、硬膜外、浆膜腔内、病变组织（如脓肿、肿瘤）内注射药物，婴儿前囟静脉窦内注射给药或与血液透析、腹膜透析结合进行。

（3）外用，常用的是药水、药膏，通过皮肤吸收。外用药也用于眼结合膜囊、鼻腔及外耳道等。

（4）其他途径：呼吸道途径，包括吸入挥发性药物及气体药物、药物雾化吸入、气管内插管用药等；女性生殖道内塞药、阴道冲洗；灌肠、肛门内塞药；膀胱冲洗；药物漱口、药物含服等。

（二）手术治疗

外科手术是治疗疾病的医疗手段之一。手术治疗是外科工作的主要特征，是“治疗医学”的主要组成部分之一。现代外科手术疗法已不像原始外科仅限于外伤的处理，它的治疗范围已不断扩大。归纳起来，手术疗法的内容可分为六大类。

（1）外伤，如战争伤、核损伤、工业伤、交通事故伤、烧伤等。

（2）感染，如浅部感染、局部感染（如痈、疖、前部脓肿等）和深部感染（包括腹腔内、胸腔内、颅内及关节腔内脓肿）。

（3）肿瘤，如各个部位的良性肿瘤和实体的恶性肿瘤，如胃肠道肿瘤、肝胆胰系统肿瘤、骨肿瘤、脑肿瘤等。

（4）畸形，分先天性畸形，如唇裂、腭裂、先天性心脏病以及消化道闭锁等；后天性畸形，如灼伤后瘢痕挛缩及一些创伤后遗症等。

（5）某些功能性疾病，如甲状腺功能亢进症需要切除大部分甲状腺组织等。

（6）器官移植，如肾移植、肝移植、心脏移植等。

（三）放射治疗

放射治疗是利用放射线治疗肿瘤的一种局部治疗方法。放射线包括放射性同位素产生的α、β、γ射线和各类X射线治疗机或加速器产生的X射线、电子线、质子束及其他粒子束等。放射治疗在肿瘤治疗中的作用和地位日益突出，已成为治疗恶性肿瘤的主要手段之一。

放射治疗的疗效取决于放射敏感性，不同组织器官以及各种肿瘤组织在受到照射后出现变化的反应程度各不相同。放射敏感性与肿瘤细胞的增殖周期和病理分级有关，即增殖活跃的细胞比不增殖的细胞敏感，细胞分化程度越高，放射敏感性越低，反之越高。此外，肿瘤细胞的氧含量直接影响放射敏感性，例如早期肿瘤体积小、血运好、乏氧细胞少时疗效好，晚期肿瘤体积大、瘤内血运差，甚至中心有坏死，则放射敏感性低；生长在局部的鳞癌，较在臀部和四肢的肿瘤血运好，敏感性高；肿瘤局部合并感染，血运差（乏氧细胞多），放射敏感性下降。因此，保持照射部位清洁，预防感染、坏死是提高放疗敏感性的重要条件。

（四）物理治疗

1. 定义

现代物理治疗是应用自然界和人工的各种物理因子，如声、光、电、磁、热、冷、矿物质和机械、运动等作用于人体，病通过人体神经、体液、内分泌等生理机制的调节，达到预防、治疗和康复目的的方法。如电疗法、光疗法、超声波疗法、传导热疗法、压力疗法、磁疗法、水疗法、冷疗法、冷冻疗法、生物反馈疗法。

2. 分类

（1）运动疗法。运动疗法是物理治疗的核心部分，又称治疗性训练。

（2）神经生物疗法。神经生物疗法是根据神经生理学的理论，利用特殊的运动模式、反射活动、本体和皮肤刺激抑制异常的运动，促进正常的运动；或顺应中枢神经损伤后运动功能恢复的规律，促进运动功能的恢复，治疗神经肌肉，特别是中枢神经系统损伤引起的运动功能障碍的一类治疗方法。

（3）运动再学习疗法。运动再学习疗法是把中枢神经系统损伤后运动功能的恢复视为一种再学习或再训练的过程的治疗方法。

（4）物理因子疗法。又称“理疗”，是指以物理因子如温（热）、电、声、光（红外线、紫外线、激光）、水、磁、冷（利用冰、冷水）等进行治疗的方法，是康复医学的重要治疗手段。

3. 物理治疗对人体的作用

（1）运动治疗对人体的作用：提高神经系统的调节能力、维持和改善运动器官的形态和功能、促进代偿功能的形成和发展、增强心肺功能、增强内分泌系统的调节能力、调节精神和心理。

（2）物理因子疗法对人体的作用：消炎、镇痛、抗菌、镇静与催眠、兴奋神经及肌肉、缓解痉挛、软化瘢痕、消散粘连、加速伤口愈合、加速骨痂形成、增强机体免疫机制、脱敏、抗癌。

（五）经内镜治疗

1957 年，纤维内镜问世，为食管和胃十二指肠疾病的诊断提供了十分有价值的诊断依据。在诊断内镜发展的同时，治疗内镜的应用也相继展开，即通过内镜治疗内腔疾病。经内镜高频电治疗和经内镜手术治疗使用较为广泛。

1. 内镜高频电治疗

高频电是治疗内镜中采用最普遍的一种疗法，如止血、切割等，如可用于消化道止血、息肉摘除、切开乳头括约肌。

2. 经内镜手术治疗

微创手术是外科发展的总趋势和追求目标，这种被喻为“钥匙孔外科”的治疗技术使手术治疗的创伤及并发症大大减少，手术适应证不断扩大，疗效进一步提高。目前，大部分普通外科手术都可通过腹腔镜手术完成，如阑尾切除术、胃及十二指肠溃疡穿孔修补术、疝气修补术、结肠切除术、脾切除术、子宫及子宫肌瘤切除术、盆腔炎性灶处理与粘连松解等。

（六）血液净化治疗

血液净化治疗是指应用净化技术，从肾外途径排除循环血液中的代谢废物、药物、毒物及其他有害或过剩物质，同时以人工手段辅助完成某些脏器的功能，从而达到治疗疾病的目的。它是继药物治疗、手术治疗后的第三种治疗手段——人工脏器治疗学的重要内容。血液净化治疗临床用于治疗急、慢性肾功能衰竭，重症肝炎，肝功能衰竭，某些风湿性疾病，重症药物、毒物中毒，某些代谢异常及其他有关疾病等。

净化血液的常用技术，按其原理大致可分为四大类：透析（血液透析、腹膜透析、胃肠透析等），滤过（血液滤过），灌流（血液吸附、消化管吸附等）和分离（血浆分离、血细胞分离等）。临床上常综合使用这4种手段，取长补短，以提高净化疗效，减少副作用。

（七）静脉营养治疗

静脉营养，即全胃肠外营养。它基于对机体在饥饿和应激状态下代谢改变的深入认识，经静脉提供充足而全面的营养物质，包括蛋白质、脂肪、碳水化合物、电解质、维生素和微量元素，使无法摄食或胃肠功能丧失者获得合成代谢之要素，减轻负氮平衡或使正氮平衡出现，使患者的营养状态得以维持或改善，为危重患者的救治制造条件。静脉营养治疗适用于特大面积烧伤、严重复合性创伤、严重腹膜炎或坏死性胰腺炎、消化道瘘、短肠综合征和重度营养不良等。此项技术无论在理论基础和应用原则，或是具体的临床实施方面，都与日常的静脉输液不同。其显著的营养支持作用又是普通输液无法比拟的。大量临床实践证明：静脉营养已成为重症患者不可缺少的一项重要治疗措施。

（八）器官移植治疗

器官移植疗法是将一个有活力的器官，用手术方法移植给患者，以治疗不能用其他方法治愈的在短期内可致死的脏器疾病，而恢复其良好功能。

临床上，器官移植的范围限于移植同种异体的器官，通常是原有外形和正常结构的整体器官。自身器官的移植，如原位再植（外伤性断肢再植）和移行移植（结肠代食管术）等，都不属于器官移植，因为都不会发生排斥反应。

（九）重症监护治疗

重症监护病房（Intensive Care Unit，简称ICU）是重危病人治疗的中心环节，可分为综合性 ICU 和专科性 ICU 两种。专科性 ICU 包括冠心病监护病房（CCU）、呼吸治疗中心（RCU）、外科重症监护病房（SLCU）及新生儿重症监护病房（NICU）。ICU 的规模（包括床位、人员和仪器设备）可因医院大小而已，但应该具备基本条件，如必不可少的监护和治疗仪器（心电压力监护仪和呼吸器等），以满足重危患者抢救和治疗的需要。

1. 适应证

重症监护治疗主要指征为：

（1）严重创伤和大手术后可能威胁生命的重危患者。

（2）心肌梗死和严重心律失常。

（3）急性呼吸功能衰竭。

（4）急性循环功能不全。

（5）急性肝功能不全。

（6）急性肾功能不全。

（7）多器官功能衰竭。

（8）感染、败血症及中毒患者。

（9）重要脏器移植术后。

（10）心、肺、脑复苏后监测和治疗。

（11）各类创伤性检查及介入性放射治疗术后。

2. 主要工作

收治重症监护的患者具有重、危、急的特点，应根据不同病种和病情进行不失时机地分级监测，才能做到及时有效的治疗。一般把监测项目分为三级。

（1）一级监测，用于特别重危患者，可随时为抢救治疗提供有效措施。

（2）二级监测，用于比较危重的患者。

（3）三级监测，用于一般重患者或抢救患者病情平稳好转阶段。

3. 常用技术

重症监护治疗的常用技术包括血液动力学监护治疗，呼吸功能监护治疗，肝功能监护治疗，肾功能监护治疗，颅内压、病原（细菌、病毒）、血液学、水电解质与酸碱平衡等的监护。

（十）介入性治疗

介入性治疗是一个新兴的领域。它是指在 X 线电视、CT 或 B 超导向下，将特别的刺针、导管插入人体病变部位，通过药物、物理、化学等手段直接消除或减轻局部的病理变化，达到有效的治疗作用。近20年来，介入性治疗发展迅猛，且取得了良好的效果。心血管疾病的常见介入性治疗方式有经皮穿刺球囊心瓣膜成形术、经电极导管心内消融术、经皮穿测腔内血管成形术、经导管行动脉未闭堵塞术、经皮穿刺嵌取心内和大血管内异物。

第五章 理赔法律实务

第一节 人身保险理赔的法律背景

一、保险法的调整对象和保险法律体系

（一）保险法的调整对象

法律是由国家制定、认可的一系列社会规范的总和，法律约束人与人之间的权利义务关系。保险法就是调整保险关系的法律、法规的总和。保险法是在保险业发展，不断解决保险问题、调整保险关系的过程中日趋成熟的。从遵循先例到习惯法，再到成文法，从海上保险法到财产保险法，再到人身保险法，现代保险法体系在日趋完善的过程中，也逐渐分为不同的法律部门。

（二）保险法律体系

我国的保险法律体系由保险合同法、保险业法、保险特别法、保险法司法解释以及其他规范保险业的法律法规组成。

1. 保险合同法

保险法是规范保险合同当事人之间权利义务的法律。1995 年 6 月 30 日颁布的《中华人民共和国保险法》是新中国第一部较为完整、系统的保险基本法。2002 年第八届全国人大常委会对《保险法》做了首次修正，并于 2003 年 1 月 1 日起正式实施。目前正在实施的《保险法》是中华人民共和国第十一届全国人民代表大会常务委员会第七次会议于 2009 年 2 月 28 日修订通过的，自 2009 年 10 月 1 日起正式施行。新修订的《保险法》共计 8 章 187 条，除保险公司、保

险经营规则、代理人以及保险业监督的规定外，共计有66条针对保险合同的规定，涵盖保险合同的基本原则，保险合同的内容、成立、生效、变更、终止，保险合同的当事人，当事人的权利义务，违反保险合同的责任，合同争议的解决等内容。

2. 保险业法

保险业法，又称“保险事业法”，是国家对保险业进行规范和监督的法律规范的总称，是国家对保险行业进行管理和规范的一种行政法规。它是用来调整政府、监管机关与保险公司、保险中介的关系的保险法。我国《保险法》中关于保险经营规则、保险代理人和保险经纪人以及保险业监督管理的相关规定即属于保险业法的范畴。

3. 司法解释

司法解释是法律解释的一种。本书所指的保险法司法解释特指由最高人民法院根据法律赋予的权力，对保险审判实践中具体如何解读、适用保险法所做的具有普遍司法效力的解释。保险法自2009年修订实施后，截至2020年7月，最高人民法院公布并实施了《最高人民法院关于适用〈中华人民共和国保险法〉若干问题的解释（一）》（法释〔2009〕12号）①、《最高人民法院关于适用〈中华人民共和国保险法〉若干问题的解释（二）》（法释〔2013〕14号）②、《最高人民法院关于适用〈中华人民共和国保险法〉若干问题的解释（三）》（法释〔2015〕21号）③、《最高人民法院关于适用〈中华人民共和国保险法〉若干问题的解释（四）》（法释〔2018〕13号）④ 共4部司法解释，用于统一人民法院在保险纠纷案件审理中具体适用法律的原则。

4. 保险特别法

保险特别法是具体规范一种保险类别保险关系的法律规范。目前最典型的保险特别法是《中华人民共和国海商法》。该法在第十二章“海上保险合同”中对海上保险做了具体翔实的规定。此外，2006年7月1日施行的《机动车交通事故责任强制保险条例》针对机动车交通事故责任强制保险的投保、赔偿进行规定，也属于保险特别法的重要组成部分。

---

① 2009年9月14日最高人民法院审判委员会第1473次会议通过，2009年10月1日起施行。

② 2013年5月6日最高人民法院审判委员会第1577次会议通过，2013年6月8日起施行。

③ 2015年9月21日最高人民法院审判委员会第1661次会议通过，2015年12月1日起施行。

④ 2018年7月31日最高人民法院审判委员会第1738次会议通过，2018年9月1日起施行。

5. 其他保险法规、规章

其他保险管理和监督的法律法规包括国务院及中国银行保险监督管理委员会（以下简称中国银保监会）等国家机关颁布实施的规范保险企业设立、运营的条例和规定，如国务院 2001 年颁布、2013 年修订并施行的《中华人民共和国外资保险公司管理条例》，中国保监会 2009 年颁布实施的《保险公司管理规定》等。

二、中国保险法律法规的产生和发展

（一）中国近代保险法律法规的产生和发展

19 世纪初，随着西方资本主义国家加紧对中国的商品输出，尤其是两次鸦片战争以后，清政府被迫开放沿海沿江通商口岸，西方列强在中国的经济侵略和经济渗透进一步加强，外国保险公司凭借不平等条约和政治保护在中国市场急速扩张业务范围。随着中国新兴资产阶级阶层的发展壮大及洋务运动的兴起，民族资产阶级逐渐打破外国保险公司的保险垄断局面，对保险立法的需求也愈发强烈。中国近代保险立法可追溯至清末修律，1903 年颁布的《钦定大清商律》成为近代中国第一部包含保险内容的法律。1907 年，《保险业章程草案》拟定，成为近代史上第一部规范保险业的专门法规草案。

民国时期，中国保险业有了较大发展，保险立法也日臻完善。1929 年，国民政府颁布《保险法》，包括总则、损害保险、人身保险共计 3 章 82 条，用以规范保险合同行为，对保险业进行严格监管；1935 年颁布《简易人寿保险法》和《简易人寿保险章程》。虽然 1937 年颁布的《保险业法》《保险业法施行法》由于抗战爆发和外国保险公司的阻挠未能正式实施，但这些法律的颁布对战争后一段时期内保险立法产生深远的影响。

（二）新中国保险法规的产生和发展

中华人民共和国成立后，由于特定的历史原因，保险仿效苏联《苏联国家保险》的强制模式，国家通过行政法规、条例对保险进行强制要求，我们比较熟悉的如 1951 年颁布的《铁路旅客意外伤害强制保险条例》（2013 年废止），就是典型的通过行政法规贯彻执行的强制保险。“文革”期间，我国保险行业完全停顿，保险的立法也相应停滞。直至改革开放以后，尤其是 1995 年《保险法》的颁布实施，中国保险市场才进入快速发展的新轨道。1998 年，中国保险监督管理委员会成立，中国保险监督管理迈上专业化、体系化、法制化的新台阶，中国保监会也陆续颁布了一批保障和促进商业保险健康发展、保障保险消费者权益的新条例和新规定，如2006年颁布实施的《健康保险管理办法》对寿险行业的发展起到积极的历史推动作用，2009年《保险法》修订并实施，相应配套司法解释的陆续出台为保险行业与国际接轨、保障国计民生起到保驾护航的作用。

第二节　人身保险理赔遵循的法律原则

理赔是保险人根据法律规定、保险合同约定兑现保险承诺的最核心的表现，理赔是保险公司区别于其他金融机构的最核心的价值。在近代保险几百年的发展过程中，随着保险关系调整的日臻完善，理赔遵循的基本原则逐渐确立。

一、最大诚信原则

最大诚信原则是民法和现代保险法的基本原则。英国《1906年海上保险法》第一次明确了最大诚信原则作为海上保险的基本原则。该法第17条规定，“海上保险是建立在最大诚信原则基础上之合同，如任何一方不遵守最大诚信原则，另一方可以主张撤销该合同”。

我国《民法通则》第四条规定，“民事活动应当遵循自愿、公平、等价有偿、诚实信用的原则”。我国《合同法》第六条规定，“当事人行使权利、履行义务应当遵循诚实信用原则”。我国《保险法》第五条规定，“保险活动当事人行使权利、履行义务应当遵循诚实信用原则”。“最大诚信”首先要求合同双方当事人不得彼此隐瞒、欺骗；其次，要求当事人言出必行、信守诺言，公平履行承诺的义务。“最大诚信”在保险法中地位更高，对保险关系当事人的要求也更高。

（一）最大诚信原则成为《保险法》核心原则的原因

1. 保险事故发生的偶然性

《保险法》第二条规定，“本法所称保险，是指投保人根据合同约定，向保险人支付保险费，保险人对于合同约定的可能发生的事故因其发生所造成的财产损失承担赔偿保险金责任，或者当被保险人死亡、伤残、疾病或者达到合同约定的年龄、期限等条件时承担给付保险金责任的商业保险行为”。该规定体现了保险事故的偶然性特点，符合保险合同作为典型的射幸合同的特征。所谓“射幸”，即“侥幸”，它的本意是“碰运气”。所谓射幸合同，指合同当事人一方支付的货币价款获得的仅是一个机会，合同的履行取决于未来发生的不确定的事件。双方对合同的履行是基于偶然事件的结果，当事人双方可能获得巨额利益，也可能一无所获。在人身保险合同中，投保人缴纳保险费，受益人可能获得远远超过投保人所缴纳的保险费许多倍的巨额保险金，但也可能没有利益可得；保险人给付的保险金可能远远大于其收取的保险费，但也可能收取大量保险费而不承担或少承担给付保险金的责任。

2. 当事人之间的信息不对称性

人身保险合同的标的是人的生命、身体（健康）将来可能发生的风险。它处于不确定的状态，保险人通过对损失概率分布的分析来确定和计量风险。投保前后投保人、被保险人对保险标的的风险状况或自身的健康情况最为了解，保险人作为风险的承担者却很难独立、全面评估投保标的详细风险情况。另外，由于保险合同条款是由行业的专业人士拟定的，条款内容包含了复杂的医学术语、法律用语和保险专业术语等，普通消费者对保险合同的内容，特别是涉及专业术语和技术性的条款往往很难准确理解。因此，在双方订立合同时，如果没有对保险人和投保人最大诚信的要求，保险合同双方当事人因受各自利益的驱动，发生隐瞒、欺骗行为的可能性将大大增加，从长远来看，将会严重影响保险行业的健康发展，危害保险消费者的合法权益。

3. 保险本质上的互助共济性

保险的本质是建立在互信基础上的风险共担、损失分摊、经济保障。保险起源伊始就是为了抵御自然灾害和意外事故。无论是古罗马时期的“互助基金”，还是近代海上保险的“共同海损分摊”，体现的都是互助共济、抵御风险的协作精神。保险人与投保人订立保险合同，将每位投保人有限的资金集中在一起管理，在灾难和事故发生时抵御灾害、提供保障。因此，合同双方当事人之间的诚实信用是订立保险合同的基础。如果投保人缺乏诚信，隐瞒关键信息获取不正当利益，就会损害其他投保人的利益，违背保险的宗旨。如果保险人不讲诚信，就会直接侵害某个投保人甚至是整个投保群体的利益，损害保险人的声誉。不诚信会导致合同双方“两败俱伤”。

（二）最大诚信原则的基本内容

最大诚信原则作为《保险法》的一项基本原则贯穿始终，是保险合同当事人和关系人在保险活动中必须遵守的基本法律准则。最大诚信原则重点规范以下几个方面的内容：第一，保险人在订立保险合同时应当向投保人履行明确的说明义务。在发生保险事故时，应当及时核查和确定保险事故的事实、性质、原因、结论，并及时给付保险金，不得拖延、逃避保险责任，无理由拒付保险金。第二，投保人在订立保险合同时应当向保险人履行如实告知的义务。在投保时，投保人应当依法针对保险人的询问进行如实告知，并在发生保险事故时履行及时通知的义务。最大诚信原则在《保险法》中具体体现在：

1. 明确说明

明确说明义务，是保险合同订立时保险人的核心义务。保险人履行说明义务，主要归结于对免责条款的说明。免责条款一般就是保险合同中保险人根据产品的精算基础为了免除自身责任而在保险合同中约定的条款。但是，并非只有规定在免责事项中的条款才属于免责条款。有的免责条款不一定规定在免责内容中，而可能会出现在合同的其他内容中，只要该规定减轻或免除了保险人的责任，或加重了投保人的责任，均属于免责条款。保险行业的惯例，如免赔额等，不应计入免责条款的范畴。

《保险法》第十七条规定：订立保险合同时，采用保险人提供的格式条款的，保险人向投保人提供的投保单应当附格式条款，保险人应当向投保人说明合同的内容。对保险合同中免除保险人责任的条款，保险人在订立合同时应当在投保单、保险单或者其他保险凭证上做出足以引起投保人注意的提示，并对该条款的内容以书面或者口头形式向投保人做出明确说明；未作提示或者明确说明的，该条款不产生效力。该法条明确了说明义务作为法定义务的规定，明确了说明义务的履行时间应当在签订合同之前、保险合同订立的过程中，履行了明确说明的义务。

《最高人民法院关于适用〈中华人民共和国保险法〉若干问题的解释（二）》第十一条对明确说明义务也做了进一步解释和补充。保险合同订立时，保险人在投保单或者保险单等其他保险凭证上，对保险合同中免除保险人责任的条款，以足以引起投保人注意的文字、字体、符号或者其他明显标志做出提示的，人民法院应当认定其履行了《保险法》第十七条第二款规定的提示义务。

2. 如实告知

如实告知是指投保人在签订保险合同前或签订保险合同时，针对保险人的询问，向保险人所做的口头或书面陈述。人身保险的投保人较保险人来说，对被保险人的情况了解得会更全面，为了便于保险人评估保险风险，确定是否可以承保及保险费率如何，投保人须根据保险人的询问，在申请投保时将被保险人的身体健康情况、财务状况、保险利益以及关系到保险人是否愿意接受或者据以确定保险费率高低所需了解的主要情况向保险人进行如实陈述，不得隐瞒、漏报、避重就轻、欺诈。《保险法》第十六条对如实告知的时间、内容做了明确规定，明确了投保人重大过失、故意不如实告知的法律后果；投保人告知的内容以保险人的询问为限，投保人确实不知的，保险人不得主张未如实告知解除保险合同的权利。在订立保险合同时，保险人已明知投保人未如实告知严重影响承保决定，但仍然签订合同的，保险人不得解除保险合同。发生保险事故的，应承担相应的保险责任。

3. 弃权与禁止反言

弃权和禁止反言主要是约束保险合同中保险人的规则。所谓弃权，是指合同一方当事人放弃其在保险合同中可以主张的权利。禁止反言，是指合同的一方如果已放弃了合同中的某项权利，则不能再主张已放弃的权利，实务中主要是指保险人故意放弃合同解除权和抗辩权的情况。例如，投保人未缴纳保险费已超过两年，保险公司有权解除保险合同，但保险公司在投保人违约后仍然继续收取保险费的，视为对该权利的放弃；保险公司在明知投保人告知事项可能影响其核保决定的情况下，仍无条件予以承保的，视为对抗辩权的放弃。实务中，为了最大限度保护善良客户的利益，有些保险公司制定了关于投保人未缴纳保险费已超过两年仍可以复效的特殊政策，这将被视为保险公司明确的弃权行为。

4. 保证

保证是指保险人与投保人或被保险人在保险合同中约定，投保人担保对某一事项的作为或不作为，或担保某一事项的真实性。投保人或被保险人一旦做出保证就必须遵守，因为它是保险合同的基础，被保险人违反保证的行为将导致保险危险的增加，使保险人处于不利地位。人身保险合同中最为常见的保证，即意外伤害保险条款中对“职业变更”的规定。

二、保险利益原则

（一）保险利益的定义和特征

保险利益，也称可保利益，是指投保人或者被保险人对其所投保的保险标的所具有的法律上承认的利益。

人身保险合同保险利益的特征有：

（1）合法的利益。人身保险合同的保险利益必须是合法利益，包括依据法律的直接规定所产生的利益和依据合同双方当事人的约定所产生的合法利益。

（2）确定的利益。人身保险合同的保险利益必须是明确的、现有的利益。

（3）与时间有关的利益。人身保险的保险利益必须在合同订立时存在，否则订立的合同无效。

（二）人身保险可保利益

《保险法》第三十一条规定，“投保人对下列人员具有保险利益：

（一）本人；

（二）配偶、子女、父母；

（三）前项以外与投保人有抚养、赡养或者扶养关系的家庭其他成员、近亲属；

（四）与投保人有劳动关系的劳动者。

除前款规定外，被保险人同意投保人为其订立合同的，视为投保人对被保险人具有保险利益。

订立合同时，投保人对被保险人不具有保险利益的，合同无效”。

（三）保险利益原则的意义

保险的典型的特点之一就是以小博大，一旦发生保险事故，以小的保费投入获得巨大的保额利益，如不加限制，很容易产生赌博风险。规定保险利益的原则，是为了限制和防止发生道德风险，有效保护被保险人的人身安全，保护参保财产不被侵害。保险利益原则的规定，为投保人与保险标的之间设置了利益关系的限制。如果投保人以没有保险利益的保险标的投保，则有可能出现投保人为了获得巨额赔偿故意制造保险事故的情况，增加了发生道德风险的可能；尤其是人身险保险合同以人的生命和身体为标的，如果无保险利益原则的限制，更容易导致故意犯罪等重大违法事件的发生。此外，保险利益原则进一步明确了对应的关系人，有利于保险金的合法分配，减少了利益分配的纠纷。

《保险法》第十二条对保险利益原则做了明确规定，体现了保险利益原则的具体特征和适用原则。第一款规定，人身保险的投保人在保险合同订立时，对被保险人应当具有保险利益，明确了保险利益存在的时间是在订立保险合同时投保人必须对保险标的享有保险利益，订立之后或保险事故发生时是否存在保险利益则不做具体要求。一方面，该条款考虑到保护被保险人的人身安全，限制赌博行为和道德风险的发生；另一方面，投保时保险利益的确定有效规避了长期人寿保险合同保险事故发生时间难以预测而产生的对被保险人显失公平的问题。

保险利益原则在保险合同中不仅影响合同效力，而且是衡量保险标的、保险价值、保险权利分配的重要标准，在《保险法》中起着举足轻重的作用。

三、近因原则

近因是指造成保险标的损失最直接、起决定性作用的原因，并非字面理解的在时间上最接近事故发生的原因。虽然我国《保险法》未对近因原则进行明文规定，但在理赔实务和司法实践中近因原则已然成为保险人、法官判断保险人是否承担保险责任的重要的依据之一。因此，近因原则也成为保险理赔实务中必须遵循的基本原则。按照这一原则，只有当被保险人的事故是直接由保险责任范围内的事件造成，保险人才能予以赔偿，即保险事故的发生与人身损害事实的形成，两者之间必须有直接因果关系，才能构成保险赔偿的要件。

在理赔实务中，如果事故是单一原因造成的，那么这一原因就是事故发生的近因，如果这一原因不属于保险合同条款约定的责任免除事项，保险人应承担保险责任；反之，则不承担保险责任。如果事故发生是多个原因造成的，而这些原因都是保险责任范围内的，保险人应负赔偿责任；反之，则不负赔偿之责。

如果事故发生是多个原因造成的，而这些原因中既有保险责任范围内的，也有保险责任范围外的，则要具体情况具体分析。

（1）如果前面的原因是保险责任范围内的，后面的原因虽不在保险责任范围之内，但后面的原因是前面原因导致的必然结果，则前面的原因是近因，保险人应负责赔偿。如在国外著名的艾思宁顿诉某保险公司案中，被保险人打猎时从树上跌落受伤，爬到公路边等待救援时因夜间天冷又染上肺炎死亡，高坠是从树上跌落的意外事故之必然，因而是近因。

（2）如果前面的原因不是保险责任范围内的，后面的原因却在保险责任范围之内，但后面的原因是前面原因导致的必然结果，则近因不是责任范围内的，保险人不负赔偿之责。如被保险人醉酒驾驶机动车辆导致颅脑损伤，急救过程中发现因脑脂肪栓塞死亡，按照条款约定，保险公司不承担意外保险责任。

当然，上述对近因原则的认识更多是在理论层面和理赔实务中的阐述。在目前司法实践中，近因原则的规定在保险法律体系中仍是一个空白。针对保险案件中近因的认定，法官还会依据具体案情和公平正义的原则独立衡量、裁判。

第三节　人身保险合同

一、保险合同及其主体

（一）保险合同及其特征

合同，也称契约，是平等主体的当事人为了实现一定的合法利益或目的，以双方或多方当事人意思表示一致，设立、变更和终止权利义务关系的协议。

保险合同属于民商合同的一种。保险合同不仅适用《保险法》，也适用《合同法》《民法通则》《婚姻法》《继承法》等法律。

1. 保险合同的定义

保险合同是保险合同双方当事人，即投保人与保险人双方意思表示一致，针对保险权利义务关系订立的一种有法律约束力的协议。

《保险法》第十条规定，“保险合同是投保人与保险人约定保险权利义务关系的协议。投保人是指与保险人订立保险合同，并按照合同约定负有缴纳保险费义务的人。保险人是指与投保人订立保险合同，并按照合同约定承担赔偿或者给付保险金责任的保险公司”。根据保险合同的约定，收取保险费是保险人的基本权利，赔偿或给付保险金是保险人的基本义务；与此对应，缴纳保险费是投保人的基本义务，请求赔偿或给付保险金是被保险人的基本权利。

2. 保险合同的特征

保险合同作为一种特殊的民商事合同，除具有一般合同的特征外，还具有一些特有的特征：

（1）保险合同是双务合同。双务合同是指合同双方当事人都享有权利并承担义务，一方的权利即另一方的义务，双方的权利和义务是彼此关联、双向的。在人身保险合同中，投保人要得到保险人对其承诺的保险保障权利，就必须按约定向保险人缴纳保险费；而保险人收取保险费，就必须承担保险事故发生时或合同届满时的给付义务。此外，保险合同的双务性与一般双务合同并不完全相同，保险人的给付义务只有在约定的事故发生时才履行。因此，在一定意义上，保险合同是附条件的双务合同。

（2）保险合同是有偿合同。根据合同当事人双方的责任轻重、是否付出对价的情况，合同可分为有偿合同与无偿合同。前者指一方当事人要享有合同规定的权利，必须向对方当事人支付相应代价的合同。保险合同属于有偿合同，保险合同的有偿性主要体现在投保人要取得保险的风险保障，必须支付相应的代价，即缴纳保险费；保险人要收取保险费，必须承诺兑现保险保障责任。

（3）保险合同是射幸合同。射幸合同是指合同是否履行在订立时不能确定的一种合同，即合同的履行建立在事件可能发生也可能不发生的基础上。当事人一方并不必然履行给付义务，只有当合同中约定的条件具备或合同约定的事件发生时才履行。保险合同是一种典型的射幸合同，投保人根据保险合同缴纳保险费的义务是确定的，而保险人仅在保险事故发生时承担赔偿或给付义务，即受益人获得保险金的权利在保险合同订立时仅是一种可能，需要取决于偶然的、不确定的保险事故是否发生。

（4）保险合同是最大诚信合同。合同的订立都应以合同当事人的诚实信用、自愿平等为基础。保险人经营的是未来的风险，但保险合同双方信息的不对称性使保险合同对诚信的要求远远高于其他合同。因保险标的在投保前或投保后均在投保人的控制之下，需根据投保人的告知来决定是否承保以及承保的条件，因此投保人的道德因素和信用状况对保险人的经营关系极大。另外，保险产品的复杂性、专业性对于普通的保险消费者来说较难理解掌握，使得保险人在保险关系中处于有利地位。因此，保险合同较一般合同更需要诚信，即保险合同是最大诚信合同。

（5）保险合同是保障合同。保险合同双方当事人一经达成协议，保险合同从成立生效时起到终止时的整个期间，保险人均负有保障被保险人合同约定利益的义务。保险人的保障体现在物质方面，即被保险人或保险标的一旦发生保险事故，保险人按照保险合同约定的责任范围给付保险金。另外，对于投保人（被保险人）来说，保险人的保障在精神方面也对被保险人提供了心理上的安全感和依赖感，使他们能够坚定解除后顾之忧的信心。

（6）保险合同是附合合同。附合合同，即格式合同，是指合同内容一般不是由当事人双方共同协商拟定，而是由一方当事人事先拟定。合同一方当事人提前拟定固定条款提供给另一方当事人选择，另一方当事人只能表达对合同内容同意与否，无权拟定合同的内容。投保人则往往缺乏保险知识，不熟悉保险业务，很难对保险条款提出异议。一般情况下，投保人购买保险就表示同意保险合同条款，即便需要变更合同的某项内容，也只能采纳保险人事先准备的附加条款。因此，当合同履行过程中对条款产生争议时，法院往往会做出有利于投保人、被保险人的解释。

（二）保险合同的主体

保险合同的主体是在保险合同中享有权利并承担义务的人。保险合同的主体包括保险合同的当事人、保险合同的关系人以及合同的辅助人。

（1）保险合同的当事人。保险合同的当事人包括保险人和投保人。

①保险人。保险人是指与投保人订立保险合同，向投保人收取保险费，在保险事故发生时，对被保险人承担赔偿或给付保险金义务的一方当事人。各国法律一般要求保险人具有法人资格，并且要求保险人经营保险业务只有依照法定程序向国家有关部门申请取得经营资格后才可以经营。在国际上，保险公司的组织形式主要是股份有限公司和相互保险公司。在中国，保险公司经营保险业务必须向中国保监会申请获批。

②投保人。《保险法》第十条规定，“投保人是指与保险人订立保险合同，并按照保险合同负有支付保险费义务的人”。就投保人的类型而言，投保人可以是法人，也可以是具有民事行为能力的自然人；就经济条件而言，投保人必须具有交付保险费的能力。此外，投保人应当对保险标的具有保险利益。

根据《民法通则》的有关规定，年龄不同，民事行为能力也有不同的具体规定。对于法人的要求，必须是依法成立，有必要的财产或经费、名称、组织机构和场所，并能独立承担民事责任。对于自然人的要求，18 周岁以上，可以独立进行民事活动，是完全民事行为能力人。16 周岁以上不满 18 周岁的公民，以自己的劳动收入为主要生活来源的，视为完全民事行为能力人。

（2）保险合同的关系人。保险合同的关系人包括被保险人和受益人。

①被保险人。被保险人是受保险合同保障的人，被保险人是有权按照保险合同规定向保险人请求赔偿或给付保险金的人。《保险法》第十二条规定，“被保险人是指其财产或者人身受保险合同保障，享有保险金请求权的人。投保人可以为被保险人”。

被保险人的资格。一般来说，在人身保险合同中，法人不能作为被保险人，只有自然人而且只能是有生命的自然人才能成为人身保险合同的被保险人。在以死亡为给付保险金条件的保险合同中，无民事行为能力的人不得成为被保险人，但父母为其未成年子女投保时除外。对于父母为其未成年子女投保的人身保险，按照中国保监会规定，在被保险人成年之前，各保险合同约定的被保险人死亡给付的保险金额总和、被保险人死亡时各保险公司实际给付的保险金总和均不得超过人民币 10 万元。

被保险人与投保人的关系。在保险合同中，被保险人与投保人的关系通常有两种情况：一是当投保人为自己的利益投保时，投保人和被保险人同属一人，此时的被保险人可以视同保险合同的当事人；二是当投保人为他人投保时，被保险人即为这里所说的保险合同的关系人。

被保险人的数量。同一保险合同中的被保险人可以是一人，也可以是数人，无论是一人还是数人，被保险人都应在保险合同中载明。

②受益人。《保险法》第十八条规定，“受益人是指人身保险合同中由被保险人或者投保人指定的享有保险金请求权的人。投保人、被保险人可以为受益人”。受益人的资格也无特别限制。同样，自然人中无民事行为能力、限制民事行为能力的人等均可被指定为受益人；投保人、被保险人本人也可以作为受益人。

受益人是指在人身保险合同中由被保险人或投保人指定，当保险合同约定的保险事故发生或达到合同约定年龄、期限等条件时有权向保险人申请并获取保险金的人。受益人属于人身保险合同中的关系人，受益人的受益权是通过指定产生的。在人身保险合同中，受益人有着独特的法律地位，除保险合同约定的事件发生，受益人需及时通知保险人之外，不承担其他任何义务。受益人在保险合同存续期间也可以变更，投保人指定或变更受益人，必须征得被保险人的同意。

依照《保险法》第四十二条规定，未确定受益人的情形具体有以下几种：一是未指定受益人或受益人指定不明的；二是受益人先于被保险人死亡，没有其他受益人的；三是受益人依法丧失受益权、受益人放弃受益权，而且没有其他受益人的。在受益人未确定的情况下，被保险人的法定继承人就视同受益人，保险金应视为被保险人的遗产，按照《继承法》规定由保险人向被保险人的法定继承人履行给付保险金的义务。另外，被保险人与受益人在同一事件中死亡，且不能确定死亡先后顺序的，推定受益人死亡在先。

（3）合同辅助人。

①保险代理人。保险代理人是指依据保险代理合同或受保险人的委托，在保险人授权的范围内代为独立开展或经营保险业务，并依法向保险人收取代理手续费的单位或者个人。保险代理是一种特殊的代理制度，根据代理关系，保险代理人与保险人在法律上视为一人，代理人的业务行为视为保险人的行为；保险代理必须采用书面形式。保险代理人既可以是机构，又可以是个人，但均须经国家监管机关核准具有代理人资格。一般情况下，代理机构须经国家监管机关审批同意，个人代理人须通过代理人考试。

②保险经纪人。保险经纪人是基于投保人的利益，为投保人和保险人订立保险合同提供中介服务，并依法收取佣金的机构。

③保险公估人。保险公估人是指接受保险人、投保人或被保险人的委托，从事保险标的评估、勘验、鉴定、估损以及赔款理算等业务，并向委托人收取报酬的公司。

（三）保险合同的客体

1. 保险利益是保险合同的客体

客体在法律关系中一般指的是法律关系主体的权利义务所指向的对象或标的，在合同中称为标的、物、行为、劳动或智力成果等。保险合同虽属民事法律关系范畴，但其客体并非保险标的本身，而是投保人对保险标的所具有的法律上承认的利益，即可保利益。因此，保险利益是保险合同的客体，是保险合同成立的要素之一，如果缺少了这一要素，保险合同就不能成立。

2. 保险标的是保险利益的载体

保险标的就是保险对象，投保人申请投保的财产或者人的生命和身体。在不同的保险合同中，保险人对保险标的的范围都有明确约定，人身保险合同的保险标的指针对被保险人的生命和身体，评估什么情况可以承保，什么情况不予承保，什么情况下可以加费或约定除外承保等。保险标的是保险利益的载体，保险合同双方当事人订立合同的目的是实现保险保障，合同双方当事人关心的也是基于保险标的的保险利益。

二、保险合同的内容和形式

（一）保险合同的内容

保险合同的内容是指保险合同当事人之间由法律确认的权利和义务等具体相关事项。其中，保险合同双方的权利和义务是保险合同的重要内容，通常通过保险合同条款的形式确定。

1. 保险条款分类

保险条款是保险合同中约定的有关保险人与被保险人的权利、义务及其他保险事项的条文，是保险合同双方享受权利与承担义务的主要依据，保险条款通常是格式条款，事先拟定并提前印刷在保险合同中。

（1）保险条款按照性质不同，可分为基本条款和附加条款两大类：

基本条款是指保险人事先拟定并印就在保险单上的有关保险合同双方当事人权利和义务的基本事项。基本条款构成保险合同的基本内容，是投保人与保险人签订保险合同的依据，不能随投保人的意愿而变更。

附加条款是指保险合同双方当事人在基本条款的基础上，根据需要另行约定或附加的、用以扩大或限制基本条款中所规定的权利和义务的补充条款。附加条款通常也由保险人事先印就一定的格式，待保险人与投保人特别约定填好后附贴在保险单上，故又称附加条款。在保险实务中，一般把基本条款规定的保险人承担的责任称为基本险，附加条款规定的保险人所承担的责任称为附加险。投保人不能单独投保附加险，而必须在投保基本险的基础上才能投保附加险。

（2）按照保险条款是强制还是双方约定，可将其分为法定条款与约定条款。

①法定条款，指由法律规定的保障双方权利和义务的保险条款。

②约定条款，是相对于法定条款而言的，指由保险合同当事人在法律规定的保险合同事项之外，就与保险有关的其他事项所做的约定。保险双方当事人可以

自由选择约定条款，故又称任选条款。

2. 保险条款基本事项

《保险法》第十八条对保险合同具体应包含的内容和事项做出了明确的规定。

（1）保险合同当事人和关系人的名称和住所。这是关于保险人、投保人、被保险人和受益人基本情况的条款，其名称和住所必须在保险合同中详加记载，以便保险合同订立后能有效行使权利和履行义务。因为在保险合同订立后，凡有对投保人权益的回访，保险费的催缴，风险增加的告知，风险发生原因的调查，保险金的给付、拒付通知等，都会涉及当事人和关系人的姓名及住所事项，同时也涉及发生争议时的诉讼管辖和涉外争议的法律适用等问题。

（2）保险标的。保险标的是保险利益的载体，明确了保险标的有利于判断投保人对保险标的是否具有保险利益、是否存在道德风险。因此，保险合同必须载明保险标的。人身保险合同中的保险标的是指被保险人的寿命和身体。

（3）保险责任和责任免除。保险责任是指在保险合同中载明的对于保险标的在约定的保险事故发生时，保险人应承担的经济赔偿和给付保险金的责任，一般都在保险条款中予以列举。保险责任明确的是，哪些风险的实际发生造成了被保险人的人身伤亡、残疾或疾病，保险人应承担赔偿或给付责任。保险责任通常包括基本责任和特约责任。

责任免除是对保险人承担责任的限制，即指保险人不负赔偿和给付责任的范围。责任免除明确的是哪些风险事故的发生造成人身伤亡与保险人的赔付责任无关，主要包括法定的和约定的责任免除条件。一般分为以下类型：

①不承保的风险，即事故原因免除。例如，一般寿险条款中，保险人对战争、军事冲突、暴乱或武装叛乱引起的保险事故不承担赔偿责任。

②不承担赔偿责任的费用，即费用免除。例如，条款约定的免赔额，保险人不承担赔偿责任。

③投保人或被保险人未履行合同规定义务的责任免除。这是人身保险合同中最常见的免责条件，如“违反如实告知义务约定”“违反职业或工作变更的告知义务约定”。

④不承保的危险行为，如“醉酒驾驶”。

（4）保险期间和保险责任开始时间。保险期间是指保险合同的有效期间，即保险人为被保险人提供保险保障的起止时间。一般可以按自然日期计算，也是保险人履行保险责任的基本依据之一。

保险责任开始时间是指保险人开始承担保险责任的起点时间，通常以某年、某月、某日、某时表示。《保险法》第十三条规定，投保人提出保险要求，经保险人同意承保，保险合同成立。保险人应当及时向投保人签发保险单或者其他保险凭证。依法成立的保险合同，自成立时生效。投保人和保险人可以对合同的效力约定附条件或者附期限。

我国《保险法》明确了保险合同成立即生效的情况。另外，保险责任开始的时间也可由双方在保险合同中约定。在保险实务中，保险责任的开始时间可能与保险期间一致，也可能不一致。例如，寿险合同中大多规定了观察期（如重大疾病等待期为 90 日或 180 日的约定），保险人承担保险责任的时间是自观察期结束后。

（5）保险金额。保险金额是保险人计算保险费的依据，也是保险人承担赔偿或者给付保险金责任的最高限额。在不同的保险合同中，保险金额的确定方法有所不同。在人身保险中，因为人的生命价值难以用货币来衡量，所以不能依据人的生命价值确定保险金额，而是根据被保险人的经济保障需要与投保人支付保险费的能力，由保险双方当事人协商确定保险金额。需要注意的是，保险金额只是保险人负责赔偿或给付的最高限额，保险人实际赔偿或给付的保险金数额只能小于或等于保险金额，而不能大于保险金额。

（6）保险费及支付办法。保险费是指投保人支付的保险人承担保险责任的代价。缴纳保险费是《保险法》规定的投保人的基本义务。保险合同中必须规定保险费的缴纳办法及缴纳时间。保险费的缴纳有趸缴、年缴、半年缴、季度缴、月缴等方式。长期寿险既可以在订约时一次趸缴保险费，也可以在订约时先付第一期保险费。订约后，双方在约定期间内采用定期缴付定额或递增、递减保险费等办法缴费。投保人支付保险费的多少是由保险金额的大小和保险费率的高低及保险期限等因素决定的。

（7）保险金赔偿或给付办法。保险金赔偿或给付办法即保险赔付的具体规定，是被保险人遭遇保险事故，致使被保险人发生经济损失或人身伤亡时，依法定或约定的方式、标准或数额向被保险人或其受益人支付保险金的方法。它是实现保险经济补偿和给付职能的体现，也是保险人的最基本义务，在人寿保险中表现为给付保险金。

（8）违约责任和争议处理。违约责任是指保险合同当事人因其过错致使合同不能履行或不能完全履行，即违反保险合同规定的义务而应承担的责任。保险合同作为最大诚信合同，违约责任条款在其中的作用更加重要。因此，在保险合同中必须予以载明。

争议处理条款是指用以解决保险合同纠纷适用的条款。争议处理的方式一般有协商、仲裁、诉讼等。

（9）订立合同的时间。合同的成立时间，通常是指订立合同的年、月、日，以此确定投保人是否有保险利益、保险责任的承担期限、保险费的交付期等。在特定情况下，订立合同的年、月、日对确定事故是否发生在保险期间及核实赔案事实真相起到关键作用。

（二）保险合同的组成

保险合同采用保险单和保险凭证的形式签订。合同证明的附件，以及当事人协商同意的有关修改合同的文书、电报和图表，也是合同的组成部分。保险合同是要式合同，但保险单仅为保险合同的书面证明，并非保险合同的成立要件。保险合同通常由投保单、保险单（或暂保单、保险凭证）及其他有关文件和附件共同组成，其中以投保单、暂保单、保险单、保险凭证最为重要。保险合同中记载的内容不一致的，根据《保险法司法解释》有关规定，按照下列规则认定：

（1）投保单与保险单或者其他保险凭证不一致的，以投保单为准；但不一致的情形系经保险人说明并经投保人同意的，以投保人签收的保险单或者其他保险凭证载明的内容为准。

（2）非格式条款与格式条款不一致的，以非格式条款为准。

（3）保险凭证记载的时间不同的，以形成时间在后的为准。

（4）保险凭证存在手写和打印两种形式的，以双方签字、盖章的手写部分的内容为准。

1. 投保单

投保单是投保人向保险人递交的书面要约。投保单经保险人承诺，即成为保险合同的组成部分之一。投保单一般由保险人事先按统一的格式印制而成，人身险投保人在投保书上应填具的事项一般包括：

（1）投保人和被保险人的姓名、证件号码、职业、联系方式、地址，受益人信息。

（2）投保的保险标的名称和存在地点。

（3）投保险种。

（4）保险价值或确定方法及保险金额。

（5）保险期限。

（6）财务、健康情况的询问事项。

（7）投保日期和签名等。

在保险实践中，有些险种，保险人为简化手续，方便投保，投保人可不填具投保单，只以口头形式提出要约，提供有关单据或凭证，保险人可当即签发保险单或保险凭证，这时保险合同即告成立。投保人应按保险单的各项要求如实填写，如有不实，在保险单上又未加修改，则保险人可依此解除保险合同。

2. 暂保单

暂保单是保险人在签发正式保险单之前的一种临时保险凭证。暂保单上载明了保险合同的主要内容，如被保险人姓名、保险标的、保险责任范围、保险金额、保险费率、保险责任起止时间等。暂保单虽然是一种临时保险单，但在正式的保险单交付之前，暂保单与保险单具有同等效力。《保险法司法解释（二）》也对“暂保责任”做了明确具体的规定，明确了在客户递交投保单后，保险公司承保前发生保险事故的处理原则。第四条规定，保险人接受了投保人提交的投保单并收取了保险费，尚未做出是否承保的意思表示，发生保险事故，被保险人或者受益人请求保险人按照保险合同承担赔偿或者给付保险金责任，符合承保条件的，人民法院应予支持；不符合承保条件的，保险人不承担保险责任，但应当退还已经收取的保险费。保险人主张不符合承保条件的，应承担举证责任。保险人正式签发保险单后，暂保单约定的责任内容归并于保险单，暂保单随之失去效力。

3. 保险单

保险单简称保单，是保险合同成立后由保险人向投保人签发的保险合同的正式书面凭证，是保险合同的法定形式。保险单应该将保险合同的内容全部详尽列说。尽管各类保险合同因保险标的及危险事故不同，保险单的具体内容以及长短繁简程度有所不同，但在明确当事人权利义务方面是一致的。保险单是合同当事人经口头或书面协商一致而订立的保险合同的正式凭证。只要保险合同双方当事人意思表示一致，保险合同即告成立，即使保险事故发生于保险单签发之前，保险人亦应承担保险给付的义务。如果保险双方当事人未形成合意，即使保险单已签发，保险合同也不能成立。

在保险实践中，保险单的交付是完成保险合同的最后手续，保险人一经签发保险单，则先前当事人议定的事项及暂保单的内容尽归并其中，除非有欺诈或其他违法犯罪情形存在，保险合同的内容以保险单所载为准，投保人接受保险单后，如在保险单犹豫期未提出异议，可推定其对保险单所载内容已完全同意。在人身保险中，投保人还可凭保险单进行保单抵押贷款，目前多数人寿保险公司均已开展保单贷款业务。

4. 保险凭证

保险凭证是保险合同的一种证明，实际上是简化了的保险单，所以又称小保单。保险凭证与保险单具有同等法律效力。凡保险凭证中没有列明的事项，则以同种类的正式保险单所载内容为准，如果正式保险单与保险凭证的内容有抵触或保险凭证另有特定条款，则以保险凭证为准。

5. 批单

批单又称背书，是保险双方当事人协商修改和变更保险单内容的一种单证，也是保险合同变更时最常用的书面单证。批单实际上是对已签订的保险合同进行修改、补充或增减内容的批注，一般由保险人出具。核保决定、责任免除决定函均属于批单的形式。

6. 其他书面形式

《保险法》第十三条第二款规定，保险单或者其他保险凭证应当载明当事人双方约定的合同内容。当事人也可以约定采用其他书面形式载明合同内容。

三、保险合同的成立和效力

（一）保险合同的成立与生效

1. 要约

要约又称发盘、发价或报价，是指一方当事人为订立合同，向另一方当事人发出的希望与其订立合同的意思表示。要约要发生法律效力，应当满足如下构成要件：

（1）要约内容必须具体确定。

（2）要约必须以订立合同为目的。

（3）要约必须向特定的相对方发出。

（4）要约表明经受要约人承诺，要约人即受该意思表示约束。

2. 反要约

反要约指受要约方对收到的要约提出异议，从内容上限制、更改或扩大原要约内容。

反要约是订立合同的一个阶段，是合同的商议阶段，但并非必经阶段。实质上，反要约可以理解为受要约方针对要约人的要约提出的新要约。我国《合同法》将受要约人对原要约内容的变更分为两种情况：一种是实质性变更，另一种是非实质性变更。前者属于反要约，后者则要根据情况，可能是反要约，也可能是承诺。

《合同法》第三十条规定，承诺的内容应当与要约的内容一致。受要约人对要约的内容做出实质性变更的，为新要约。有关合同标的、数量、质量、价款或者报酬、履行期限、履行地点和方式、违约责任和解决争议方法等的变更，是对要约内容的实质性变更。

《合同法》第三十一条规定，承诺对要约的内容做出非实质性变更的，除要约人及时表示反对或者要约表明承诺不得对要约的内容做出任何变更的以外，该承诺有效，合同的内容以承诺的内容为准。

3. 承诺

承诺又称接受、接盘，是指受要约人同意要约的意思表示。承诺送达要约人，合同即告成立。一项有效的承诺必须满足如下构成条件：

（1）承诺必须是受要约人向要约人做出。

（2）承诺必须在合理期限内发出，在合理期限内到达。

（3）承诺与要约的内容必须在实质上一致。

承诺生效，意味着受要约人接受要约的意思表示，承诺一旦做出，合同即成立。要约和承诺的内容对合同双方发生法律效力。

《合同法》第十三条规定，“当事人订立合同，采取要约、承诺的方式”。《保险法》第十三条规定，“投保人提出保险要求，经保险人同意承保，保险合同成立”。依照这一规定，保险合同的成立要件为：第一，投保人提出保险要求；第二，保险人同意承保。这两个要件，实质上即是《合同法》所规定的要约和承诺的方式。

（二）保险合同的成立

1. 定义

保险合同的成立，是指保险合同双方当事人就保险合同的条款达成一致的意思所表示的法律行为。

2. 保险合同成立的条件

保险合同是一种民事法律行为，它不仅是《保险法》调整的对象，而且是《民法》和《合同法》调整的对象，所以保险合同的成立一定要符合民事法律行为的要件和合同的成立要件规定。

保险合同的成立是指投保人与保险人就合同的条款达成一致。在保险合同订立过程中，承诺通常是保险人针对投保人的保险要求做出的，在保险过程中称为“承保”。一般情况下，保险人对投保人填写的投保单，要由核保专业人员审核，必要时还可以下发询问问卷、面访投保人或要求被保险人进行体检，以对承保风险进行全面准确的评估，确定能否承保以及适用何种保险费率，这一过程称为“核保”。保险人经审核，认为符合承保条件的，将予以承保，保险合同随之成立。

在实务操作中，保险人审核投保人填写的投保单后并发出同意承保的意思时，保险合同即成立。但是，保险合同的成立并不一定意味着保险责任的开始。

3. 保险合同的生效

（1）定义。保险合同的生效是指依法成立的保险合同条款对双方当事人产生法律约束力。一般合同一经成立即生效，双方便开始享有权利、承担义务。保险合同则往往是附条件、附期限生效的合同，只有当事人的行为符合所附条件或达到所附期限时，保险合同才生效。

（2）生效的条件。《民法通则》第五十五条规定，“民事法律行为应当具备下列条件：（一）行为人具有相应的民事行为能力；（二）意思表示真实；（三）不违反法律或者社会公共利益”。《合同法》第九条规定，“当事人订立合同，应当具有相应的民事权利能力和民事行为能力”。因而，保险合同若要有效订立，当事人必须具备相应的缔约能力，并在保险合同内容不违背法律和社会公共利益的基础上意思表示真实。

《保险法》第十三条规定，“依法成立的保险合同，自成立时生效。投保人和保险人可以对合同的效力约定附条件或者附期限”。原因在于，要约承诺为合同订立方式，投保人提出保险要求，保险公司同意承保的，表明双方就保险条款已经达成协议，无须再另行就合同条款协商。

依法成立的保险合同自成立时生效。这一规定主要涉及保险实践中的“零时起保制”。“零时起保制”是指保险合同的生效时间在保险合同成立后的次日或未来某日的零时。

（三）保险合同的有效与无效

1. 保险合同的有效

（1）定义。保险合同的有效是指保险合同具有法律效力并受国家法律保护。任何保险合同要产生当事人所预期的法律后果，使合同产生相应的法律效力，就必须符合有效条件。

（2）保险合同有效的条件。按照保险合同订立的一般原则，保险合同有效必须具备如下条件：

①合同主体必须具有保险合同的主体资格。在保险合同中，保险人、投保人、被保险人、受益人都必须具备法律规定的主体资格，否则会引起保险合同全部无效或部分无效。

②当事人意思表示一致，主要指签订保险合同的当事人双方意思表示要真实一致，而且是建立在最大诚信基础上的意思表示。任何一方对他方进行限制和强迫，都可使合同无效。

③客体合法。客体合法是指投保人对于投保标的所具有的保险利益必须符合法律规定，不损害社会公共利益要求，能够在法律上有所主张，为法律所保护，否则保险合同无效。

④合同内容合法。内容合法是指保险合同的内容不得与法律和行政法规的强制性或禁止性规定相抵触，也不能滥用法律的授权性或任意性规定达到规避法律规范的目的。

2. 保险合同的无效

（1）定义。保险合同的无效是指保险合同因违反法律法规、社会公共利益而不具有法律效力，不受法律保护。保险合同无效须由人民法院或仲裁机构进行确认。

（2）导致保险合同无效的主要原因。

①保险合同主体资格不符合法律规定，如投保人没有民事行为能力或投保人在投保时不具有保险利益，保险人未取得经营保险业务的许可证或超越经营范围经营保险业务等。

②客体不合法。人身保险合同中，投保人对被保险人没有保险利益，则其订立的保险合同无效，如未成年人父母以外的投保人为无民事行为能力人订立的以死亡为保险金给付条件的保险合同；以死亡为给付保险金条件的保险合同，未经

被保险人同意并认可保险金额。

③意思表示不真实。保险合同当事人意思表示不真实，即保险合同内容不能反映当事人的真实意思表示，如采取欺诈、胁迫等手段订立的保险合同、以合法形式掩盖非法目的的合同、重大误解的保险合同、无效代理的保险合同等。

④内容不合法。保险合同违反国家利益和社会公共利益、违反法律强制性规定等均会导致合同无效，如为非法利益提供保障的保险合同等。

（3）合同无效的形式。合同无效是指合同虽已订立，但因欠缺生效要件而在法律上不具任何效力。合同无效根据不同的分类，有以下几种形式：

①约定无效与法定无效。根据无效的原因来划分，合同无效可分为约定无效与法定无效两种。约定无效是指合同的当事人任意约定，只要约定的事由出现，则合同无效。法定无效是由法律明文规定，导致合同无效原因一旦出现，则合同无效。我国《保险法》对保险合同的无效也做了明确的规定，诸如人身保险中未经被保险人同意的死亡保险、人身保险中被保险人的真实年龄已超过保险人规定的年龄限制等情形出现，则保险合同无效。

②全部无效与部分无效。根据无效的范围来划分，合同无效有全部无效与部分无效两种。全部无效是指保险合同全部不发生效力；部分无效是指保险合同中仅有一部分内容无效，其余部分仍然有效。如在人身保险中，被保险人的年龄与保单填写的不符，只要没有超过保险人规定的保险年龄限度，保险人就要按照被保险人的实际年龄给付保险金。

③自始无效与失效。根据时间来划分，保险合同无效有自始无效和失效两种。自始无效是指合同自成立起就不具备生效的条件，即合同从一开始就不生效。失效是指合同成立后，某种原因导致无效。失效不需要当事人做出意思表示，只要失效的原因出现，合同即失去效力。

（4）导致保险合同无效的因素。我国《保险法》规定，涉及人身保险合同的内容，下列情形会导致保险合同全部或部分条款无效：

①第十九条规定，格式条款中免除保险人义务，加重投保人、被保险人责任，排除投保人、被保险人或者受益人权利的条款无效。

②第三十一条第三款规定，订立合同时，投保人对被保险人不具有保险利益的，合同无效。

③第三十四条规定，以死亡为给付保险金条件的合同，未经被保险人同意并认可保险金额的，合同无效。

案例 5-1

保险合同效力

案情简介：

2009 年 4 月，吴女士接到 A 保险公司以电话方式推销保险的电话。业务员向吴女士介绍了一款按月缴费、按住院天数每天赔付定额津贴的住院补贴保险，但吴女士并未在保险合同回执上签名并将回执返回至保险公司。

2011 年 3 月，吴女士因患慢性胆囊炎住院。因出院后找医院索要各种索赔所需材料费时费力，要求退保，后对部分退还保险费的决定产生争议，发生诉讼。

诉讼中，原告主张其未将保险合同签收回执邮寄回 A 保险公司，保险合同是由 A 保险公司单方自动生效，所以双方的保险合同不能成立，是无效的。

本案的争议焦点是：保险合同是否有效。

案例分析：

（1）经法院查明，A 保险公司在使用电话推销保险的过程中核对了吴女士的身份信息，就保险的险种、保险金额、保险费的缴纳方式、保险期间、保险合同生效的时间、保险合同的免责条款等保险合同的主要条款向吴女士进行了说明，吴女士表示同意向保险公司投保，双方就保险合同的主要条款达成一致，保险合同成立。该保险合同是双方当事人的真实意思表示，且合同内容不违反法律、行政法规的强制性规定，为有效合同。双方的保险合同于 2009 年 4 月 30 日 24 时生效。

（2）A 保险公司向吴女士邮寄的保险合同是 A 保险公司签发的保险凭证，是作为理赔的依据，并非双方保险合同法律关系成立或生效的要件，在电话推销过程中已向吴女士说明，故吴女士是否将保险合同的签收回执邮寄回 A 保险公司不影响双方保险合同的成立和生效。

（3）在电话推销保险的过程中已经向吴女士说明保险合同有 20 天的犹豫期，吴女士可以在犹豫期内要求解除合同，吴女士在合同犹豫期内未向 A 保险公司提出解除合同的要求。

（4）吴女士曾因患慢性胆囊炎住院治疗后向 A 保险公司提出索赔申请，说明吴女士与 A 保险公司之间签订并履行了保险合同。

一审，法院基于上述事实认定保险合同成立并有效，不支持原告的诉讼请求。

二审，法院认定吴女士的诉讼理由无事实及法律依据，不予采信，驳回其上诉请求。一审法院判决认定事实清楚，适用法律正确，应予维持。

四、保险合同的终止

保险合同终止是指保险合同成立后因法定或约定事由发生，使合同确定的权利义务关系消灭，法律效力完全消失的事实。导致保险合同终止的原因很多，主要包含以下 4 种：

（一）合同因期限届满而终止

保险合同关系属于民事法律关系，同样也是一种债权债务关系。任何债权债务都是有时间性的。保险合同订立后，虽然未发生保险事故，但如果合同的有效期已届满，则保险人的保险责任即自然终止。这种自然终止，是保险合同终止的最普遍、最基本的原因。保险合同终止，保险人的保险责任亦告终止。当然，对于非终身保险合同来说，到期以后还可以续保。

（二）合同因解除而终止

1. 定义

合同解除是合同所约定权利、义务终止的事由之一，指在合同有效成立以后，当解除的条件具备时，因当事人一方或双方的意思表示，使合同自始或仅向将来消灭的情况，它也是一种法律制度。

合同的无效与合同的解除是不同的。合同的解除权有时效的限制，保险人对保险合同的解除更是受《保险法》30 日解约时效的限制；无效合同则并不会因时效的变化而发生效力的变化。合同无效是指合同根本不发生效力；合同的解除则是指行使解除权而效力溯及既往。

2. 行使解除权的法律效力

行使解除权的法律效力是指合同双方都负有恢复到合同订立前的状态的义务。保险合同一旦解除，受益人已受领的保险金应返还给保险人；另一方对他方造成的损失，需承担违约或赔偿的责任。但是，如果保险合同的解除系由投保人的恶意或故意行为所致，在这种情况下，投保人要求保险人返还保险费，从合同订立的角度看显失公平。因此，在《保险法》或合同条款上明确规定，遇有上述情况，保险人无须退还保险费。

3. 保险合同解除的类型

在实践中，保险合同的解除分为法定解除、约定解除和任意解除3种。

（1）法定解除。法定解除是指法律规定的原因出现时，保险合同当事人一方（一般是保险人）依法行使解除权，消灭已经生效的保险合同关系。法定解除是一种单方面的法律行为。从程序上说，当达到法定解除条件时，依法有解除权的当事人向对方做出解除合同的意思表示，即可发生解除合同的效力，而无须征得对方的同意。

（2）约定解除。约定解除是双方当事人约定解除合同的条件，一旦约定的条件出现，一方或双方即有权解除保险合同。保险合同一经解除，保险人的责任亦告终止。从解除的条件来看，以约定方式解除保险合同对于合同双方均做了限制性的规定，尤其是对于保险人的限制更严。

（3）任意解除。任意解除是指法律允许双方当事人都有权根据自己的意愿解除合同。人寿保险合同是可以由投保人任意解除的。

4. 保险人解除权行使的条件

我国《保险法》规定，投保人或被保险人有下列行为之一者，可以构成保险人解除保险合同的条件：

（1）违反如实告知义务：投保人故意或者因重大过失未履行如实告知义务，足以影响保险人决定是否同意承保或者提高保险费率的。

（2）骗取保险金：被保险人或者受益人在未发生保险事故的情况下谎称发生了保险事故，向保险人提出赔偿或者给付保险金请求的；投保人、被保险人或者受益人故意制造保险事故的。

（3）年龄误报：投保人申报的被保险人年龄不真实，并且其真实年龄不符合保险合同约定的年龄限制的（但合同成立后逾2年的除外）。

（4）效力中止超过法定时间：自合同效力中止之日起满2年双方未达成协议的。

（三）合同因违约而终止

因投保人的某些违约行为，保险公司有权主张合同无效。例如，终身保险合同的保费缴纳一般有月缴、季缴、半年缴、年缴等方式。如果投保人不能如期（包括宽限期在内）缴纳保险费，则保险人可以使正在生效的合同中途失效。但在一定条件下，中途失效的合同经被保险人履约并为保险人所接受，还可以恢复效力。

然而，并不是所有的保险合同在失效后都可以复效。不能如期缴纳保险费而被中止的合同，其后果也可能不同。一般来说，人寿保险和简易人身保险，因不能如期缴纳保险费而被暂时中止效力的，被保险人可以争取合同复效。

需要指出的是，合同自始无效与违约失效是不同的。前者是指这样一种情况：被保险人以欺诈、捏造或隐瞒真实情况等不诚实的手段欺骗保险人而签订保险合同，当其真相暴露时，合同的无效性应溯及过去，也就是说合同从签订之时就没有约束力。因此，合同自始无效，也就不存在效力终止的问题。

（四）合同因履行而终止

保险事故发生后，保险人完成全部保险金额的赔偿或给付义务之后，保险责任即告终止。最常见的如终身人寿保险中的被保险人死亡，保险人给付受益人全部保险金额后，或被保险财产被火灾焚毁，被保险人领取了全部保险赔偿后，合同即告终止。

五、保险合同争议的解决

（一）诉讼

诉讼是指保险合同双方就合同争议通过人民法院进行裁决来解决纠纷的一种方式。合同双方当事人因保险合同发生纠纷时，有权请求人民法院给予裁决。诉讼是解决保险合同纠纷最强势的手段。

我国民事诉讼的一般诉讼时效为 2 年。《民法通则》第一百三十五条规定，“向人民法院请求保护民事权利的诉讼时效期限为 2 年，法律另有规定的除外”。《保险法》作为特别法，对保险合同诉讼的时效做了进一步规定，人寿保险以外的其他保险的被保险人或者受益人，向保险人请求赔偿或者给付保险金的诉讼时效期间为 2 年，自其知道或者应当知道保险事故发生之日起计算。人寿保险的被保险人或者受益人向保险人请求给付保险金的诉讼时效为 5 年，自其知道或者应当知道保险事故发生之日起计算。

（二）调解

调解是指人民法院、人民调解委员会、行政机关等主持或参与，组织双方当事人自愿进行协商，促成双方达成协议、定纷止争的方式。调解必须遵循法律法规与平等自愿的原则，如一方当事人不愿意调解，则不能进行调解。

法院调解，指在法院审判员的主持下，双方当事人在平等、自愿的基础上协商达成调解协议，并由人民法院制作调解书。

人民调解委员会调解，是指在人民调解委员会主持下进行的调解活动。人民调解委员会是在基层人民政府和基层人民法院指导下调解民间纠纷的群众性自治组织。

（三）仲裁

仲裁是指双方当事人依据仲裁协议或约定，自愿将双方争议交由共同认可的仲裁机构进行裁决。仲裁具有法律效力，做出裁决后，当事人必须执行。仲裁实行一裁终局的制度，裁决做出后，当事人就同一纠纷再申请仲裁或者向人民法院起诉的，仲裁委员会不予受理。保险合同条款中关于合同纠纷的解决，均有仲裁方式的约定。

（四）协商

协商，一般为合同双方当事人在平等自愿、互相谅解的基础上，以事实为基础，按照法律规定、合同约定，通过求同存异、彼此妥协的方式达成解决纠纷的协议。

自行协商是简便快捷、成本最低的解决纠纷的方法，对于合同双方的彼此了解乃至进一步合作有着积极的作用。

第四节　人身保险理赔法律适用热点问题

人身保险理赔是指应权利人给付保险金的请求，保险人以法律规定和人身保险合同为依据，审核认定保险责任并给付保险金的行为。人身保险理赔与《保险法》等法律法规息息相关，为维护投保人、被保险人及受益人的合法利益，《保险法》和相关法律也规定了种种需要法律明确或适用法律的情况。下面着重阐释理赔实务中常见的法律规定。

一、保险理赔时效及诉讼时效

（一）理赔时效

我国《保险法》第二十三条规定，保险人收到被保险人或者受益人的赔偿或者给付保险金的请求后，应当及时做出核定；情形复杂的，应当在30日内做出核定，但合同另有约定的除外。保险人应当将核定结果通知被保险人或者受益人；对属于保险责任的，在与被保险人或者受益人达成赔偿或者给付保险金的协议后10日内，履行赔偿或者给付保险金义务。保险合同对赔偿或者给付保险金的期限有约定的，保险人应当按照约定履行赔偿或者给付保险金义务。

我国《保险法》第二十五条规定，保险人自收到赔偿或者给付保险金的请求和有关证明、资料之日起60日内，对其赔偿或者给付保险金的数额不能确定的，应当根据已有证明和资料可以确定的数额先予支付；保险人最终确定赔偿或者给付保险金的数额后，应当支付相应的差额。

保险事故发生后，投保人、保险人或受益人首先要立即向保险公司报案，然后提出理赔请求。申请人提出理赔后，保险公司如果认为需补交有关的证明和资料，应当及时一次性通知对方；材料齐全后，保险公司应当及时做出核定，情形复杂的，应当在30日内做出核定，并将核定结果书面通知对方；对属于保险责任的，保险公司在赔付协议达成后10日内支付赔款；对不属于保险责任的，应当自做出核定之日起3日内发出拒赔通知书并说明理由。保险人理赔审核时间不应超过30日，除非合同另有约定。在达成赔偿或给付保险金协议后10日内，保险公司要履行赔偿或给付保险金义务。

（二）理赔诉讼时效

理赔诉讼时效，是指被保险人或者受益人在保险事故发生后，依照保险合同的有关约定，请求保险人赔偿或者给付保险金的法定时限。《保险法》第二十六条规定，人寿保险以外的其他保险的被保险人或者受益人，向保险人请求赔偿或者给付保险金的诉讼时效为2年，自其知道或者应当知道保险事故发生之日起计算。人寿保险的被保险人或者受益人向保险人请求给付保险金的诉讼时效为5年，自其知道或者应当知道保险事故发生之日起计算。

法律规定的诉讼时效是从被保险人、受益人知道或者应该知道保险事故发生之日计算。这里的“知道或者应该知道”，从法律角度认定：一种是有证据证明、确实知道事故发生；另一种是被保险人、受益人实际上未必知道事故发生，但是通过证据可以证明、应该知道该事实的发生。

除人寿保险之外的其他保险，保险诉讼时效期间为2年，时效期间的起算点为知道或者应当知道保险事故发生之日，这与我国《民法通则》普通诉讼时效期间的规定是一致的。

我国《民法通则》第一百三十五条规定，“向人民法院请求保护民事权利的诉讼时效期间为2年，法律另有规定的除外”。所谓“法律另有规定”，包括但不限于《民法通则》第一百三十六条及其他法律有关诉讼时效的规定。

二、如实告知与说明义务

（一）如实告知

1. 如实告知的含义

如实告知是指合同订立前、订立时及在合同有效期内，要求当事人实事求是、尽自己所知、毫无保留地向对方所做的口头或书面陈述。具体而言，投保人对已知或应知的与风险和标的有关的实质性重要事实根据保险人的询问向保险人做口头或书面的申报。投保人的如实告知也是双方应当履行的义务之一。

所谓实质性重要事实是指那些影响保险双方当事人做出是否签约、签约条件、是否继续履约、如何履约决定的每一项事实。对保险人而言，它是指保险人确定收取保险费的数额或影响其是否承保以及确定承保条件的所需询问的事实。

2. 如实告知的主体

我国《保险法》第十六条第一款规定，投保人负有如实告知的义务，但对被保险人是否负有如实告知义务未做明确的规定。

告知义务的主体范围是否应当包括被保险人？根据《保险法》第十六条第一款规定，订立保险合同，保险人就保险标的或者被保险人的有关情况提出询问的，投保人应当如实告知。只有投保人在订立保险合同时负有如实告知义务。但是，在投保人与被保险人非同一人的情况下，若被保险人不负有如实告知义务或被保险人未如实告知没有相应的法律责任，在人身保险合同实践中将引发纠纷。

对实务中诸多人身保险合同纠纷的分析表明，被保险人即便存在恶意未如实告知的情形，保险公司仍不得因此解除保险合同，这对保险人不公平，也不符合立法的本意。在保险实务中，通常人身保险合同中投保人对被保险人实际身体健康、财务情况更加了解。虽然被保险人不是保险合同的当事人，但其是人身保险合同的利害关系人，保险合同是否生效对其具有重大影响。此外，从保险人角度考虑，保险人虽然接受的是投保人的投保，但保的是被保险人的风险。被保险人的如实告知，对保险人能否准确评估被保险人的风险以及决定是否承保更为重要。在司法实务中，被保险人的如实告知义务也得到了大多数法院和法官的支持。

3. 人身保险投保人如实告知的内容

投保人如实告知的内容应当是足以影响保险人决定是否同意承保或提高保险费率的事实。该项规定表明，告知义务涉及内容不是有关保险标的的所有事项。如实告知的内容主要包括：根据保险人的询问，在保险合同订立时，对已知或应当知道的与保险标的及其危险有关的重要事实做如实回答；保险合同订立后，保险标的危险增加、职业发生变更、发生保险事故后，投保人应及时通知保险人等。

对于投保人的如实告知义务，保险人应制订书面询问表或在投保书中列出具体的询问事项，由投保人进行填写，以使投保人履行重要的告知事项。

4. 如实告知的形式

在保险合同中，按照惯例，投保人履行告知义务的形式有无限告知和询问回答告知两种。无限告知是指法律或保险人对告知的内容没有明确性的规定或合同约定，投保人应将被保险人的身体状况、财务情况及有关重要事实如实告知保险人。询问回答告知是指投保人只对保险人所询问的事项如实回答，而对询问以外的问题投保人无须告知。在我国，保险立法要求投保人采取询问回答的形式履行其如实告知义务。

《保险法司法解释（二）》第六条规定，投保人的告知义务限于保险人询问的范围和内容。当事人对询问范围及内容有争议的，保险人负举证责任。保险人以投保人违反了对投保单询问表中所列概括性条款的如实告知义务为由请求解除合同的，人民法院不予支持；但该概括性条款有具体内容的除外。

5. 违反如实告知义务的法律后果

投保人（包括投保人、被保险人）违反如实告知义务的法律后果包括以下几种情况：

（1）故意不履行如实告知义务。如果投保人故意隐瞒事实，不履行告知义务，保险人有权解除保险合同；若在保险合同解除之前发生保险事故造成保险标的损失，保险人可不承担赔偿或给付保险金的责任，同时也不退还保险费。

（2）因重大过失不履行如实告知义务。如果投保人违反告知义务的行为是因重大过失、疏忽所致，且未告知的事项足以影响保险人决定是否同意承保或者提高保险费率，保险人有权解除合同；如果未告知的事项对保险事故的发生有严重影响，保险人对在合同解除之前发生保险事故所致损失不承担赔偿或给付责任，但应当退还保险费。

6. 其他事项

依我国《保险法》第十六条第一款规定，订立保险合同时，保险人就保险标的或者被保险人的有关情况提出询问的，投保人应当如实告知。其中的“订立保险合同时”可理解为投保人提出投保申请后，保险人做出承保决定前。但是，对于订立保险合同后如保险合同复效、续保时投保人是否需要告知，《保险法》没有明确规定。

（1）保险合同复效时的如实告知义务。保险合同由于法定或约定事由的出现而效力中止，合同中止后再复效时，投保人是否还应向保险人履行如实告知义务呢？在保险合同复效时，投保人也应履行如实告知义务。保险合同复效在本质上虽属原合同的继续，而不是订立新合同，但在合同中止期间，不排除被保险人的身体情况发生变化，或存在危险程度增加等情形。比如被保险人的身体健康状况可能在保险合同中止期间发生变化，实务中也不乏被保险人发现自己患有疾病后申请复效的情况。这无疑与保险的理念和存在基础相违背，也将有损保险制度及保险人的利益。

（2）续保时的如实告知义务。原保险合同期满，双方在续约时，投保人是否还应履行如实告知义务，可以分两种情况进行分析：一是原保险合同中约定了“自动续保条款”，若双方没有另外约定，视为双方对原保险合同包括投保人履行过的如实告知义务完全认可，并继续履行，则免除投保人再次履行如实告知的义务；二是若原合同未约定“自动续保条款”，如合同双方又有续保意向，此时仍应按照订立保险合同的程序进行，保险人仍应向投保人进行询问，投保人仍应向保险人进行如实告知。

（3）体检能否减轻或者免除投保人的如实告知义务。在长期寿险合同中，保险公司会安排部分被保险人在核保阶段进行体检。实践中若投保人对保险公司的健康询问未如实告知，而在体检中保险公司又未发现被保险人的健康状况有异常，在保险公司提出解除保险合同时，投保人往往以保险公司已经体检为由抗辩。保险公司安排的体检并不构成对投保人如实告知义务的免除或减轻，但如果保险公司通过体检已经发现投保人未如实告知或已发现体检结果与投保人告知的情形不符仍予以承保，根据《保险法》第十六条第六款的规定，视为保险人在订立合同时已知投保人未如实告知的情况，保险公司将不得解除合同，发生保险事故的，保险人应当承担赔偿或给付保险金的责任。

（二）说明义务

1. 说明义务的定义

保险人说明义务是指保险人于保险合同订立时，将保险合同条款、所含专业术语及有关文件内容，向投保人陈述、解释清楚，以便投保人准确地理解自己的合同权利与法定义务。

保险合同的格式条款由保险人事先制定并提供，投保人只有表示接受与否的余地；同时，面对十分专业的保险合同条款、形形色色的保险产品，投保人通常又因缺乏知识、信息不对称，处于相对弱势的地位。因此，在订立保险合同时，保险人应当向投保人说明合同条款，让投保人在充分了解合同条款的基础上做出是否投保的意思表示。这是最大诚信原则对保险人的要求。

2. 保险人说明的形式

保险人的告知形式有明确列明、明确说明和显著提示 3 种。

（1）明确列明是指保险人只需将保险的主要内容明确列示在保险合同之中，即视为已告知投保人。

（2）明确说明是指保险人不仅应将保险的主要内容明确列示在保险合同之中，而且必须对投保人进行正确的解释。在国际保险市场上，一般只要求保险人做到明确列明保险合同的主要内容；我国则对保险人的告知形式采用明确列明与明确说明相结合的方式，要求保险人对保险合同的主要条款——尤其是免责条款，不仅要明确列明，还要明确说明。

（3）显著提示是指保险人在投保单或者保险单等其他保险凭证上，对保险合同中免除保险人责任的条款，以足以引起投保人注意的文字、字体、符号或者其他明显标志做出提示，如字体加粗、特殊符号表示等，视为履行了法定的说明义务。

3. 保险人说明内容

保险人的说明义务既包括对保险合同内容的一般说明义务，也包括对免责条款的明确说明义务。免责条款既包括合同中以免责条款字样出现的条文，也包括其他可以导致保险人免责的条文，如免赔额、免赔天数、观察期、比例赔付、被保险人违反如实告知义务条款、危险程度显著增加通知条款、保证条款等，均会导致保险人免除其责任。所有导致保险合同无效、中止及保险人得以解约的条款，保险人都有说明的义务。

4. 保险人未尽说明义务的法律后果

如果保险人在订立合同时未履行责任免除条款的明确说明义务，该责任免除条款无效。《保险法》第十七条规定，“订立保险合同，采用保险人提供的格式条款的，保险人向投保人提供的投保单应当附格式条款规定，保险人应当向投保人说明合同的内容。对保险合同中免除保险人责任的条款，保险人在订立合同时应当在投保单、保险单或者其他保险凭证上做出足以引起投保人注意的提示，并对该条款的内容以书面或者口头形式向投保人做出明确说明；未作提示或者明确说明的，该条款不产生效力”。

（三）除斥期间与不可抗辩期间

1. 定义

《保险法》第十六条对保险人因投保人未依法履行如实告知义务而解除合同的权利规定了除斥期间、不可抗辩期间和禁止反言的限制。

除斥期间是指法律规定某种民事实体权利存在的期间。权利人在此期间内不行使相应的民事权利，则在该法定期限届满时导致该民事权利的消灭。《合同法》第九十五条规定，法律规定或者当事人约定解除权行使期限，期限届满当事人不行使的，该权利消灭。依据《保险法》第十六条的规定，合同解除权自保险人知道有解除事由之日起超过 30 日不行使而消灭。这里的“30 日”是一个固定期间，不适用中止、中断的规定，属于除斥期间。

不可抗辩期间，是指自保险合同成立之日起满一定时期后，保险合同就成为不可争议的法律文件。进入不可抗辩期间，保险人不得以投保人在订立合同时不履行如实告知义务为由主张解除合同。依据该条规定，自合同成立之日起超过 2 年的，保险人不得解除合同。当除斥期间和不可抗辩期间竞合的时候，优先适用不可抗辩期间的规定。

2. 不可抗辩条款的适用

很多发达国家或地区的保险法和人寿保险合同普遍规定了不可抗辩原则或采用了不可抗辩条款。德国《保险合同法》也有相关不可抗辩的规定，保险人在合同订立后经过10年，即使发现投保人在投保时未尽如实告知义务，也不可以解除合同，但投保人存有恶意的除外。

加拿大的不可抗辩条款规定，在没有欺诈的情况下，如果在被保险人生存期间保单生效已满2年，或者保单复效2年之后，保险人不再对保单的有效性进行抗辩。我国香港地区也明确规定，如果投保人出于欺诈目的不实告知，则不受“不可抗辩条款”的约束。因此，对投保人恶意不如实告知或涉嫌保险欺诈的情形，设置不可抗辩条款的除外情形，对于维护保险合同的公平公正、保护消费者和保险人的合法权益有着积极的实践意义。

三、人身保险合同中的受益人

（一）受益人的定义

受益人是指人身保险合同中由被保险人或者投保人指定的享有保险金请求权的人，投保人、被保险人可以为受益人。如果投保人或被保险人未指定受益人，则他的法定继承人即为受益人。

首先，保险的受益权是一种财产权。虽然保险受益人通常是被保险人的近亲属，但保险受益权并非人身权，它以请求和受领保险金为内容，是一种典型的财产权。

其次，保险受益权是保险金的请求权和受领权。按照人身保险合同的约定，身故受益人于被保险人死亡后有权请求和受领保险人给付的身故保险金。除此之外，受益人在保险合同上不享有其他权利，也不负有缴纳保险费和如实告知、危险增加通知等义务。

最后，保险受益权是一种兼有期待权和既得权特性的权利。民事权利依其是否现实享有和行使为标准，可分为期待权与既得权。如在被保险人死亡这一保险事故发生之前，身故受益人仅享有保险金给付的期待权。被保险人死亡时，保险受益权才转化为既得权，保险受益人才可现实地享有和行使。

（二）指定受益人

1. 定义

指定受益人是指人身保险合同中由被保险人或者投保人指定的享有保险金请求权的人。现行《保险法》对指定保险受益人的规定主要是第十八条第三款、第三十九条、第四十条。根据我国《保险法》的规定，保险受益人只存在于人身保险合同之中。受益人是在保险事故发生时享有保险金给付请求权的人，是保险合同的利益关系人。《保险法》第二十二条第二款规定，“受益人是指人身保险合同中由被保险人或者投保人指定的享有保险金请求权的人。投保人、被保险人可以为受益人”。第三十九条规定，“人身保险的受益人由被保险人或者投保人指定。投保人指定受益人时须经被保险人同意。投保人为与其有劳动关系的劳动者投保人身保险的，不得指定被保险人及其近亲属以外的人为受益人”。第四十条规定，“被保险人或者投保人可以指定一人或者数人为受益人。受益人为数人的，被保险人或者投保人可以确定受益顺序和受益份额；未确定受益份额的，受益人按照相等份额享有受益权。被保险人为无民事行为能力人或者限制民事行为能力人的，可以由其监护人指定受益人”。

2. 受益人指定权的行使

我国《保险法》第三十九条规定，受益人的指定方法主要有两种：一是在合同订立之初确定受益人；二是在合同成立后指定或追加受益人，此时要求书面通知保险人并由保险人批注。

对于保险受益人的指定权的行使，《保险法》规定：被保险人和投保人都可以行使，但投保人指定受益人时要经被保险人同意，在被保险人与投保人非同一人的情况下，如果投保人的指定没有得到被保险人的同意，其指定无效。我国《保险法》规定，投保人和被保险人之间也必然存在某种关系，即投保人、被保险人在投保时必须存在保险利益关系。

3. 保险受益人的变更及相关问题

我国《保险法》第二十条规定，“投保人和保险人可以协商变更合同内容。变更保险合同的，应当由保险人在保险单或者其他保险凭证上批注或者附贴批单，或者由投保人和保险人订立变更的书面协议”。第四十一条规定，“被保险人或者投保人可以变更受益人并书面通知保险人。保险人收到变更受益人的书面通知后，应当在保险单或者其他保险凭证上批注或者附贴批单。投保人变更受益人时须经被保险人同意”。

从法律条文看，保险受益人变更的主体是投保人或者被保险人。变更的程序是由变更人书面通知保险人，保险人予以批注。变更受益人要以书面通知，需要投保人或被保险人提交有变更受益人意思表示的书面申请资料送达保险人，由保险人在保险单上或其他保险凭证上进行批注。

（三）法定继承人

法定继承人是指在被继承人没有对其遗产的处理立有遗嘱的情况下，由法律直接规定对被继承人的遗产进行合法继承的人。

我国《保险法》第四十二条明确规定，被保险人死亡后，人身保险合同中如果没有指定受益人或受益人指定不明无法确定的，或受益人先于被保险人死亡且没有其他受益人的，或受益人依法丧失受益权或者放弃受益权，且没有其他受益人的，保险金作为被保险人的遗产，由保险人依照《继承法》的规定履行给付保险金的义务。因为在这4种情况下，发生保险事故时，可推定被保险人为自己的利益而投保，即以自己为受益人。那么，保险金则成为被保险人的遗产，应按《继承法》规定履行给付保险金的义务。

（1）投保人或被保险人未指定受益人或在合同中填写的受益人为“法定”，通常理解为被保险人未具体指定受益人，应由法定继承人进行遗产继承。法定继承分为两个顺序，第一顺序继承人为配偶、子女、父母，第二顺序继承人为兄弟姐妹、祖父母、外祖父母。同一顺序继承人继承遗产的份额，一般应当均等。针对不均等继承的情况，《继承法》第十三条也做了具体的规定。

（2）当受益人先于被保险人死亡，其受益权因此而丧失，该受益人的继承人不得继承其权利。保险金请求权归属于被保险人，作为被保险人的遗产处理。

（3）当被保险人与受益人同时死亡时，《保险法》第四十二条第二款明确规定，受益人与被保险人在同一事件中死亡，且不能确定死亡先后顺序的，推定受益人死亡在先。

（4）当被保险人死亡，即保险事故发生后，身故受益人尚未申请身故保险金的给付即发生死亡，则该保险金将作为受益人的遗产而不是被保险人的遗产，由受益人的继承人继承。

（四）自杀、自残、故意犯罪的理赔处理

我国《保险法》规定，以死亡为给付保险金条件的合同，被保险人自杀的，保险人不承担给付保险金的责任，但自合同成立之日起满2年后，被保险人自杀的，保险人可以按合同给付保险金。被保险人在合同成立之日起2年内自杀的，保险人不承担给付保险金责任，但应按保险单退还其现金价值。

被保险人故意犯罪导致其自身伤残或者死亡的，保险人不承担给付保险金的责任。被保险人抗拒依法采取的刑事强制措施导致其伤残或者死亡的，保险人不承担给付保险金责任。投保人已缴足2年以上保险费的，保险人应当按照保险单退还其现金价值。

被保险人为无民事行为能力人不适用被保险人自杀保险人免责。另对于合同成立之日起算点进行严格限定，对于效力中止的合同，其合同成立之日起算点为合同效力恢复之日。

案例5-2

自杀身故与明确说明义务

案情简介：

2012年，投保人王某为自己投保A保险公司定期寿险，生效日是2012年8月8日，受益人为其配偶张某。2013年3月21日，被保险人王某从自家楼顶跳下身亡。当地公安局出具死亡证明，确认死亡原因为高坠。2013年4月1日，受益人张某向A保险公司申请身故理赔。

经了解，被保险人王某生前欠下大额债务，因心理压力过大从自家居住楼顶跳下身亡，跳楼前其配偶曾拨打110电话报警请求援助，待警察和消防队到达现场并在预估坠落点铺设防护垫后，被保险人从楼顶跳下当场身亡。A保险公司认为王某是在合同生效2年内以跳楼方式自杀身亡，属于保险合同的责任免除事项，做出不予给付身故保险金的理赔决定。

案例分析：

本案需关注以下几点：

(1) 人身保险合同的有效性。核实投保过程是否存在违反相关法律法规的情形，如投保人是否存在未如实告知、营销人员在展业过程中是否存在销售误导、营销员是否就投保单上问询项逐一问询投保人、投保单上投保人、被保人签名是否为其本人签署等。

(2) 保险事故性质是否属于《保险法》意义上的自杀。依照我国相关法律规定，以被保险人死亡为给付保险金条件的合同，自合同成立或者合同效力恢复之日起2年内，被保险人自杀的，保险人不承担给付保险金的责任，但被保险人自杀时为无民事行为能力人的除外。故本案应充分调查取证，了解被保险人身故原因、身故过程、有无自杀动机、既往有无身体或精神疾病、有无债务和家庭纠纷、身故前有无异常举动等，必要时对尸体进行法医学鉴定。自杀高坠应注意与意外高坠进行鉴别。

（3）保险人是否就自杀的责任免除事项尽到明确说明义务。《保险法》第十七条规定，对保险合同中免除保险人责任的条款，保险人在订立合同时应当在投保单、保险单或者其他保险凭证上做出足以引起投保人注意的提示，并对该条款的内容以书面或者口头形式向投保人做出明确说明；未进行提示或者明确说明的，该条款不产生效力。

经核实，投保人与保险人签订的人身保险合同是双方当事人的真实意思表示，且不违反相关法律法规的规定，过程合法合规，故应属合法有效。经多方调查取证，被保险人王某身故前欠下大额债务，因无力偿还债务心理压力过大从自家居住楼顶跳下身亡，应属于自杀。王某既往身体健康，无精神疾病，其在保险合同生效2年内自杀，属于合同约定的责任免除事项。A保险公司保险合同对于该责任免除事项已做出字体加黑加粗的提示，且保险营销员也曾就责任免除事项向投保人进行详细的讲解说明，故A保险公司已履行了向投保人明确说明合同免责条款的义务。法院对于A保险公司做出解除保险合同、拒付身故保险金的决定予以支持。

四、监护

（一）监护的定义

监护是近现代民法理论和法律中一项重要的法律制度。监护是为监督和保护无民事行为能力人和限制民事行为能力人的合法权益而设立的一种民事法律制度，旨在保障无民事行为能力人和限制行为能力人的合法权益。监护制度的必要条件包括：

（1）被监护人须为无民事行为能力和限制民事行为能力人。

（2）监护人须为完全民事行为能力人。

（3）监护人的职责是由法律规定的，而不能由当事人约定。

（二）监护的分类

1. 法定监护

法定监护指由法律直接规定监护人范围和顺序的监护。法定监护人可以由一人或多人担任。《民法通则》第十六条第一款规定，未成年人的父母是未成年人的监护人。父母对子女享有亲权，是当然的第一顺位监护人。未成年人的父母死亡，依次由祖父母和外祖父母、兄、姐、关系密切的亲属或朋友、父母单位和未成年人住所地的居委会或村委会、民政部门担任监护人。成年精神病人的法定监护人的顺序是：配偶、父母、成年子女、其他近亲属、关系密切的亲属或朋友，精神病人所在单位或住所地的居委会、村委会、民政部门。

法定监护人有顺序在前者优先于在后者担任监护人的效力。但法定顺序可以依监护人的协议而改变，前一顺序监护人无监护能力或对被监护人明显不利的，人民法院有权从后一顺序中择优确定监护人。

2. 指定监护

指定监护指有法定监护资格的人之间对监护人有争议时，由监护权力机关指定的监护。指定监护只是在法定监护人有争议时才产生。所谓争议，对于未成年人是其父母以外的监护人范围内的人争抢担任监护人或互相推诿都不愿意担任监护人；对于成年精神病人则是监护范围内的人对担任监护人的争议。被指定人不服指定的，可以在接到指定通知次日起30日内向人民法院起诉，由人民法院裁决。指定监护未被指定人提起诉讼时，自收到通知后满30日后生效；在提起诉讼时，自法院裁决之日起生效。有监护资格的人之间协议确定监护人的，应当由协议确定的监护人对被监护人承担监护责任。对于担任监护人有争议的，应当按照《民法通则》第十六条第三款或者第十七条第二款的规定，由有关组织予以指定。未经指定而向人民法院起诉的，人民法院不予受理。

人民法院指定监护人时，可以将《民法通则》第十六条第二款中（一）、（二）、（三）项或第十七条第一款中的（一）、（二）、（三）、（四）、（五）项规定视为指定监护人的顺序。前一顺序有监护资格的人无监护能力或者对被监护人明显不利的，人民法院可以根据对被监护人有利的原则，从后一顺序有监护资格的人中择优确定。被监护人有识别能力的，应视情况征求被监护人的意见。

3. 委托监护

委托监护指监护人委托他人代行监护职责。委托监护可以是全权委托，也可以是限权委托。前者如父母将子女委托祖父母照料或配偶将精神病人委托精神病院照料；后者如父母将子女委托给寄宿制学校、幼儿园等。依据我国《最高人民法院关于贯彻执行〈中华人民共和国民法通则〉若干问题的意见》，委托监护不论是全权委托还是限权委托，委托人仍要对被监护人的侵权行为承担民事责任，但另有约定的除外；被委托人只有在确有过错时，才负担连带赔偿责任。也就是说，法定或指定监护人对被监护人应承担的民事责任，不因委托发生移转，被委托监护人只承担过错连带赔偿责任，其在尽到监护之责而无过错时，被监护人之行为如依法律仍须由监护人负责时，则由法定监护人承担。

五、宣告失踪和宣告死亡

（一）自然人宣告失踪

1. 定义

宣告失踪是指自然人失踪达一定期限，根据利害关系人的申请，人民法院依照法定程序宣告其为失踪人的法律制度。

2. 宣告失踪的条件

宣告自然人失踪必须具备以下条件：

（1）须有失踪的事实。失踪是指自然人离开住所，下落不明，生死不明。

（2）须失踪达到法定期间。

《民法通则》第二十条规定，“公民下落不明满 2 年的，利害关系人可以向人民法院申请宣告他为失踪人”。自然人因一般原因失踪的，其失踪时间应从音信消失之次日起算；战争期间失踪的，其失踪时间应从战争结束之日起算。

（3）须利害关系人向人民法院提出宣告失踪的申请。利害关系人是指与失踪人存在法律上的权利义务关系的人，包括失踪人的配偶、父母、子女、兄弟姐妹、祖父母、外祖父母以及其他与失踪人有民事权利义务关系的人，如债权人、债务人等。自然人失踪以后，利害关系人可以申请宣告其失踪，也可以不申请宣告其失踪。如无利害关系人申请，人民法院不得主动进行失踪宣告。

（4）须人民法院根据法定程序进行失踪宣告。人民法院审理宣告失踪的案件，应按照我国《民事诉讼法》规定的特别程序进行。人民法院收到宣告失踪的申请后，应查清被申请宣告失踪的自然人的财产，指定临时管理人或采取诉讼保全措施，发出寻找失踪人的公告，公告期为半年。公告期满后，人民法院应根据被申请宣告失踪的自然人失踪的事实，做出宣告失踪的判决，同时为失踪人指定财产代管人。

3. 宣告失踪的法律后果

宣告失踪的后果是失踪人的财产依法由他人代管。人民法院在宣告自然人失踪以后，应指定失踪人的配偶、父母、成年子女或关系密切的其他亲属、朋友为其财产代管人。财产代管人享有代管权，有权保管和保护失踪人的财产，有权从失踪人的财产中支付失踪人所欠的税款、债务和扶养费用等，有权以代管人身份行使失踪人享有的民事权利及参加民事诉讼等。失踪人的财产代管人应依法履行其代管职责，不得滥用代管权，恶意损害失踪人的利益。如果财产代管人不履行代管职责或侵犯失踪人的利益，代管人应承担相应的民事责任，人民法院也可根据利害关系人的申请，撤换失踪人的财产代管人。

被宣告失踪的人重新出现或者确知其下落，经本人或利害关系人申请，人民法院应撤销对他的失踪宣告。财产代管人的代管权即归于消灭。

（二）自然人宣告死亡

1. 定义

宣告死亡是自然人失踪达到法定期限，经利害关系人申请，人民法院依法定程序宣告失踪人已经死亡的法律制度。宣告死亡是对失踪人死亡的一种法律上的推定。

2. 宣告死亡的条件

宣告失踪的自然人死亡必须具备以下条件：

（1）须有失踪的事实。

（2）须失踪达到法定期限。根据《民法通则》第二十三条的规定，因一般原因失踪和在战争中失踪的，利害关系人申请宣告死亡，须失踪人失踪满 4 年。因意外事故失踪的，申请宣告死亡须失踪人失踪满 2 年，从意外事故发生之日起算。

（3）须利害关系人向人民法院提出宣告死亡的申请。利害关系人应依以下顺序行使申请权：配偶；父母、子女；兄弟姐妹、祖父母、外祖父母、孙子女、外孙子女；其他与失踪人有民事权利义务关系的人。

（4）须人民法院依法定程序进行死亡宣告。根据《民事诉讼法》第一百三十四条规定，人民法院在收到宣告死亡的申请后，应发出寻找失踪人的公告，公告期为1年。公告期满后，如仍未获得失踪人的消息，人民法院可用判决的方式宣告该失踪人死亡。被宣告死亡的人，判决宣告之日为其死亡的日期。

3. 宣告死亡的法律后果

失踪人被宣告死亡后，对于失踪人失踪前所涉及的民事法律关系，发生与自然死亡相同的法律后果，即被宣告死亡的自然人的民事权利能力归于消灭，其财产由继承人依法继承，其婚姻关系归于消灭。但是，被宣告死亡的自然人的民事权利能力的消灭具有相对性：一方面，宣告死亡只是法律对于失踪人已经死亡的一种推定，并不意味着失踪人确定死亡。如果失踪人事实上并未死亡，则有关其已经死亡的推定可以被推翻。另一方面，如果被宣告死亡的人事实上并未死亡，则其在生存地仍然有权实施民事行为。

4. 被宣告死亡的人重新出现的法律后果

宣告死亡是对失踪人已经死亡的一种推定。通常情况下，被宣告死亡的人事实上已经死亡，只是无法证实；但在特殊情况下，被宣告死亡的人也可能并未死亡。如果被宣告死亡的人重新出现或确切知道其下落，则宣告死亡的推定即被推翻，可导致以下法律后果：

（1）经本人或利害关系人的申请，人民法院应当撤销死亡宣告，亦即被宣告死亡的人自始没有丧失其权利能力。

（2）被宣告死亡的人在其生存地实施的民事行为如果符合法律规定，仍然能够发生法律效力。

（3）如果事后查明，被宣告死亡的人实际死亡（自然死亡）的时间与宣告死亡的时间不一致的，被宣告死亡引起的法律后果仍然有效，但自然死亡前实施的民事法律行为与被宣告死亡引起的法律后果相抵触的，则以其实施的民事法律行为为准。

（4）被宣告死亡又重新出现的人，有权请求返还财产。依照《继承法》取得其财产的人（即继承人、受遗赠人或无人继承也无人受遗赠的遗产的接受人），应当返还原物。原物已被转让、消费或损害的，应予适当补偿；但在死亡宣告后，通过实施民事法律行为而从被宣告死亡的人的继承人等处取得财产的善意第三人，有权不予返还。

（5）被宣告死亡的人重新出现时，如果其配偶没有再婚，夫妻关系自行恢复，无需办理任何手续；如配偶已经再婚，则其重新建立的婚姻关系受法律保护。再婚后又离婚或再婚后其配偶死亡的，其与被宣告死亡又重新出现的人的婚姻关系不能自行恢复，即双方愿意重新建立婚姻关系，必须进行婚姻登记。

（6）在宣告死亡期间，被宣告死亡的人的子女被他人收养的，于死亡宣告被撤销后，该收养关系仍受法律保护，只有在收养人及有表达意见能力的被收养人同意的情况下，收养关系才能予以解除。

第六章　风险评估与防范

第一节　核保相关风险评估与防范

一、投保单

（一）基本信息

投保单是投保时客户信息的主要甚至唯一来源，核保人员可以从投保单上直接获取相关信息并做出初步的核保判断。投保单上包括的信息包括投保人和被保险人的基本信息、保险利益、受益人信息、保障计划及内容、收付费信息、投被保险人的生活习惯、业余爱好及健康问卷等。

投保单是保险单的一部分。投保单的设计需要遵循一定的原则。

（1）公平互利原则，指保险合同双方当事人享有的权利与承担的义务是对等的，对当事人双方都应是有利的。

（2）适法原则，指保险单的设计首先必须遵守法律规定和维护社会道德规范与习惯。

（3）语言要直白、简练、规范、准确。

（二）健康问卷

在投保单的设计中，健康问卷部分涉及大量医学问题，需要对客户的健康情况详细问询，具有较高的专业性和复杂性。如何设置能够最大程度搜集有效的健康信息并且提供良好的客户体验，一直是各家保险公司设计投保单时重点考虑的问题。

1. 健康问卷的管理方式

对于健康问卷的设计，不同国家采取不同的管理方式，主要分为以下两种：

（1）某些国家或地区的保险管理机构会对各家保险公司的健康问卷进行统一管理。有些国家或地区保险管理机构会设计健康问卷样本，各保险公司需以此样本为参考，可以进行增加及删减，需要向管理机构报备。日本和我国台湾地区采取这种方式。

（2）大部分国家或地区对于健康问卷不予管理，而是由保险公司自行决定如何设计，如我国内地和香港地区。

2. 不同渠道的健康问卷

在我国，由于投保渠道不同，投保单及其健康问卷也有所不同。

（1）个险投保单：用于个人销售渠道，为代理人或保险经济代理公司销售时使用，销售的险种最为全面。个人投保单通常为纸质投保单，但随着无纸化办公的发展，纸质投保单逐步为电子投保单所取代。传统投保单中列示的健康问题较为详尽，其健康问卷一般包括20个左右的问题，通常按人体解剖系统进行排序逐一提问，同时也会问及异常症状、体征、疾病和相关检查治疗情况等。

（2）银保渠道投保单：用于银行销售渠道。由于银行渠道销售的产品以投资类、年金类产品为主，销售方式为主动推销，相对风险较小，而且银行渠道与银行合作，投保单设计要求简单、便于携带，健康问卷部分的健康问题为3—5个。随着重疾险、寿险等保障性产品在银保渠道的增多，在销售此类产品时，会要求购买者填写针对此类产品的健康问卷。问卷会按人体解剖系统逐一询问，内容主要围绕常见疾病，问题数量与个险投保单趋同。

（3）电话销售渠道投保单：用于电话销售渠道，由电话销售人员在电话中向投保人提出问题并获得答案。电话销售中的问题如果过多过长，将会占用过久的时间，客户也没有耐心听讲，故其健康问卷包括的问题相对较少。

（4）网销渠道投保单：用于网上销售，由客户自行填写和提交。网上销售的保险，其健康问卷包含问题的数量根据险种有所变化，保障性险种的健康问卷问题数量与个险投保单类似。

3. 健康问卷的设计

尽管不同渠道的健康问卷各不相同，但设计过程中都应当结合险种的特点，有效收集客户的健康情况。

（1）寿险和重疾险的投保单主要提问与身故和健康风险相关的疾病和症状，如心血管系统的胸痛、心慌、心律失常、高血脂、高血乐、冠心病、心包炎、心内膜炎、心肌病、风湿性心脏病、先天性心脏病、心脏扩大、主动脉瘤、川崎病等。

（2）防癌险投保单主要询问与癌症发生密切相关的疾病和症状，如呕血、便血、肿块、结节、乙型肝炎等，对于非癌症相关的健康问题则很少涉及。

（3）住院险投保单主要提问与住院风险相关的疾病和症状。由于某些疾病对于身故和重疾的发生均无影响，却可能导致住院，住院险涉及的健康问题最多。如被保险人曾经因为骨折进行过骨钉内固定手术，如问卷中不予询问，在投保成功后客户可因拔除内固定手术来进行理赔。由于在承保时已放弃了该项目问询的权利，保险公司不能因为客户不告知而不予理赔。

另外，市场上要求要求简化健康问卷的需求不断增加，核保人员在进行简化的过程中，应保留常见的健康问题，并可以保险公司健康问卷的阳性告知情况及理赔部门的反馈作为参考，同时应当注意在简化问卷的同时与产品定价部门充分沟通，以便在定价时进行相应调整，从而使这部分简化风险可以通过保险费率的设计得以平衡。

我们在设计投保单过程中也要做到换位思考：如何提高问题的有效性及友好程度，使客户在看到此部分问题时更乐意认真阅读和填写，并可清楚全面告知健康异常的内容。

首先，要简化健康问卷，减少非相关风险问题提问，增加提问有效性，如对于某些异常症状的提问，可以限定时间，如近 1 年内，这样可以排除 1 年以前不伴有严重疾病的一过性的身体不适，减少无意义的告知。

其次，可利用电子投保技术有效地将疾病问卷嵌入其中，使客户在投保过程中根据健康问卷的内容详细告知健康问题，如疾病名称、诊断时间、治疗情况等，避免投保后再次补充相关问题。

最后，利用其他相关领域研究。例如，行为经济学是对用户的行为进行研究，并由此推断某一行为背后的原理，进而使客户做出相关选择。Madrian 和 Shea（2001）研究了一家为员工提供 401（k）养老保障计划的公司的情况。员工刚入职时，若要加入 401（k）养老保险计划，则需要填写一份表格。尽管这一计划对员工有利，但参与度很低。这家公司对此计划做了一个细微的改动，参与度大大增加（见表6－1）。

表6－1　　员工401（k）养老保障计划改动前后差别

	改变之前	改变之后
问题	如果你想参与401（k）计划，请选择此项，写明你想要贡献的额度	如果你不想将3%的薪水投入401（k）计划，请选择此项
结果	默认选项是不参与，只有38%的雇员缴费	默认选项是参与，86%的雇员会选择参与，并且在几年之后，这些收到默认选项是参与问卷的员工表现出更高的参与率

可见，正向表达可以明显提高应答率。因此，我们设计健康问卷时，如何在投保单中引入行为经济学有技巧地提出问题并使客户自然而然地进行回答值得思考。某些保险公司正在做这方面的研究，由于试验样本数量及范围有限，仍需要样本的补充和持续的验证。

二、生存调查与风险控制

生存调查（生调）是一种常用的风险评估途径。与出险后进行的理赔调查不同，生存调查一般指在保险事件未发生前，由保险公司发起的对于客户“生存”状况的调查核实及风险评估。

（一）生存调查的内容

生存调查工作的对象一般包括投保人、被保险人及其他一切核保人员或生存调查人员判断存在相关性的人员及机构，如受益人、相关家属邻里、可能掌握客户情况的机构等。调查人员通过直接或间接的方式接触客户及其周边环境，将对其做出的主观判断以文字、图像、影像等方式固定下来，并反馈至风险评估岗位，以期实现最大化的风险信息采集和关联。具体内容一般包括被（投）保险人健康状况、经济及财务状况、投保动机三大部分。对于健康状况，一方面通过调查人员的观察和有效询问获取更为详细准确的告知，另一方面可以通过侧面了解或相关机构信息搜索获取旁证。对于经济及财务状况，调查人员可通过观察其日常生存条件、家庭环境、工作情况、资产状况、人际交往等进行判断，或同时索取其财务佐证。对前两者信息的获取及综合分析有助于调查人员或核保人员判断其投保动机。

生存调查工作的基本流程一般包括：核保人员下发生调需求、生调人员进行调查、信息采集整理及生调报告撰写、生调报告的解读。

（二）生存调查的有效性

生存调查是一种有效的风险评估方式，它便于突破现行核保体系下核保员通过有限的告知信息来评估风险的弊端，通过调查人员与客户的直接接触，扩展了保险公司的信息获取范围。特别是对于有经验的调查人员，这种“面对面”的交流和观察几乎可以实现客户信息的“无限”挖掘。

生存调查的另一项优势是可以较低的成本获取大量经过筛选判断的信息。

（三）生存调查的局限性

生存调查是一种主观性极强的信息获取方式。调查人员的知识水平、沟通能力、个人经历、逻辑分析能力，甚至文字表达水平，都不可避免地会影响其信息收集的准确性。例如，缺乏当地生活经历的调查人员可能无法辨别“明显不符合当地习俗”的行为；对于某行业完全不了解的调查人员可能无法判断该职业的风险等级；缺乏医学常识的调查人员可能遗漏目测可见的健康风险等。因此，对从业人员的选择、管理、规范、培训决定了生存调查的质量和可信性。

另外，生存调查是一种预判性调查，此时保险事件并未发生，甚至保险合同尚未生效，调查人员的很多分析判断无法得到证实。

（四）生存调查的发展与进步

随着社会网络化的发展，客户的网络生活和网络信息也必然成为生存调查的一部分。对于网络以及其他新技术的利用也是提高生存调查准确性和效率的重要手段。

三、保险产品责任设计与风险控制

（一）人身保险产品中的责任分类

人身保险是以人的寿命和身体为保险标的保险，保险责任覆盖人的生、老、病、死、残。定义中提到的人的寿命是一个抽象的概念，当其作为保险保障的对象时，以生存和死亡两种状态存在；而人的身体，当其作为保险保障对象时，是以人的健康、生理机能、劳动能力等状态存在。因此，保险产品中的保险责任必然包含生、老、病、死、残的各个方面，并以可定义和量化评估形式体现。目前市场上常见的人身保险产品包含的保险责任有：寿险责任、疾病责任、意外伤害责任、残疾及失能责任、保费豁免责任、生存给付责任、医疗险责任、投资及储蓄责任等。

1. 寿险责任

寿险责任是以被保险人失去生命为给付条件的保险责任。其主要的风险因素是死亡率。

2. 疾病责任

疾病责任是以达到疾病定义标准的某种疾病的发生、某种疾病状态的出现存续、某医疗行为的实施为给付条件的保险责任。其主要的风险因素是疾病的发生率及诊断率。国内最常见的存在形式是重大疾病责任及癌症责任，由其派生出的保险责任众多。

3. 意外伤害责任

意外伤害责任包括意外和伤害两层含义。意外，指就被保险人的主观状态而言，侵害的发生是其事先没有预料到的，且违背其主观意愿的。伤害，指被保险人的身体受到侵害的客观事实存在，既侵害物、侵害对象、侵害事实三者缺一不可。意外伤害责任的基本责任为死亡给付、残疾给付；常见派生责任包括意外医疗、紧急救援、误工补贴、丧葬费用、遗属生活费用等。其主要风险因素是意外或特定意外事件的发生率。

4. 残疾及失能责任

残疾及失能责任是以被保险人达到保险合同所约定的残疾程度或失能状态为给付条件的保险责任，一般会要求被保险人的残疾及失能状态稳定地存续一定时间。

5. 生存给付责任

生存给付责任是以被保险人生存至一定期限为给付条件的保险责任，与寿险责任同时存在即构成两全保险。

6. 医疗险责任

医疗险责任以保险合同约定的医疗行为的出现为给付条件。随着医疗险的发展，医疗险责任不断细化和扩展，已不再局限于诊断或手术给付及医疗费用的报销，派生责任可涵盖误工费、丧葬费、陪护费、紧急救援费、国际转运费、器官供体医疗支出、牙科和正常生育等费用。

（二）保险产品责任设计的基本原则

保险产品中保险责任的设计原则上应兼顾社会保障需求与市场定价需求。

早期的保险产品以极简化的单责任产品为主，责任覆盖范围窄，影响定价因素单一。随着社会生活对保险需求的扩大，保险责任范围也逐步扩大，并彼此组合，以期更好地囊括社会生活的需要，并在目标客户市场推广中占取先机。例如，随着人均预期寿命的延长、收入的增加和医疗水平的发展，我国城乡居民癌症诊断率不断上升，同时治疗癌症的先进药物及手段的费用较高，从而产生了癌症治疗费用缺口。针对此需求，有些保险公司将癌症责任从常规重大疾病责任中独立出来，在产品中增加了针对癌症或特定癌症的保险责任，或将癌症治疗从常规医疗责任中独立出来，将其进一步细分为诊断、治疗、手术、器官置换、新疗法等责任。

（三）现有产品中的保险责任

1. 传统保险产品中的保险责任

我国传统保险产品以单一责任为主，或为几种责任的简单累加。

寿险及意外险产品包括终身寿险及定期寿险、卡折类短期寿险或意外险；重疾险产品，一般采用中国保监会早期认可的 20 种重大疾病定义，包含或不包含身故责任；医疗险产品，一般覆盖基本公立医疗费用报销及津贴；生存给付型产品，主要以养老金和教育金的形式存在。

2. 保险责任的新趋势

近年来，随着社会需求的变化及保险市场的开放程度不断增加，海外产品形态陆续引入，我国保险市场上的保险责任呈现以下几个发展趋势：

（1）保险责任覆盖范围扩大。保险责任扩大的典型例子是轻症责任。轻症责任作为重大疾病责任的补充，有效地扩充了疾病保险产品的保障范围，既缓解了客户的治疗费用需求，又通过促进其治疗，在一定程度上减少了相关重大疾病责任的给付。同时，重大疾病责任的种类也迅速增加，受新加坡和我国香港地区上百种重疾险组合产品影响，国内市场几十或上百种重疾及轻症责任的保险产品逐渐涌现，重疾责任的定义得到极大丰富。

保险责任覆盖范围扩大的另一个例子是医疗险产品的覆盖范围开始更多地涵盖非公立医疗机构、境外医疗机构、特殊医疗服务及与第三方医疗中介结合等。

此外，针对以前不覆盖的客户群的保险产品的出现，也是保险责任扩大的一个表现，如针对60岁以上老年客户的部分医疗产品会额外增加老年人易患疾病责任（骨折、猝死等）。

（2）保险责任精细化。保险责任精细化，一方面体现在同一保险产品中的责任被细分。例如，有些癌症类保险产品会依据癌症的诊断治疗流程，将单次给付责任细化为初次诊断、化疗、放疗、手术、移植、护理、复诊、复发、新疗法、辅助药物治疗等责任分列，形成精细化给付的综合保障产品。部分意外险产品也将综合意外责任细分为公共交通工具意外、居家意外、自驾车意外等，从而满足客户的不同需求偏好。另一方面，保险责任精细化体现在极简产品的出现，如某类单独癌症的给付产品，或某类单独意外责任的产品（如航空意外）。极简产品往往具有费率极低、责任条款简单、投保便捷、承保流程极简等特点，特别是与目前网络化的新投保渠道的结合，使其成为复杂性保险产品的有益补充。

（3）保险责任组合化。保险责任的组合化体现在保险产品或保险产品组合将相关的几大类保险责任结合起来，以期更全面地适应客户需求。

两全分红型保险产品即较早期的保险责任组合。后来兴起的万能险产品和投资连结产品更是将金融投资与各种保险责任相结合，使保险产品兼具投资与一定的保障功能。也有一些保险公司将其医疗产品与所进行的医疗服务结合，使保险责任跨界组合，以期提升保险产品的内涵价值及更好地控制理赔情况。

随着市场需求的进一步发展，保险责任的几个趋势必然继续存在和深化，同时新的投保渠道的强势加入也必然催生新的保险责任的发展。

四、免体检限额的设定

免体检限额（Non-medical Limit，NML）是指保险人根据被保险人的年龄分布制定的保险金额上限，如果投保申请过程中某个被保险人的申请保额不超过这个上限并且在投保单中无任何异常告知，保险人将无需对该被保险人进行体检。

保险人设置该限额，一方面可以对申请该限额下的被保人减少体检费用，节约核保成本，另一方面通过对超过该限额的人体检的“哨兵效应”可起到规避和减少逆选择风险的作用。

在日常工作中，核保员经常需要面对来自业务部门的压力，即要求放宽免体检限额。通常认为免体检限额的放宽可以使投保流程简化，承保时间缩短，从而给保险公司带来更多保单，增加公司业务收入，但由图 6 - 1 行业数据分析得到的类似结果显示，不体检群体的赔付率一般会高于体检的群体。

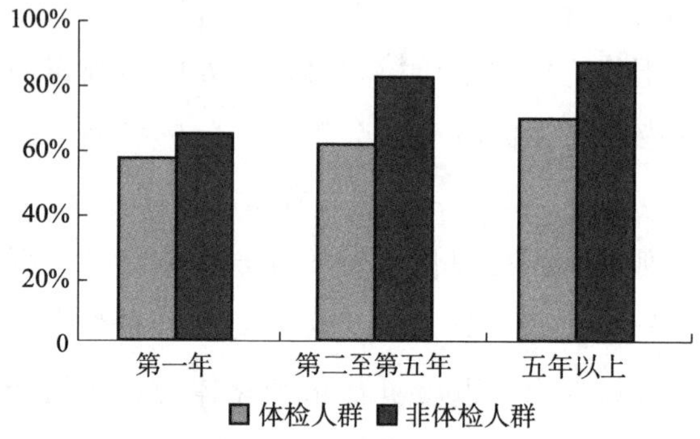

图 6 - 1　基于 TM92 表实际死亡率与预期死亡率的比较

资料来源：CMIR，英国 95—99 岁男性体检人群/非体检人群死亡率比较。

以被保险人生命及健康作为承保标的的寿险业，通常认为保险人获得的被保险人的相关健康数据越完备，核保效应体现越高。但是，在行业高速发展的今天，核保在风险选择过程中越来越多地让位于核保时效审查及体检项目的成本效益。核保人员需要熟悉以下考量因素，以制定更适合于其所服务公司的免体检限额：行业经验数据；产品销售渠道、产品类型及核保方式的选择；市场平均保额；市场告知率和保险欺诈情况；体检服务获得的难易程度及费用；疾病的流行程度及相应检查项目的特异性、敏感性；体检项目的成本—效益分析；公司的核保理念。

（一）行业经验数据

同市场、同渠道、同类型产品的免体检限额的平均水平是核保人员最易于获得且最常被使用的信息。通常认为超过该平均水平的过于激进的免体检额度将使得更多逆选择风险聚集，从而导致理赔情况的恶化，而低于该水平的过于保守的额度，将在增加核保成本、延长核保时效的同时导致更多客户资源的流失。一些再保险公司定期收集并公布中国市场各公司的免体检额度信息，可作为参考信息的来源。

需要强调的是，行业经验不应作为制定或修订免体检额度的唯一依据。即便是相同市场、相同渠道的同类型保险产品，不同公司客户群体不同，核保方针、核保经验及经营理念等的差异，对免体检额度的制定都会起到更大的决定作用。

（二）产品销售渠道、产品类型及核保方式的选择

以表6-2所示的日本市场网络销售渠道与其他传统渠道对寿险产品设置的免体检限额为例，可以看到即便作为不如实告知及保险欺诈并不多见的成熟市场，日本保险业对网络销售渠道也会设置较代理人渠道更为严格的免体检额度。其主要原因是：第一，网络销售由于缺少代理人的第一次风险选择，逆选择风险更高；第二，网络销售需要核保问卷进一步简化，且多采用简易核保方式，风险选择的效应更低；第三，日本通过网络销售的寿险产品多为价格更有吸引力的定期寿险产品，对死差益的获得要求更高。由于产品销售渠道、产品类型、核保方式是选择简易核保（Simplified Under-writing）还是完全核保（Full Under-writing）等的不同，中国市场对免体检额度的设置有着与日本市场类似的考虑。

表6-2　　日本不同寿险产品免体检限额参考

年龄		18—39岁	40—45岁	46—49岁	50—59岁	60—65岁
免体检限额（万美元）	网络销售渠道	30	25	20	15	10
	其他销售渠道	40	30	20	12	5

资料来源：瑞士再保险公司根据日本市场数据整理。

（三）市场平均保额

近年来，内地居民赴海外投保不断升温，投保产品以寿险居多，投保群体以中高收入者为主。以中国香港地区为例，内地客户占香港个人新单保费的比例逐年上升。香港保险业监理处统计数据显示，2015年内地访客新单保费316亿港元，同比增长29.5%，占当年香港地区个人新单保费的24.2%，占比分别较2013年和2014年增加8.1%和2.8%，成为推动香港地区保费增长的重要力量。关于境外保单缘何对内地客户更具吸引力，其更高的免体检限额被认为是原因之一。造成这种差距的原因之一是香港地区与内地相比有更高的平均保额。

（四）市场告知率和保险欺诈情况

体检作为核保的重要风险管控手段，除了能够获得被保险人更为详细的健康资料，以利于核保人进行更有针对性的风险评估外，其对规避逆选择及道德风险的“哨兵效应”也是值得关注的重要方面。尤其在如实告知率低、保险欺诈较为常见的市场或地区，这种效应带来的风险防范效果更为明显。

仍以中国香港地区与内地为例，虽然没有明确的数据对各公司如实告知率进

行过统计，但是鉴于香港地区对保险欺诈的法律监管更为严格，香港保险公司对不如实告知拒赔的执行力度更大、出现理赔纠纷后的诉讼成本更高等原因，据不完全统计，香港地区的如实告知率较内地更加接近人群实际水平。这也是香港地区的免体检额度较内地高的原因之一。总之，市场的如实告知率越高，保险欺诈情况越少，其体检政策也就可以相对设定得更为宽松。

（五）体检服务获得的难易程度及费用

考虑到体检项目的成本效益，体检服务获得的难易程度及其费用成为制定免体检限额的重要考虑因素。在体检服务更易获得且费用更为低廉的市场或地区，免体检限额通常较低。某再保险公司在2010年的报告《*Cost-Benefit Analysis: The Economic Value of Underwriting Requirements*》中曾对中国香港、新加坡、印度3个市场的HIV检测、运动心电图、静息心电图、乙肝病毒检测、胸部X射线检查5项检查项目的成本—效益进行过细致的分析。以HIV检测为例，我国香港地区和新加坡市场在模型计算中的其他各项指标均极为相似，仅在检测价格上有明显不同，香港地区的检测费用是新加坡的2倍，使得其平衡点保额（Break-even value）也较新加坡高出1倍以上。可见，体检价格对免体检限额的影响不容忽视。中国内地的体检机构众多，体检费用更加低廉，也使得在体检花费相同的情况下，内地可以获得更好更快的体检服务，而间接使得内地提高免体检限额的需求没有那么迫切。

（六）疾病的流行程度及相应检查项目的特异性、敏感性

了解某地区的疾病发病情况对制定相应的核保政策至关重要。多份针对不同市场的体检项目成本—效益分析报告都显示，针对某地区发病率较高的疾病或异常进行的针对性检查，如果具有较高的特异性及敏感性，则在免体检额度较低时，该体检项目即具有较高的保护价值。仍以上面提到的报告《*Cost-Benefit Analysis: The Economic Value of Underwriting Requirements*》为例，在乙肝病毒检测项目上，香港地区和新加坡市场在模型计算中的其他各项指标均极为相似，仅乙肝患病率有明显不同，香港地区的患病率是新加坡的约1.6倍，使得其平衡点保额也较新加坡低一半以上，说明疾病的流行程度及相应检查项目的特异性、敏感性在免体检限额设定中需要被重点考虑。这一点除了对不同地区免体检限额的设定有重要意义，对不同年龄、性别的免体检限额制定也很有参考价值。

（七）体检项目的成本—效益分析

成本—效益分析是国外人寿保险公司常用的评估体检项目保护价值的方法，在实施分析项目过程中，通过核保部门和精算部门的紧密合作，对体检项目的保护价值进行量化研究。该分析有助于为特定检查项目设置合适的免体检限额，以确定经济上支出预算的最具成本效益的方式。如果某体检项目的成本低于预期通过测试确定的额外死亡率现值，则认为该检查项目是有成本有效或保护价值的。

成本—效益分析为制定或修订免体检限额提供了所需的客观证据。进行该研究的另一个重要好处是可以加强核保产品、精算部门的协调。

第二节　保险欺诈风险防范

一、保险欺诈定义

欺诈，又称诈欺，本意是指用狡猾奸诈的手段欺骗别人，从而达到自己获利的目的。广义上的保险欺诈包括保险金欺诈、非法经营保险业务欺诈、保险合同诈骗类欺诈。保险金欺诈包括故意制造保险事故，骗取保险金；虚构保险事故，骗取保险金；编造未曾发生的保险事故，骗取保险金；夸大损失程度或伪造、变造相关证据资料，骗取保险金。非法经营保险业务欺诈包括非法设立保险公司、非法设立保险中介机构，设立虚假的保险机构网站等非法开展商业保险业务、非法经营保险中介业务、非法销售境外保险公司保单等行为。保险合同诈骗类欺诈行为包括假冒保险公司名义制售假保单、伪造或变造保险公司单证或印章等材料欺骗消费者等行为。

本节阐述的保险欺诈主要集中在人身险保险金的欺诈，即狭义的欺诈，即保险合同的一方当事人通过故意制造保险事故、夸大保险事故、伪造保险事故、编造或变造保险资料等违法行为，骗取保险金获利。

目前，中国相关部门法中虽然没有对欺诈进行明确的定义，但针对欺诈的法律后果在不同的法律条文中都进行了不同程度的规范。我国《民法总则》第一百四十八条规定，一方以欺诈手段使对方在违背真实意思的情况下实施的民事法律行为，受欺诈方有权请求人民法院或者仲裁机构予以撤销。第一百四十九条规定，第三人实施欺诈行为，使一方在违背真实意思的情况下实施的民事法律行为，对方知道或者应当知道该欺诈行为的，受欺诈方有权请求人民法院或者仲裁机构予以撤销。

我国《保险法》第二十七条规定，"未发生保险事故，被保险人或者受益人谎称发生了保险事故，向保险人提出赔偿或者给付保险金请求的，保险人有权解除合同，并不退还保险费。投保人、被保险人故意制造保险事故的，保险人有权解除合同，不承担赔偿或者给付保险金的责任；除本法第四十三条规定外，不退还保险费。保险事故发生后，投保人、被保险人或者受益人以伪造、变造的有关证明、资料或者其他证据，编造虚假的事故原因或者夸大损失程度的，保险人对其虚报的部分不承担赔偿或者给付保险金的责任。投保人、被保险人或者受益人有前三款规定行为之一，致使保险人支付保险金或者支出费用的，应当退回或者赔偿"。

保险欺诈是随着保险业的迅猛发展衍生出的违法犯罪行为，保险欺诈行为触犯刑法则构成保险诈骗罪。《刑法》第一百九十八条规定，保险诈骗罪是指以非法获取保险金为目的，违反保险法规，采用虚构保险标的、保险事故或者制造保险事故等方法，向保险公司骗取保险金，数额较大的行为。

二、保险欺诈产生的原因

保险欺诈是众多因素综合作用的结果，概括下来，主要的原因有以下几点。

第一，保险的射幸性是产生保险欺诈的原始因素。保险的保障机制是借助多数人共同出资来应对某个单一个体可能遭遇的损失，通过收取多数投保人的保险费，形成保险风险的基金池，为未来可能发生的保险事故提供保险保障。因为保险事故是否发生、何时发生存在不确定性，所以保险类似博彩，即具有射幸性，为投机者以较少的投入获得巨大的金钱回报提供了可能，这是造成众多逆选择、滋生保险欺诈的重要原因。

第二，未能严格遵守最大诚信原则是保险欺诈的主观因素。最大诚信原则是民事法律活动最基本的原则，也是保险法的基本原则。保险作为一种特殊的民事法律活动，不仅要求保险合同的当事人在订立保险合同时应遵循诚实信用原则，履行明确说明和如实告知义务，而且要求保险法律活动中亦应遵循诚实信用的原则，要求当事人以最大诚信原则履行保险法律行为的权利和义务。中国保险行业仍然处在发展的初级阶段，保险意识仍待提高，由于不能正确理解保险的性质，很多消费者会认为既然向保险公司缴纳了保险费，就应该有所回报，如果在保险期内没有发生保险事故，得不到赔款，投保人或被保险人就选择利用保险欺诈来获取非法利益。

第三，保险欺诈犯罪成本低。除了涉嫌故意杀人或故意伤害制造保险事故的情形，保险欺诈犯罪往往属于非暴力犯罪，针对保险欺诈往往采取民事调解或刑事上从轻处罚的方式，对于保险欺诈的惩戒力度相对不大。另外，法院在审理保险合同纠纷时，如果当事人对保险合同条款的理解产生异议，人民法院将做出有利于投保人、被保险人的解释，这在一定程度上为欺诈行为创造了条件。

第四，保险公司管理不规范为保险欺诈提供了可乘之机。与运营管理和风险控制相比，保险公司更重视业务发展，在管理制度、管理流程和人员管理上的欠缺使发生保险欺诈的可能性大大提高。另外，保险公司内部人员参与保险欺诈也是保险欺诈大量发生的重要原因。不少疑似欺诈案件很难突破，尚需公安、司法、社保、医疗等监管部门给予更多支持与配合。

三、人身险保险欺诈的类型

保险欺诈的手段千变万化，表现形式多种多样，可总结为以下几种类型。

（一）谎称发生保险事故

被保险人未发生保险事故，谎称发生保险事故骗取保险金，是人身险保险欺诈的主要类型之一。犯罪嫌疑人通常采用冒名顶替或移花接木的方式虚构保险事故，从而达到违法目的。此类犯罪行为在实务中较为常见，犯罪嫌疑人可能涉及被保险人、保险代理人、保险代理公司或者保险合作商等。

（二）故意制造保险事故

故意制造保险事故，在人身险保险欺诈中往往涉及危害公共安全犯罪、严重侵犯公民生命和健康的犯罪，以及自伤、自残等严重的逆选择行为等。欺诈多集中于意外身故理赔及意外残疾理赔案件。

（三）编造事故原因，伪造、变造有关证明、资料或者其他证据

投保人、被保险人或受益人在未发生保险事故的情况下虚构事实，谎称发生

了保险事故，或者所发生的事故与保险无关，而伪装成保险事故，达到骗取保险金的目的。

（四）夸大损失程度

夸大损失程度主要表现在给付医疗费的赔案中，开大处方、开假处方、所取药物与病（伤）情无关、痊愈出院后大量带药、挂床治疗、以住院之名行体检之实等都是夸大损失程度的行为。

四、防范保险欺诈与风险管理的创新

保险欺诈不仅严重破坏了保险行业市场秩序，而且直接侵害投保人、被保险人的利益，严重侵蚀保险公司的合法利益，给保险行业的品牌形象蒙上污点。加强反保险欺诈工作有利于保护保险消费者权益、提高行业抗风险能力、提升企业核心竞争力和树立保险行业诚信经营的良好形象。

2009 年，中国保监会和公安部联合发出《关于加强协作配合共同打击保险领域违法犯罪行为的通知》，要求各级保险监管机构和公安机关建立案件线索移送、办案协作、工作联络和情况通报等一系列工作制度机制，进一步加强两部委在行政与刑事执法方面的合作，重点针对“假保险机构、假保单、假赔案”等，共同打击保险违法犯罪，保护保险当事人，尤其是投保人、被保险人的合法权益。中国保监会与公安部的联合机制在一定程度上遏制了保险欺诈犯罪的气焰，但从长远看，反保险欺诈仍然需要通过健全完善法律体系、提高全民遵纪守法意识、强化司法惩治和打击力度、建立反欺诈相关职能部门等手段来实现。从寿险行业和保险公司的角度来看，传统的风险控制模式已经很难有效识别和打击保险欺诈行为，更需要通过风险管理模式的创新、技术创新来提升反保险欺诈的能力和水平。

（一）寿险行业应搭建反欺诈信息系统和欺诈信息共享平台

人身险领域的保险欺诈有其自身特点，高额欺诈案件多集中在身故保险、重大疾病保险、残疾保险领域，因为行业信息不对称，往往会出现同一投保人在多家保险公司投保巨额保险的情况。已发现多起案件，被保险人在多家公司投保，涉嫌欺诈，一旦被保险人出险，涉及赔付金额巨大。

目前，保险公司对于保额较高涉嫌逆选择的相关案件，往往到同业公司调查了解是否有投保情况，如果发现在多家公司投保，则会联合调查或统一提交至各地的保险行业协会，协会牵头公安机关侦查处理，采取必要的司法手段。但是，各保险公司理赔调查人员之间的沟通或信息交互尚仅依靠自发行为，技术手段有限。窝案、串案、团伙作案多集中在数量多，金额小的住院医疗和意外医疗案件中。小额案件纷繁复杂，跨公司、跨区域、医患勾结的保险欺诈屡见不鲜。

保险监管部门可以以行业核保、理赔数据为基础，搭建一个以贡献度、参与度为基础，疑似欺诈信息共享、欺诈线索识别、欺诈风险预警的行业反欺诈信息交互平台。平台可面向保险公司、监管部门、公安部门、保险行业相关部门等用户开放权限。

（二）保险行业应推动寿险公司与社会医疗保险（医院）的数据对接

在国家促进和规范健康医疗大数据应用之前，国内较大的几家保险公司已经积极介入试点商业保险和社会医疗的合作。问题在于，每家保险公司自行合作的模式成本高、效率低、缺乏政策支持，成效欠佳。

2015 年国务院办公厅下发《关于促进和规范健康医疗大数据应用发展的指导意见》，指出大力推动政府健康医疗信息系统和公众健康医疗数据互联融合、开放共享，消除信息孤岛，积极营造促进健康医疗大数据安全规范、创新应用的发展环境。保险行业应该以此为契机，尽快参与推动国家健康医疗大数据战略落地，以行业的名义积极与社会医疗保险机构、医院进行广泛合作，搭建行业规模的合作平台，实现保险核心系统与社会医疗保险系统、社会医疗保险机构在内的国家医疗保险系统的对接。信息共享可有效减少信息不对称带来的保险欺诈，在提高医疗保险理赔效率的同时，有效遏制虚假住院、虚假治疗、虚假发票、重复给付。

（三）搭建理赔调查智能系统，培养反保险欺诈尖兵

反保险欺诈需要专业的反保险欺诈团队去落实，用科技武装理赔和调查专业人员是提升反欺诈处理效率和能力的基础。理赔审核和理赔调查是防范保险欺诈最重要的手段。所有保险欺诈资料必须经过理赔人员和调查人员的审核识别，如果资料审核人员对申请人提供的资料不能正确辨别真假、不能识别漏洞，则很容易让保险欺诈得逞，反保险欺诈、防范经营风险将是一句空话。

搭建理赔调查智能团队，需要多方面的支持：

1. 人脸识别技术

人脸识别技术是基于人的脸部特征的动静态分析，进行身份识别的一种生物识别技术。通过人脸识别技术在投保环节、理赔环节的应用，可有效防止虚假投保、虚假理赔、冒名顶替情况的发生。

2. 语音识别技术

语音识别技术是将人类的语音信号通过机器识别和理解过程转变为相应的文本或命令的新兴技术。语音识别在理赔调查查勘和调查报告的录入方面有广泛的应用前景，对风险管理的效率和识别有积极作用。

3. 定位技术

定位技术可以用来引导和识别个人、车辆安全，准确地选定路线，准时到达目的地，识别行动轨迹等。

上述技术的应用不仅要严格遵守中国法律的规定，还要征询相关人员的授权，以及遵守相关数据和隐私保护管理办法。

（四）保险公司应该搭建风险管理的动态监测体系

随着大数据在各行各业的广泛应用，保险行业也逐步开始通过大数据模型来分析、预警、挖掘保险欺诈信息。一般来讲，大数据高级分析模型会通过模型与规则引擎结合来处理所有数据，实时的风险案件评分机制和欺诈评分引擎可快速捕捉欺诈行为；异常侦测模型，可预先侦测到未见过的保险欺诈类型并预判和定位相关的犯罪嫌疑人，有效遏制风险的扩大以及出现更大损失。

通过集成员工数据与审计记录，可识别重复欺诈者并有效识别揭露内应人员或团伙欺诈；通过高级案例管理工具，可以给出更高的调查优先级意见，开展更高效精准的调查，可以很好地提高调查人员的效率与异常案件检出率。

第七章　理赔服务管理

保险业同时具备金融业和服务业的特点，提供的是无形的金融产品，市场和客户对服务要求高，理赔是重中之重。随着我国寿险业的发展和保险市场的国际化，市场竞争主要体现在寿险产品的竞争和服务品质的竞争上。寿险理赔的功能已经从单一给付转型为以服务为主，兼顾规范公司经营和管理的综合服务模式，理赔服务重要性日益凸显。

第一节　理赔服务的目标

做好理赔服务，首先要明确服务目标。理赔服务的对象是客户，所以了解客户需求、以客户体验为中心、建立以客户满意度为核心的服务体系是非常必要的。

一、建立 VOC 机制，深入了解客户需求

在日常生活中，我们常常听到“客户之声”（Voice of Customer，VOC）这个词。VOC 是指采用一系列工具、方法和技术，系统地收集和分析客户需求并分析客户如何重视哪些需求。切实掌握客户的需求并做出应对，这对理赔服务具有重要意义。保险公司要将倾听客户的声音贯彻于理赔服务的各个环节、各个层次，应在全面了解情况的基础上通过与客户的交流全面了解客户的索赔需求，从而决定如何为客户制定理赔方案或提供其他服务，不能简单地将内部规定、上级要求强加在客户头上。

成熟健康的服务价值层级按“快速—便利—尊重—规范—默契”分为5个层次，以满足消费者需求层次递增的要求，呈现稳定的梯形。“快速”指获得服务的过程是否能让客户的时间成本最小化；“便利”指客户能否方便地接近提供的服务；“尊重”指客户在接受服务的过程中能否体验到被重视，获得心理上的满足感；“规范”指客户能否感到每次接受的服务水平都是一致的或不断改进的；“默契”指保险公司能否提供个性化的服务，客户能否感到提供的服务与自己的期望完全契合，甚至领先于自己的需要。

二、了解客户需求，明确服务目标

通过VOC机制，客户对于理赔的基础需求就是简单、方便、快捷。服务的便利性和快速性是服务的基础性需求，这是保险客户最先感知到的因素。保险公司在理赔服务的便利、时效方面的管理工作逐步加大力度，各家保险公司均建立和完善了理赔服务内控制度，不断推出服务承诺制度，服务水平在逐步提升，客户满意度也大大提升。

1. 了解客户的基础性需求

（1）方便性——简单、方便。保险公司应当简化理赔手续，推行多渠道便捷理赔，让客户感受到“理赔并不难”，从而对公司产生更多的信任。例如，拓宽报案渠道，实现所有报案信息的统一归集管理，并及时跟进，协助客户办理相关手续；对于理赔手续和流程尽量优化，减少客户多次上门和填写单证的耗时，可实行免填理赔申请单服务。同时，《保险法》第二十二条规定，保险人按照合同的约定，认为有关的证明和资料不完整的，应当及时一次性通知投保人、被保险人或者受益人补充提供。法律也规定保险公司对客户手续要尽量简化，避免多次反复提供资料。

（2）时效性——快捷。法律及监管对理赔时效均有明确的规定，《保险法》第二十三条规定，保险人收到被保险人或者受益人的赔偿或者给付保险金的请求后，应当及时做出核定；情形复杂的，应当在30日内做出核定，但合同另有约定的除外。保险人应当将核定结果通知被保险人或者受益人；对属于保险责任的，在与被保险人或者受益人达成赔偿或者给付保险金的协议后10日内，履行赔偿或者给付保险金义务。保险合同对赔偿或者给付保险金的期限有约定的，保险人应当按照约定履行赔偿或者给付保险金义务。保险人未及时履行前款规定义务的，除支付保险金外，应当赔偿被保险人或者受益人因此受到的损失。

《保险法》第二十四条规定，“保险人依照本法第二十三条的规定做出核定后，对不属于保险责任的，应当自做出核定之日起3 日内向被保险人或者受益人发出拒绝赔偿或者拒绝给付保险金通知书，并说明理由”。

《保险法》第二十五条规定，“保险人自收到赔偿或者给付保险金的请求和有关证明、资料之日起六十日内，对其赔偿或者给付保险金的数额不能确定的，应当根据已有证明和资料可以确定的数额先予支付；保险人最终确定赔偿或者给付保险金的数额后，应当支付相应的差额”。

时效快是体现服务是否满足客户基本需求的一个重要方面。保险事故发生后，被保险人或受益人需要的是保险公司及时、高效的服务。理赔人员在处理理赔案件时应当不断优化流程，提高理赔效率，避免案件的积压与拖延；对于资料齐全、责任明确、无需调查的理赔申请和小额案件，可视情况积极开展立等可取的服务。

2. 关注客户的深层次需求

除了“方便”和“快捷”外，客户对于理赔深层次的需求是要求主动、透明、人性化、个性化。只有在保险客户对服务的基础性需求表现满意的前提下，服务的较高层次支持系统才能对客户满意度起到向上的拉升作用。让客户更加满意，这才是留住客户的核心。

（1）服务要更主动。以前的理赔服务往往是被动的，如果出险客户不主动理赔，理赔服务就不会展开，而真正“以客户为中心的”的理赔模式下的理赔服务应是主动的，要主动积极地与客户联络，提供专业化的理赔服务。

（2）提供个性化服务。保险公司应根据客户保险事故的特点，提供个性化的服务，全面满足客户的理赔需求，例如提供就医指导、预约挂号、病床探视、慢病指导等个性化服务。

（3）增加服务互动性。理赔过程要与客户互动，保持透明度。理赔过程中实现理赔受理、处理、审批结案各环节实时触发各类通知，客户可及时了解案件进度，提高客户参与度，改善信息不对称，接受客户监督，体现理赔过程和结果透明。

不同客户需求不同，建立以客户为中心的服务体系是理赔服务的核心，服务无止境，理赔服务也要随之不断提升，以提升公司品牌和行业形象，实现理赔价值。

第二节　服务影响因素及管理

理赔服务的好坏取决于多方面的因素，这些因素可以概括为客观和主观两个大类，主要包括理赔业务模式及规则、销售人员的素质及合作意识、理赔人员的服务意识及业务技能等几个方面。

一、理赔业务模式及规则

在以满足客户服务需求为导向的时期，理赔业务模式及规则的改进对提高客户满意度具有重要意义。寿险理赔的每一个步骤——报案、受理、调查、审核及保险金的给付等环节对理赔的结果都至关重要。理赔业务模式及规则关系到理赔流程是否顺畅，直接影响理赔的服务质量和时效。

传统的理赔业务模式是网点式受理，逐级授权，在各自权限范围内进行理赔审核，超出权限逐级上报上级单位。2006 年以后，国内寿险公司多采用理赔集中作业模式，即集中到省级分公司或总公司直接审核，实现了点对点、端对端的快速处理模式，统一审核标准，提高理赔效率。

与此同时，市场竞争也对理赔提出了更高的要求，理赔单流程的操作模式也不断在创新，比如报案后前置调查、柜面立等可取、简化索赔手续以避免客户或业务人员多次往返公司，从而改善客户体验，提高客户满意度。

二、销售人员的素质及合作意识

销售人员的高素质以及在理赔过程中能很好地配合理赔人员是提高理赔效率的基础和保障。从理赔服务的角度考虑，保险事故发生后，一方面销售人员可以协助客户收集整理理赔资料，帮助客户办理理赔申请手续；另一方面可以向理赔人员提供投保经过及保险事故发生时的相关信息。确切地讲，在保险公司和客户之间，一名优秀的销售人员可以起到重要的桥梁作用。销售人员对理赔原则的了解程度、理赔处理的接受程度及与理赔部门的合作程度，是影响理赔效率的主要因素之一。

这就需要理赔人员加强与销售人员的沟通，加强对销售人员的培训和管理，帮助销售人员加强对保险条款的理解、对理赔流程的了解以及对理赔作业规则的认识，提升销售人员理赔代办率，最终达到提高理赔效率的目的。

三、理赔人员的素质和服务意识

（一）专业素养

理赔工作的性质决定了一名合格的理赔人员必须具有保险、法律、医学、金融、社会心理学等方面的学科背景和专业知识。

1. 保险知识

理赔工作是保险经营过程中的主要组成部分，理赔人员应该了解保险合同的特征，保险合同订立、生效与履行的过程，以及合同的变更、终止，保险合同的解释原则及合同争议的解决方式等保险基本知识。

就我国目前的保险市场而言，保险公司经营的产品越来越丰富，保障内容涉及生存、死亡、年金、重大疾病和健康保险等多方面，每个险种所包含的保险责任不尽相同，每一险种的每一特点都对风险管理产生巨大的影响。因此，在实际工作中，理赔人员需要对各个险种的内容进行详细的了解，如保险期间、保险责任、责任免除、保单的失效和复效、定义等。这样才能在理赔决策过程中做出正确的理赔决定。

此外，理赔人员还应该对营销、核保、承保过程及相关知识有一定的了解，并参与保险公司其他风险管理与控制工作，如理赔规则的制定、理赔流程的改进、新产品的研讨与开发等，这些都需要理赔人员具备足够的保险知识背景。

2. 医学知识

人寿保险是以人的生命和健康作为保险标的。对于人的生、老、病、死、残的研究是人寿保险工作中的一项重要内容，属于保险医学的范畴。从寿险飞速发展的进程来看，医学知识的介入是人寿保险发展的一个里程碑，它促进了寿险业的飞速发展。在理赔实务所发生的保险事故中，健康因素占据重要比例，因此理赔人员具有一定医学知识十分必要。

对于保险事故发生者的健康状态审核主要是根据投保时的告知情况、体检资料，以及保险事故发生后理赔调查部门提供的病历资料、各项检查检验报告资料等进行综合分析。理赔人员若不了解相关的医学知识，就很难在保险事故的性质认定及损失程度的评估上做出合理的判断。例如，被保险人因摔倒后脑出血死亡，要推断其死亡原因及性质，就必须了解相关的医学知识。

3. 法律知识

保险双方的行为过程受法律的制约。理赔人员应熟悉法律知识，理赔工作应该按照《保险法》及相关法律法规完成，使理赔过程和决定更加合理化、合法化，从而切实维护保险双方的合法利益。

理赔人员在保险事故审核过程中对于投保时未尽如实告知义务的，可以依据《保险法》做出相应的理赔决定。除《保险法》外，理赔人员还应该了解《婚姻法》《继承法》《民法通则》及其他相关法律、法规等方面的知识。

4. 金融知识

保险公司属于金融机构，保险行为是一种商业行为，保险经营的目标在于获取利润。防范风险、保护保险公司的经营效益是理赔的重要功能。因此，理赔人员自然需要有一定的金融与财务知识，需要有经营意识。

在理赔案件的审核过程中，理赔人员往往要对被保险人的财务状况进行调查了解，特别是对高额客户、短期出险的客户以及在多家寿险公司同时投保的客户，更应高度重视。理赔人员通过所掌握的金融财务知识了解被保险人的收入支出情况，综合评定其财务情况，避免发生保险欺诈。

5. 社会沟通协调能力

理赔人员还应学习社会学、心理学等各方面的知识和技巧。在保险事故发生后，理赔人员要从医院、事故现场、居住地等地方调查取得证据，因此必须具备丰富的社会沟通能力。同时，理赔人员在工作中可能遇到各种各样的困难，如来自客户、业务人员甚至保险公司内部的压力，特别是拒付案件。在这种情况下，理赔人员必须善于协调各方面的关系，寻找协调保险公司利益与客户满意度之间的平衡。

6. 其他能力

理赔人员还应该了解统计学和计算机方面的知识，通过对理赔数据的归类、分析和反馈，真实地反映公司经营中存在的问题，为产品设计精算、销售和核保提供科学的数据，为公司调整经营策略提供充分的事实依据。

（二）理赔人员的道德素养

1. 工作原则

理赔应以人身保险合同约定和法律规定为依据，正确认定保险责任与范围。理赔的宗旨是最大限度地保障保险合同受益人获得其应得到的保障。理赔人员在工作中应坚持以下原则：

（1）求实原则。理赔必须以事实为依据，以法律与保险原理为准绳，严格遵循求实原则以判定保险责任归属。求实是寿险理赔工作中应当遵循的最基本原则。

（2）公正原则。理赔人员应持公正立场，平等对待客户，准确合理地处理案件，不得损害客户与公司的正当权益，尽善良管理人的职责。

（3）效率原则。应当迅速及时地做出理赔决定，改进工作流程，提高理赔效率，提升公司整体服务形象。

（4）保密原则。理赔人员对理赔过程中获知的相关信息负有保密义务。未经客户和公司允许，理赔人员不得向投保人、被保险人、受益人等保险合同主体以外的其他人透露信息；在案件最终决定签发之前，不得做出与理赔决定相关的任何承诺。

（5）遵纪守法原则。理赔人员的工作必须在法律允许的范围进行，严格遵守法律的相关规定。

2. 行为规范

理赔人员的工作职责是兑现保险公司的合同承诺。为了保证理赔专业水准与高品质的服务，保险公司必须对理赔人员的行为进行规范。

（1）国际理赔协会（International Claim Association，ICA）明确规定了理赔人的行为准则：

①索赔人应该及时得到关于索赔接洽事宜的回复。

②索赔人有权敦促保险人展开对所有事实的调查工作，并且在合理明确责任后得到公正的赔付。

③国际理赔协会的成员公司不应提出不必要的要求，或者强迫索赔人为获取其应得的赔偿而进行不必要的诉讼。

④除了认可对所有合理索赔及时偿付的义务外，保险公司同样有义务防止由于骗赔和不值得鼓励的索赔而导致的成本上升，从而保护购买保险的公众。

⑤理赔人不得歪曲事实或保单条款。

⑥成员公司应保留对保险理赔的准确记录，同时应就收集和保留的信息的合理保密程度予以应有的关注。

⑦应该鼓励和帮助理赔人进一步培养他们在理赔管理领域的专业技能和专业知识。

（2）禁止性规范。理赔人员在处理案件过程中，应避免以下行为：

①禁止以任何理由和任何形式挪用、侵占、截留理赔款。

②禁止弄虚作假，串通投保人、被保险人或者受益人骗取保险金。

③禁止故意编造未曾发生的保险事故、虚构保险合同或者故意夸大已经发生的保险事故的损失程度进行虚假理赔，骗取保险金或者牟取其他不正当利益。

④禁止利用工作之便收受或变相收受投保人、被保险人、受益人、销售人员及其他案件相关人员的财物或任何形式的馈赠、宴请。

⑤禁止以任何理由、任何形式编造虚假调查过程或调查不作为。

⑥理赔案件结论最终下达前，禁止向投保人、被保险人、受益人、销售人员及其他与案件相关人员透露或承诺理赔结论。

⑦禁止泄露投保人、被保险人、受益人、公司的商业秘密或者个人隐私。

（三）理赔人员的服务意识

服务意识是指企业全体员工在与一切企业利益相关人或企业的交往中所体现的为其提供热情、周到、主动服务的欲望和意识，即自觉主动做好服务工作的一种观念和愿望，它发自服务人员的内心。

对于保险公司来说，理赔人员服务意识的树立和培养，是提高理赔效率、提升理赔服务品质的保证。完善、高效的理赔服务是树立保险公司良好形象和社会品牌的重要途径。

服务意识的培养是要建立在对理赔公平公正基本原则的把握之上。客户购买保险是希望在合同约定的保险事故发生后能够得到合理的赔付，如果理赔人员具有“惜赔”心理，往往影响理赔的时效，甚至影响案件公正处理。如果理赔人员片面追求理赔时效，就会丧失理赔原则，造成“滥赔”的现象，这种“滥赔”现象同样会造成对公司和广大客户利益的损害。

因此，保险公司应当重视理赔人员的职业规划和专业培养，让理赔人员站在经营的高度，不断地更新服务理念，正确处理好服务意识和风险防范意识的关系。

第三节 国内外理赔服务模式及创新

一、国外理赔模式

（一）基本模式——直付式

国外发达国家医疗保险计划一般都比较完善，尤其是美国一直推行“全民医保计划”，整个医疗机构全部联网，统一监管，保险公司直接参与各项医疗计划，保险公司可以干预和管理治疗程序，直接管理医疗环境。因此，发达国家保险公司普遍推行“直赔模式”，保险公司和医院建立合作关系，客户在医院即可办理理赔，拿到保险补偿。这种模式简化了被保险人的理赔过程，促进了保险业的蓬勃发展。

（二）创新模式——提前给付

随着人们理财渠道的多样化，美国保险公司也将人寿保险作为理财的一种工具，不仅可以做到直赔，甚至可以提前理赔。人寿保险不再只是造福投保者的家人或是其后代，投保者在生前也可以动用保险资金，解决诸如看病、应对重大开销等问题。把老人长期护理保险与人寿保险结合起来，只要买了人寿保险，遇到需要长期护理的情形，保险公司可以提前理赔。

被保险人如果因患重大疾病需要长期护理，保险公司会提前将寿险保额中的一部分钱提前支付给被保险人。被保险人可以选择每个月 1 000—8 400 美元的给付额，支付期可以是 2 年、3 年、4 年或是 5 年。此外，被保险人可以自己选择花费的方式，用于疗养院的护理或家庭健康护理都可以。

二、国内理赔服务创新

为了提高服务水平，赢得客户的信任和同行业的领先优势，国内各家公司纷纷推出创新型服务。

（一）理赔直付服务模式

我国医疗管理体系还有待完善，还未实现信息化管理，各地正在逐步推进医疗体系信息化管理。2014 年 11 月 17 日，《国务院办公厅关于加快发展商业健康保险的若干意见》（以下简称《若干意见》）正式发布，明确提出到 2020 年我国将基本建立市场体系完备、产品形态丰富、经营诚信规范的现代商业健康保险服务业。此政策将推动医疗管理体系的完善，进而与商业保险进一步结合，也会从体制上推动理赔直付服务模式的发展。

理赔直付是联合医院提供保险理赔前置的一种增值服务。简而言之，就是病人在出院结算的时候，医院垫付保险公司应承担的部分保险金，病人仅支付自己应承担的部分，事后由保险公司直接和医院进行结算。

被保险人在保险直付网络医院看病的时候不用再支付现金，而是由保险公司和医院直接结算，患者就医更加方便，这是保险公司将理赔环节前置的重大创新。很多大型保险公司已经在国内建立了医疗保险直付网络医院体系，不过需要注意的是，直付医院网络是由各个保险公司与不同医院单独签订直付协议而建立的，不同保险公司的直付网络医院是不同的。

（二）新技术运用——移动理赔

随着互联网移动技术的蓬勃发展，多家保险公司推出移动理赔服务平台，尤其是微信理赔。一旦出险，客户无需亲至保险公司就可以直接通过微信联系保险公司报案，申请理赔的时候，客户可自行拍照将各种资料上传到微信平台，理赔人员在后台接收到申请后，会立即对赔案进行审核，结案后，赔款将实时到账。

相比传统理赔动辄好几天的理赔手续，通过微信最快 10 分钟就能完成理赔，理赔效率大幅提高。客户通过这一平台可以实现咨询、投保、理赔等多项业务操作。同时，新的移动服务平台具有实时性、私密性、互动性，其中通过图片上传功能完成理赔手续对提高理赔时效具有重要意义。

（三）附加值服务

保单附加值是指除保单约定的赔付责任外的额外服务，如定期免费健康检查、海外急难救助、咨询救援免费热线等。这些额外服务以合同、卡式凭证或公开承诺等形式出现。

附加值服务模式已经得到广大客户的认同，保险公司近年来吸收国外先进经验，纷纷在保单附加值上下功夫，推出健康保险卡，集咨询、投诉、救援于一身的服务热线，为客户举办健康讲座等各种服务来打造特色优势。

正如《哈佛商业评论》所言：开发一个新客户的成本是维护一个老客户成本的5倍，企业花费较少的代价服务老客户往往能获得成倍的收益。附加值服务的提供有助于提高客户满意度及客户忠诚度，从而提高客户留存率，降低退保损失，促进客户二次开发。附加值服务对公司的品牌建设、长远发展、永续经营都有着不可低估的影响。

（四）客户分类服务

分类服务是指根据保费贡献大小将客户分为不同类别，一般分为普通客户、贵宾客户，对不同类别的客户提供动态服务和管理，对不同级别客户享受的附加值服务进行固化，形成较为有效的附加值服务体系。保险公司对高端客户尤为重视，高端客户一般均为社会精英和各界高层，具备强大的社会影响力，对于提升公司社会知名度有重要意义，故保险公司对于高端客户均建立了专属服务体系。

第八章　我国基本医疗保险制度与保险应用展望

第一节　我国基本医疗保险制度概况

基本医疗保险制度是社会保障体系的重要组成部分，是由政府制定、用人单位和职工共同参加的一种社会保险制度，按照财政、用人单位和职工的承受能力来确定职工的基本医疗保障水平。

基本医疗保险制度的建立与发展对商业保险产生着深刻的影响：一方面迫使商业保险退出部分医疗费用补偿型保险市场，在一定程度上降低了商业保险的直接影响力；另一方面在激发民众保险意识、稳定民众保险购买能力等方面发挥了积极作用。因此，加强对基本医疗保险制度的关注与研究可以更好地确定商业保险公司发展的定位、战略与策略。

一、基本医疗保险构成

根据保障对象不同，基本医疗保险主要有3种：一是城镇职工基本医疗保险制度，覆盖辖区所有党政群机关、企事业单位；二是新型农村合作医疗制度（以下简称新农合），覆盖辖区农业人口（含外出务工人员）；三是城镇居民基本医疗保险制度，覆盖辖区未纳入城镇职工基本医疗保险的非农业户口城镇居民。

根据保障适用金额区间不同，基本医疗保险由基本医疗保险（个人账户、统筹基金）、补充医疗保险（公务员医疗补助、企业补充医疗保险）和大额医疗费补充保险三部分组成。

二、基本医疗保险制度的基本特征

（一）医疗资源配置的非市场性

现代企业对于紧缺资源的配置主要采用计划方式、市场方式和介于两者之间的计划与市场结合的方式。医疗保险制度作为一项基本的社会经济制度，它是时代发展的产物，反映一定历史阶段的社会关系和生产力发展水平，与一定时期社会、政治和经济发展政策取向紧密相连。我国医疗保险制度产生于新民主主义时期，并在以计划经济为特征的社会主义时期获得了迅速发展，突出反映了医疗经济的公有制性质。国家运用计划手段对医疗资源进行高度集中管理，以行政手段对医疗资源的生产、交换、分配、消费等各个环节实行统一计划，医疗经济所有权、经营权、使用权整体合一，对医疗卫生资源的分配和消费行为负责。医疗卫生资源消费缺乏必要约束，药品、卫生体制存在弊端，非理性医疗带来医疗资源的浪费。

（二）同一制度的平均主义与不同制度的差异性

我国医疗保险具有独特的板块结构特点，分为全民保健、城镇职工医疗、城镇居民医疗、农村合作医疗几部分。除全民保健具有普遍性外，城镇职工医疗、城镇居民医疗、农村合作医疗覆盖对象不同。它们资金来源渠道不同、享受待遇的对象不同，范围不一样，导致出现不少问题：其一，强化了职工或居民身份界限，影响了人力资源的优化配置和人才的合理流动；其二，就医疗保险分制度而言，存在平均主义和资源浪费情况；其三，各医疗保险分制度之间，由于按职业或身份差异享受待遇，保障程度相当不同。

（三）具有广泛性、共济性与强制性

广泛性是指所有单位和职工，不论是国家机关、企业单位，还是私营企业、个体劳动者，都在基本医疗保险的范围之内。共济性是指所有用人单位和职工按规定缴纳了医疗保险费后，一旦生病住院或患长期慢性病，医疗费用由统筹基金按比例报销。因此，参保人员所有花费的医疗费不与单位经济效益挂钩，费用的风险由全部参保单位和人员共同分担。强制性是指按照法律规定，全部城镇用人单位和职工

都必须参加基本医疗保险，因此它不同于任何商业保险的自愿参加行为。

三、基本医疗保险制度的作用

第一，基本医疗保险制度有利于提高劳动生产率，促进生产的发展。医疗保险是社会进步、生产发展的必要结果。反过来，医疗保险制度的建立和完善又会进一步促进社会的进步和生产的发展。一方面，医疗保险解除了劳动者的后顾之忧，使其安心工作，从而可以提高劳动生产率，促进生产的发展；另一方面，也保证了劳动者的身心健康，保证了劳动力正常再生产。

第二，基本医疗保险制度可以调节收入差别，体现社会公平性。医疗保险通过征收医疗保险费和偿付医疗保险服务费用来调节收入差别，是政府一种重要的收入再分配的手段。

第三，基本医疗保险制度是维护社会安定的重要保障。医疗保险对患病的劳动者给予经济上的帮助，有助于消除因疾病带来的社会不安定因素，是调整社会关系和社会矛盾的重要社会机制。

第四，基本医疗保险制度是促进社会文明和进步的重要手段。医疗保险是社会互助共济的社会制度，通过在参保人之间分摊疾病费用风险体现了“一方有难、八方支援”的新型社会关系，有利于促进社会文明和进步。

第五，基本医疗保险制度是推进经济体制改革特别是国有企业改革的重要保证。

四、当前基本医疗保险存在的主要问题

基本医疗保险在国家与民众经济生活中的作用越来越明显。但是，也应当看到，我国医疗保险仍存在一些问题。

（一）医保政策的公平性和多样性有待提高

由于诸多历史性原因和地区制度差别而形成的医保差别对待依然存在，不同人群和不同地区的医疗水平存在着较大差距，仍有部分人员由于各种原因未参加医疗保险。各地医保中心都有针对各自地区的政策，造成各地区医保病种、报销比例存在差异，全国各地各险种也缺乏统筹规定和有效的相互衔接。因此，全国

性医疗保险制度的公平性还有待提高。随着社会发展，就业形式呈现多样化趋势，对医疗保险的险种需求越来越多样化，参保人员转移工作和地区出现的医保衔接困难、“一卡通”措施不完善，也显露出对于医保政策多样化的需求。

（二）医保政策管理制度仍需完善

由于我国各地区经济发展水平不同，医疗保险政策分别实行以省、市、县各级分级管理或者以行业统筹为主的分割管理。医保基金共济能力不强，无法做到顺利应用于全国。基本医疗保险基金、补充医疗保险基金、大额商业保险基金在应用衔接上缺少协调性，多种医疗保险基金难以最有效地发挥作用。医保资金涉及政府、医疗保险中心、参保人员和医院等环节，参保单位缴纳医疗保险基金不足，参保群众套取个人医保账户资金，骗取医保基金，医疗机构和医药代表的暗箱操作等现象时有发生。因此，需要进一步完善管理制度来统筹协调医保资金的使用，以保证我国全民医保事业的可持续发展。

（三）医保基金风险的可控性需要加强

医疗保险基金是医保制度的主要组成部分。基金的安全可控性是我国医保政策实施成功的前提和关键。我国已经步入老龄化社会，这在很大程度上影响医保的筹资和收入，老龄化趋势直接导致医保基金支出的负担增加，并且提高了基金的风险性。特殊类型疾病、老年慢性病、长期住院护理等费用的增加会危及医保基金的可控性。同时，随着科学技术水平的不断提高，在医疗领域也出现越来越多的新药品、新技术、新治疗手段。这些新技术方法的出现会导致医疗费用增加，使得医保基金支出风险大大增加。医保中心、参保众和医疗机构组成了 3 个互相关联的利益主体。参保群众追求医疗服务的最优化，医疗机构追求获得利益的最大化，医保基金也因此面临着不断增长的支出风险。

第二节　我国基本医疗保险制度展望

2016 年 1 月，国务院发布《关于整合城乡居民基本医疗保险制度的意见》（以下简称《意见》），国家正式启动建立统一的城乡居民基本医疗保险制度的改革，要求整合城镇居民基本医疗保险和新型农村合作医疗两项制度。全国大部分省市已实现城乡居民医保制度整合或做出整合的具体规划，突破了多年来医疗保险城乡分割的体制机制障碍。《意见》要求，落实党中央、国务院关于深化医药卫生体制改革的要求，按照全覆盖、保基本、多层次、可持续的方针，加强统筹办调与顶层设计，遵循先易后难、循序渐进的原则，从完善政策入手，推动保障更加公平、管理服务更加规范、医疗资源利用更加有效，促进全民医保体系持续健康发展。

城乡居民医保整合使得报销就高不就低、用药就宽不就窄、定点医院就多不就少，给参保者带来实实在在的好处。

一、制度更公平

看病报销，不再分城里人、农村人。过去，农民到城里医院看病，往往要先办理转诊手续，现在拿着诊断证明和社保卡就可以报销了。到 2015 年底，我国已形成由职工医保、城镇居民医保、“新农合”3 项制度构成的全民基本医疗保险体系，覆盖 13 亿人。3 项医保制度在不同时期针对不同人群相继建立，在保障群众基本医疗、防止因病致贫等方面发挥了重要作用。然而，这种体制分割、制度分设、经办分散的城乡二元结构也带来不公平的问题。特别是城镇居民医保和“新农合”，筹资模式、缴费标准相近，享受待遇却有较大差别。同一种病、同一家医院治疗，参加“新农合”的患者报销金额要比参加城镇居民医保的患者低不少。整合后，城乡居民医保实现了“六统一”：

（1）统一覆盖范围：职工基本医疗保险应参保人员以外的所有城乡居民都纳入城乡居民医保。参保方式的完善推进了“应保尽保”。已实现制度整合的地区，参保人数成倍扩大。

（2）统一筹资政策：不分城乡，都采取个人缴费与政府补助相结合为主的筹资方式，合理确定城乡统一的筹资标准。

（3）统一保障待遇：城乡居民医保逐步统一了保障范围和支付标准，医保基金政策范围内住院费用支付比例保持在 75% 左右，为参保人员提供公平的基本医疗保障。

（4）统一医保目录：城乡居民医保药品目录和医疗服务项目目录不再有差别，种类更齐全。

（5）统一定点管理：各地普遍将原“新农合”基层医疗卫生机构纳入定点范围，并对在基层医疗机构就医给予倾斜，规定较高的报销比例。

（6）统一基金管理：城乡居民医保基金统一纳入财政专户，基金管理更规范，使用效率提高。整合以来，基金支撑能力和共济能力大幅增强。

二、待遇在提高

报销的多了、自付的少了，看病负担减轻。城乡居民医保整合后，“待遇就高不就低”，参保人员特别是农村居民的待遇显著改善。

（一）报销额度提高

宁夏回族自治区在全国较早地建立起统一的城乡居民基本医疗保险制度。城乡统筹前，城镇居民政策范围内报销比例约为57%，农村居民政策范围内报销比例为53.59%。统筹后的2014年，城乡居民在医保政策范围内报销比例达到66%，居民负担减轻了不少。2016年1月，上海实施统一的城乡居民医保制度。从住院待遇一项来看，整合前，城镇居民医保支付比例最低为60%（60岁以下），“新农合”支付比例最低只有50%，而整合后统一为70%。同时，上海市农村居民住院报销费用不再“设限”。原来参加“新农合”的农村居民住院，如果医疗费用超过12万元，超过部分就不能由医保支付。整合后，12万元封顶线取消，超过了也能继续按照规定的比例结算，农民受益更多。广东省大幅提高封顶限额，城乡居民医保政策范围内住院支付比例提高到76%，封顶线从5万元提高到44万元。

（二）选择更多

实行统一城乡居民基本医疗保险制度以来，农村居民用药范围显著扩大、定点医疗机构成倍增加，求医问药的选择更多，老百姓看病更方便。

在整合前，“新农合”的诊疗和药品目录比城镇居民医保目录窄，整合后各地城乡居民医保目录普遍向职工医保目录统一，城乡居民特别是农村居民用药范围显著扩大。

城乡统筹带来就医层次的提高，参保居民，特别是农村居民，可选择的定点医疗机构成倍增加，就医更方便。重庆市城乡医保整合后，全市40个区县全部联网，100%的乡镇实现联网就医，95%的村卫生室可刷卡就医，3 200多万城乡居民医保参保人员能够在近 3 000 家定点医疗机构、5 000 多家定点药店就医购药刷卡结算。农村居民就医不仅选择面扩大了，还告别了过去“先垫付费用再报销”的烦琐，凭卡就能轻松实现即时结算。

三、商业保险协同发展方向

基本医疗保险制度的不断完善与发展也为商业保险带来新的机遇与挑战，各保险公司如何参与到基本医疗保险发展中去，助推、借力、造势，形成互利共赢的良性局面，是一个十分重要的命题。

（一）发挥专业优势，积极介入基本医疗保险运营与管理，扩大品牌与影响

随着基本医疗保险覆盖人群扩大、保障水平提高，政府部门独立运营的压力明显，而商业保险公司在服务网点、人才队伍、专业能力、管理经验、运营效率等方面具备独特优势，双方又有着一定的合作基础，应抓住有利的历史时机，加大投入，优化系统，改善管理与服务，扩大与基本医疗保险主管部门的合作，创造新的业务增长点，更广泛地积累客户资源，扩大品牌与影响，增强可持续发展与竞争能力。

（二）加强产品创新，对接基本医疗保险政策与差异化客户需求，提高参保人群保障水平

基本医疗保险保障水平虽然在不断提高，但距离社会大众的需求仍存在客观差距，特别是部分重症、失能等特殊群体客户，购买商业保险、维持生活品质的市场前景广阔。保险公司应增加护理、误工、失能、重疾等定额给付类产品及基本医疗保险报销补差产品等产品创新与供给，有效满足广大客户不同医疗保障需求。

（三）借力基本医疗保险，发挥品牌优势，扩大商业保险保障覆盖人群

积极参与基本医疗保险运营、基本医疗保险对民众保险意识的促进等，对保险公司开拓短期意外险、保障型寿险、养老险、非保障型理财产品等也将起到促进与推动作用。保险公司应加强营销与产品创新，借力基本医疗保险，加快各项

业务发展。

（四）共建共治，互利共赢，构建一体化反保险欺诈防控体系

反保险欺诈的一个重要方向就是利用大数据技术，科学筛选欺诈风险因子，构建欺诈风险自动识别模型，从而提高反保险欺诈能力与效率。商业保险公司与基本医疗保险主管部门密切协作，有着强烈的现实意义与良好的应用前景。同时，针对反保险欺诈工作中暴露的部分医疗卫生机构存在的不规范医疗问题，保险公司应携手基本医疗保险主管部门，共同推动整改。

（五）协同发力，互补长短，共同为国家深化改革、优化社会治理、改善民生福祉创造条件，保驾护航

基本医疗保险与商业保险互为补充、互为协同，覆盖人群不断增加、保障水平不断提高才会真正构建更为健全的社会保障体系，让社会大众安居乐业、减轻顾虑与负担。只有解除了民众后顾之忧，才会更好地推进全民创业、万众创新，才会更有利于国家深化政治、经济、文化等各领域改革。

附录　有关法律法规节选

一、《中华人民共和国保险法》节选

（2009 年 2 月 28 日　中华人民共和国主席令第十一号）

1995 年 6 月 30 日第八届全国人民代表大会常务委员会第十四次会议通过

根据 2002 年 10 月 28 日第九届全国人民代表大会常务委员会第三十次会议《关于修改〈中华人民共和国保险法〉的决定》修正

2009 年 2 月 28 日第十一届全国人民代表大会常务委员会第七次会议修订

第一章　总则

第一条　为了规范保险活动，保护保险活动当事人的合法权益，加强对保险业的监督管理，维护社会经济秩序和社会公共利益，促进保险事业的健康发展，制定本法。

第二条　本法所称保险，是指投保人根据合同约定，向保险人支付保险费，保险人对于合同约定的可能发生的事故因其发生所造成的财产损失承担赔偿保险金责任，或者当被保险人死亡、伤残、疾病或者达到合同约定的年龄、期限等条件时承担给付保险金责任的商业保险行为。

第三条　在中华人民共和国境内从事保险活动，适用本法。

第四条　从事保险活动必须遵守法律、行政法规，尊重社会公德，不得损害社会公共利益。

第五条　保险活动当事人行使权利、履行义务应当遵循诚实信用原则。

第六条　保险业务由依照本法设立的保险公司以及法律、行政法规规定的其他保险组织经营，其他单位和个人不得经营保险业务。

第七条　在中华人民共和国境内的法人和其他组织需要办理境内保险的，应当向中华人民共和国境内的保险公司投保。

第八条　保险业和银行业、证券业、信托业实行分业经营、分业管理，保险公司与银行、证券、信托业务机构分别设立。国家另有规定的除外。

第九条　国务院保险监督管理机构依法对保险业实施监督管理。

国务院保险监督管理机构根据履行职责的需要设立派出机构。派出机构按照国务院保险监督管理机构的授权履行监督管理职责。

第二章　保险合同

第一节　一般规定

第十条　保险合同是投保人与保险人约定保险权利义务关系的协议。

投保人是指与保险人订立保险合同，并按照合同约定负有支付保险费义务的人。

保险人是指与投保人订立保险合同，并按照合同约定承担赔偿或者给付保险金责任的保险公司。

第十一条　订立保险合同，应当协商一致，遵循公平原则确定各方的权利和义务。

除法律、行政法规规定必须保险的外，保险合同自愿订立。

第十二条　人身保险的投保人在保险合同订立时，对被保险人应当具有保险利益。

财产保险的被保险人在保险事故发生时，对保险标的应当具有保险利益。

人身保险是以人的寿命和身体为保险标的的保险。

财产保险是以财产及其有关利益为保险标的的保险。

被保险人是指其财产或者人身受保险合同保障，享有保险金请求权的人。投保人可以为被保险人。

保险利益是指投保人或者被保险人对保险标的具有的法律上承认的利益。

第十三条　投保人提出保险要求，经保险人同意承保，保险合同成立。保险人应当及时向投保人签发保险单或者其他保险凭证。

保险单或者其他保险凭证应当载明当事人双方约定的合同内容。当事人也可以约定采用其他书面形式载明合同内容。

依法成立的保险合同，自成立时生效。投保人和保险人可以对合同的效力约定附条件或者附期限。

第十四条 保险合同成立后，投保人按照约定交付保险费，保险人按照约定的时间开始承担保险责任。

第十五条 除本法另有规定或者保险合同另有约定外，保险合同成立后，投保人可以解除合同，保险人不得解除合同。

第十六条 订立保险合同，保险人就保险标的或者被保险人的有关情况提出询问的，投保人应当如实告知。

投保人故意或者因重大过失未履行前款规定的如实告知义务，足以影响保险人决定是否同意承保或者提高保险费率的，保险人有权解除合同。

前款规定的合同解除权，自保险人知道有解除事由之日起，超过三十日不行使而消灭。自合同成立之日起超过二年的，保险人不得解除合同；发生保险事故的，保险人应当承担赔偿或者给付保险金的责任。

投保人故意不履行如实告知义务的，保险人对于合同解除前发生的保险事故，不承担赔偿或者给付保险金的责任，并不退还保险费。

投保人因重大过失未履行如实告知义务，对保险事故的发生有严重影响的，保险人对于合同解除前发生的保险事故，不承担赔偿或者给付保险金的责任，但应当退还保险费。

保险人在合同订立时已经知道投保人未如实告知的情况的，保险人不得解除合同；发生保险事故的，保险人应当承担赔偿或者给付保险金的责任。

保险事故是指保险合同约定的保险责任范围内的事故。

第十七条 订立保险合同，采用保险人提供的格式条款的，保险人向投保人提供的投保单应当附格式条款，保险人应当向投保人说明合同的内容。

对保险合同中免除保险人责任的条款，保险人在订立合同时应当在投保单、保险单或者其他保险凭证上做出足以引起投保人注意的提示，并对该条款的内容以书面或者口头形式向投保人做出明确说明；未作提示或者明确说明的，该条款不产生效力。

第十八条 保险合同应当包括下列事项：

（一）保险人的名称和住所；

（二）投保人、被保险人的姓名或者名称、住所，以及人身保险的受益人的姓名或者名称、住所；

（三）保险标的；

（四）保险责任和责任免除；

（五）保险期间和保险责任开始时间；

（六）保险金额；

（七）保险费以及支付办法；

（八）保险金赔偿或者给付办法；

（九）违约责任和争议处理；

（十）订立合同的年、月、日。

投保人和保险人可以约定与保险有关的其他事项。

受益人是指人身保险合同中由被保险人或者投保人指定的享有保险金请求权的人。投保人、被保险人可以为受益人。

保险金额是指保险人承担赔偿或者给付保险金责任的最高限额。

第十九条　采用保险人提供的格式条款订立的保险合同中的下列条款无效：

（一）免除保险人依法应承担的义务或者加重投保人、被保险人责任的；

（二）排除投保人、被保险人或者受益人依法享有的权利的。

第二十条　投保人和保险人可以协商变更合同内容。

变更保险合同的，应当由保险人在保险单或者其他保险凭证上批注或者附贴批单，或者由投保人和保险人订立变更的书面协议。

第二十一条　投保人、被保险人或者受益人知道保险事故发生后，应当及时通知保险人。故意或者因重大过失未及时通知，致使保险事故的性质、原因、损失程度等难以确定的，保险人对无法确定的部分，不承担赔偿或者给付保险金的责任，但保险人通过其他途径已经及时知道或者应当及时知道保险事故发生的除外。

第二十二条　保险事故发生后，按照保险合同请求保险人赔偿或者给付保险金时，投保人、被保险人或者受益人应当向保险人提供其所能提供的与确认保险事故的性质、原因、损失程度等有关的证明和资料。

保险人按照合同的约定，认为有关的证明和资料不完整的，应当及时一次性通知投保人、被保险人或者受益人补充提供。

第二十三条　保险人收到被保险人或者受益人的赔偿或者给付保险金的请求后，应当及时做出核定；情形复杂的，应当在三十日内做出核定，但合同另有约定的除外。保险人应当将核定结果通知被保险人或者受益人；对属于保险责任的，在与被保险人或者受益人达成赔偿或者给付保险金的协议后十日内，履行赔偿或者给付保险金义务。保险合同对赔偿或者给付保险金的期限有约定的，保险人应当按照约定履行赔偿或者给付保险金义务。

保险人未及时履行前款规定义务的，除支付保险金外，应当赔偿被保险人或者受益人因此受到的损失。

任何单位和个人不得非法干预保险人履行赔偿或者给付保险金的义务，也不得限制被保险人或者受益人取得保险金的权利。

第二十四条 保险人依照本法第二十三条的规定做出核定后，对不属于保险责任的，应当自做出核定之日起三日内向被保险人或者受益人发出拒绝赔偿或者拒绝给付保险金通知书，并说明理由。

第二十五条 保险人自收到赔偿或者给付保险金的请求和有关证明、资料之日起六十日内，对其赔偿或者给付保险金的数额不能确定的，应当根据已有证明和资料可以确定的数额先予支付；保险人最终确定赔偿或者给付保险金的数额后，应当支付相应的差额。

第二十六条 人寿保险以外的其他保险的被保险人或者受益人，向保险人请求赔偿或者给付保险金的诉讼时效期间为二年，自其知道或者应当知道保险事故发生之日起计算。

人寿保险的被保险人或者受益人向保险人请求给付保险金的诉讼时效期间为五年，自其知道或者应当知道保险事故发生之日起计算。

第二十七条 未发生保险事故，被保险人或者受益人谎称发生了保险事故，向保险人提出赔偿或者给付保险金请求的，保险人有权解除合同，并不退还保险费。

投保人、被保险人故意制造保险事故的，保险人有权解除合同，不承担赔偿或者给付保险金的责任；除本法第四十三条规定外，不退还保险费。

保险事故发生后，投保人、被保险人或者受益人以伪造、变造的有关证明、资料或者其他证据，编造虚假的事故原因或者夸大损失程度的，保险人对其虚报的部分不承担赔偿或者给付保险金的责任。

投保人、被保险人或者受益人有前三款规定行为之一，致使保险人支付保险金或者支出费用的，应当退回或者赔偿。

第二十八条 保险人将其承担的保险业务，以分保形式部分转移给其他保险人的，为再保险。

应再保险接受人的要求，再保险分出人应当将其自负责任及原保险的有关情况书面告知再保险接受人。

第二十九条　再保险接受人不得向原保险的投保人要求支付保险费。

原保险的被保险人或者受益人不得向再保险接受人提出赔偿或者给付保险金的请求。

再保险分出人不得以再保险接受人未履行再保险责任为由，拒绝履行或者迟延履行其原保险责任。

第三十条　采用保险人提供的格式条款订立的保险合同，保险人与投保人、被保险人或者受益人对合同条款有争议的，应当按照通常理解予以解释。对合同条款有两种以上解释的，人民法院或者仲裁机构应当做出有利于被保险人和受益人的解释。

第二节　人身保险合同

第三十一条　投保人对下列人员具有保险利益：

（一）本人；

（二）配偶、子女、父母；

（三）前项以外与投保人有抚养、赡养或者扶养关系的家庭其他成员、近亲属；

（四）与投保人有劳动关系的劳动者。

除前款规定外，被保险人同意投保人为其订立合同的，视为投保人对被保险人具有保险利益。

订立合同时，投保人对被保险人不具有保险利益的，合同无效。

第三十二条　投保人申报的被保险人年龄不真实，并且其真实年龄不符合合同约定的年龄限制的，保险人可以解除合同，并按照合同约定退还保险单的现金价值。保险人行使合同解除权，适用本法第十六条第二款、第六款的规定。

投保人申报的被保险人年龄不真实，致使投保人支付的保险费少于应付保险费的，保险人有权更正并要求投保人补交保险费，或者在给付保险金时按照实付保险费与应付保险费的比例支付。

投保人申报的被保险人年龄不真实，致使投保人支付的保险费多于应付保险费的，保险人应当将多收的保险费退还投保人。

第三十三条　投保人不得为无民事行为能力人投保以死亡为给付保险金条件的人身保险，保险人也不得承保。

父母为其未成年子女投保的人身保险，不受前款规定限制。但是，因被保险人死亡给付的保险金总和不得超过国务院保险监督管理机构规定的限额。

第三十四条 以死亡为给付保险金条件的合同，未经被保险人同意并认可保险金额的，合同无效。

按照以死亡为给付保险金条件的合同所签发的保险单，未经被保险人书面同意，不得转让或者质押。

父母为其未成年子女投保的人身保险，不受本条第一款规定限制。

第三十五条 投保人可以按照合同约定向保险人一次支付全部保险费或者分期支付保险费。

第三十六条 合同约定分期支付保险费，投保人支付首期保险费后，除合同另有约定外，投保人自保险人催告之日起超过三十日未支付当期保险费，或者超过约定的期限六十日未支付当期保险费的，合同效力中止，或者由保险人按照合同约定的条件减少保险金额。

被保险人在前款规定期限内发生保险事故的，保险人应当按照合同约定给付保险金，但可以扣减欠交的保险费。

第三十七条 合同效力依照本法第三十六条规定中止的，经保险人与投保人协商并达成协议，在投保人补交保险费后，合同效力恢复。但是，自合同效力中止之日起满二年双方未达成协议的，保险人有权解除合同。

保险人依照前款规定解除合同的，应当按照合同约定退还保险单的现金价值。

第三十八条 保险人对人寿保险的保险费，不得用诉讼方式要求投保人支付。

第三十九条 人身保险的受益人由被保险人或者投保人指定。

投保人指定受益人时须经被保险人同意。投保人为与其有劳动关系的劳动者投保人身保险，不得指定被保险人及其近亲属以外的人为受益人。

被保险人为无民事行为能力人或者限制民事行为能力人的，可以由其监护人指定受益人。

第四十条 被保险人或者投保人可以指定一人或者数人为受益人。

受益人为数人的，被保险人或者投保人可以确定受益顺序和受益份额；未确定受益份额的，受益人按照相等份额享有受益权。

第四十一条 被保险人或者投保人可以变更受益人并书面通知保险人。保险人收到变更受益人的书面通知后，应当在保险单或者其他保险凭证上批注或者附贴批单。

投保人变更受益人时须经被保险人同意。

第四十二条　被保险人死亡后，有下列情形之一的，保险金作为被保险人的遗产，由保险人依照《中华人民共和国继承法》的规定履行给付保险金的义务：

（一）没有指定受益人，或者受益人指定不明无法确定的；

（二）受益人先于被保险人死亡，没有其他受益人的；

（三）受益人依法丧失受益权或者放弃受益权，没有其他受益人的。

受益人与被保险人在同一事件中死亡，且不能确定死亡先后顺序的，推定受益人死亡在先。

第四十三条　投保人故意造成被保险人死亡、伤残或者疾病的，保险人不承担给付保险金的责任。投保人已交足二年以上保险费的，保险人应当按照合同约定向其他权利人退还保险单的现金价值。

受益人故意造成被保险人死亡、伤残、疾病的，或者故意杀害被保险人未遂的，该受益人丧失受益权。

第四十四条　以被保险人死亡为给付保险金条件的合同，自合同成立或者合同效力恢复之日起二年内，被保险人自杀的，保险人不承担给付保险金的责任，但被保险人自杀时为无民事行为能力人的除外。

保险人依照前款规定不承担给付保险金责任的，应当按照合同约定退还保险单的现金价值。

第四十五条　因被保险人故意犯罪或者抗拒依法采取的刑事强制措施导致其伤残或者死亡的，保险人不承担给付保险金的责任。投保人已交足二年以上保险费的，保险人应当按照合同约定退还保险单的现金价值。

第四十六条　被保险人因第三者的行为而发生死亡、伤残或者疾病等保险事故的，保险人向被保险人或者受益人给付保险金后，不享有向第三者追偿的权利，但被保险人或者受益人仍有权向第三者请求赔偿。

第四十七条　投保人解除合同的，保险人应当自收到解除合同通知之日起三十日内，按照合同约定退还保险单的现金价值。

第七章　法律责任

第一百七十六条　投保人、被保险人或者受益人有下列行为之一，进行保险诈骗活动，尚不构成犯罪的，依法给予行政处罚：

（一）投保人故意虚构保险标的，骗取保险金的；

（二）编造未曾发生的保险事故，或者编造虚假的事故原因或者夸大损失程度，骗取保险金的；

（三）故意造成保险事故，骗取保险金的。

保险事故的鉴定人、评估人、证明人故意提供虚假的证明文件，为投保人、被保险人或者受益人进行保险诈骗提供条件的，依照前款规定给予处罚。

二、《中华人民共和国合同法》节选

（1999 年 3 月 15 日　中华人民共和国主席令第十五号）

第九届全国人民代表大会第二次会议通过

第二章　合同的订立

第九条　当事人订立合同，应当具有相应的民事权利能力和民事行为能力。

当事人依法可以委托代理人订立合同。

第十条　当事人订立合同，有书面形式、口头形式和其他形式。

法律、行政法规规定采用书面形式的，应当采用书面形式。当事人约定采用书面形式的，应当采用书面形式。

第十一条　书面形式是指合同书、信件和数据电文（包括电报、电传、传真、电子数据交换和电子邮件）等可以有形地表现所载内容的形式。

第十二条　合同的内容由当事人约定，一般包括以下条款：

（一）当事人的名称或者姓名和住所；

（二）标的；

（三）数量；

（四）质量；

（五）价款或者报酬；

（六）履行期限、地点和方式；

（七）违约责任；

（八）解决争议的方法。

当事人可以参照各类合同的示范文本订立合同。

第十三条　当事人订立合同，采取要约、承诺方式。

第十四条　要约是希望和他人订立合同的意思表示，该意思表示应当符合下列规定：

（一）内容具体确定；

（二）表明经受要约人承诺，要约人即受该意思表示约束。

第十五条　要约邀请是希望他人向自己发出要约的意思表示。寄送的价目表、拍卖公告、招标公告、招股说明书、商业广告等为要约邀请。

商业广告的内容符合要约规定的，视为要约。

第十六条　要约到达受要约人时生效。

采用数据电文形式订立合同，收件人指定特定系统接收数据电文的，该数据电文进入该特定系统的时间，视为到达时间；未指定特定系统的，该数据电文进入收件人的任何系统的首次时间，视为到达时间。

第十七条　要约可以撤回。撤回要约的通知应当在要约到达受要约人之前或者与要约同时到达受要约人。

第十八条　要约可以撤销。撤销要约的通知应当在受要约人发出承诺通知之前到达受要约人。

第十九条　有下列情形之一的，要约不得撤销：

（一）要约人确定了承诺期限或者以其他形式明示要约不可撤销；

（二）受要约人有理由认为要约是不可撤销的，并已经为履行合同作了准备工作。

第二十条　有下列情形之一的，要约失效：

（一）拒绝要约的通知到达要约人；

（二）要约人依法撤销要约；

（三）承诺期限届满，受要约人未做出承诺；

（四）受要约人对要约的内容做出实质性变更。

第二十一条　承诺是受要约人同意要约的意思表示。

第二十二条　承诺应当以通知的方式做出，但根据交易习惯或者要约表明可以通过行为做出承诺的除外。

第二十三条　承诺应当在要约确定的期限内到达要约人。

要约没有确定承诺期限的，承诺应当依照下列规定到达：

（一）要约以对话方式做出的，应当即时做出承诺，但当事人另有约定的除外；

（二）要约以非对话方式做出的，承诺应当在合理期限内到达。

第二十四条 要约以信件或者电报做出的，承诺期限自信件载明的日期或者电报交发之日开始计算。信件未载明日期的，自投寄该信件的邮戳日期开始计算。要约以电话、传真等快速通信方式做出的，承诺期限自要约到达受要约人时开始计算。

第二十五条 承诺生效时合同成立。

第二十六条 承诺通知到达要约人时生效。承诺不需要通知的，根据交易习惯或者要约的要求做出承诺的行为时生效。

采用数据电文形式订立合同的，承诺到达的时间适用本法第十六条第二款的规定。

第二十七条 承诺可以撤回。撤回承诺的通知应当在承诺通知到达要约人之前或者与承诺通知同时到达要约人。

第二十八条 受要约人超过承诺期限发出承诺的，除要约人及时通知受要约人该承诺有效的以外，为新要约。

第二十九条 受要约人在承诺期限内发出承诺，按照通常情形能够及时到达要约人，但因其他原因承诺到达要约人时超过承诺期限的，除要约人及时通知受要约人因承诺超过期限不接受该承诺的以外，该承诺有效。

第三十条 承诺的内容应当与要约的内容一致。受要约人对要约的内容做出实质性变更的，为新要约。有关合同标的、数量、质量、价款或者报酬、履行期限、履行地点和方式、违约责任和解决争议方法等的变更，是对要约内容的实质性变更。

第三十一条 承诺对要约的内容做出非实质性变更的，除要约人及时表示反对或者要约表明承诺不得对要约的内容做出任何变更的以外，该承诺有效，合同的内容以承诺的内容为准。

第三十二条 当事人采用合同书形式订立合同的，自双方当事人签字或者盖章时合同成立。

第三十三条 当事人采用信件、数据电文等形式订立合同的，可以在合同成立之前要求签订确认书。签订确认书时合同成立。

第三十四条 承诺生效的地点为合同成立的地点。

采用数据电文形式订立合同的，收件人的主营业地为合同成立的地点；没有主营业地的，其经常居住地为合同成立的地点。当事人另有约定的，按照其约定。

第三十五条　当事人采用合同书形式订立合同的，双方当事人签字或者盖章的地点为合同成立的地点。

第三十六条　法律、行政法规规定或者当事人约定采用书面形式订立合同，当事人未采用书面形式但一方已经履行主要义务，对方接受的，该合同成立。

第三十七条　采用合同书形式订立合同，在签字或者盖章之前，当事人一方已经履行主要义务，对方接受的，该合同成立。

第三十八条　国家根据需要下达指令性任务或者国家订货任务的，有关法人、其他组织之间应当依照有关法律、行政法规规定的权利和义务订立合同。

第三十九条　采用格式条款订立合同的，提供格式条款的一方应当遵循公平原则确定当事人之间的权利和义务，并采取合理的方式提请对方注意免除或者限制其责任的条款，按照对方的要求，对该条款予以说明。

格式条款是当事人为了重复使用而预先拟定，并在订立合同时未与对方协商的条款。

第四十条　格式条款具有本法第五十二条和第五十三条规定情形的，或者提供格式条款一方免除其责任、加重对方责任、排除对方主要权利的，该条款无效。

第四十一条　对格式条款的理解发生争议的，应当按照通常理解予以解释。对格式条款有两种以上解释的，应当做出不利于提供格式条款一方的解释。格式条款和非格式条款不一致的，应当采用非格式条款。

第四十二条　当事人在订立合同过程中有下列情形之一，给对方造成损失的，应当承担损害赔偿责任：

（一）假借订立合同，恶意进行磋商；

（二）故意隐瞒与订立合同有关的重要事实或者提供虚假情况；

（三）有其他违背诚实信用原则的行为。

第四十二条　当事人在订立合同过程中知悉的商业秘密，无论合同是否成立，不得泄露或者不正当地使用。泄露或者不正当地使用该商业秘密给对方造成损失的，应当承担损害赔偿责任。

第三章　合同的效力

第四十四条　依法成立的合同，自成立时生效。法律、行政法规规定应当办理批准、登记等手续生效的，依照其规定。

第四十七条　限制民事行为能力人订立的合同，经法定代理人追认后，该合同有效，但纯获利益的合同或者与其年龄、智力、精神健康状况相适应而订立的合同，不必经法定代理人追认。

相对人可以催告法定代理人在一个月内予以追认。法定代理人未作表示的，视为拒绝追认。合同被追认之前，善意相对人有撤销的权利。撤销应当以通知的方式做出。

第四十八条 行为人没有代理权、超越代理权或者代理权终止后以被代理人名义订立的合同，未经被代理人追认，对被代理人不发生效力，由行为人承担责任。

相对人可以催告被代理人在一个月内予以追认。被代理人未作表示的，视为拒绝追认。合同被追认之前，善意相对人有撤销的权利。撤销应当以通知的方式做出。

第四十九条 行为人没有代理权、超越代理权或者代理权终止后以被代理人名义订立合同，相对人有理由相信行为人有代理权的，该代理行为有效。

第五十条 法人或者其他组织的法定代表人、负责人超越权限订立的合同，除相对人知道或者应当知道其超越权限的以外，该代表行为有效。

第五十一条 无处分权的人处分他人财产，经权利人追认或者无处分权的人订立合同后取得处分权的，该合同有效。

第五十二条 有下列情形之一的，合同无效：

（一）一方以欺诈、胁迫的手段订立合同，损害国家利益；

（二）恶意串通，损害国家、集体或者第三人利益；

（三）以合法形式掩盖非法目的；

（四）损害社会公共利益；

（五）违反法律、行政法规的强制性规定。

第五十三条 合同中的下列免责条款无效：

（一）造成对方人身伤害的；

（二）因故意或者重大过失造成对方财产损失的。

第五十四条 下列合同，当事人一方有权请求人民法院或者仲裁机构变更或者撤销：

（一）因重大误解订立的；

（二）在订立合同时显失公平的。

一方以欺诈、胁迫的手段或者乘人之危，使对方在违背真实意思的情况下订立的合同，受损害方有权请求人民法院或者仲裁机构变更或者撤销。

当事人请求变更的，人民法院或者仲裁机构不得撤销。

第五十五条　有下列情形之一的，撤销权消灭：

（一）具有撤销权的当事人自知道或者应当知道撤销事由之日起一年内没有行使撤销权；

（二）具有撤销权的当事人知道撤销事由后明确表示或者以自己的行为放弃撤销权。

第五十六条　无效的合同或者被撤销的合同自始没有法律约束力。合同部分无效，不影响其他部分效力的，其他部分仍然有效。

第五十七条　合同无效、被撤销或者终止的，不影响合同中独立存在的有关解决争议方法的条款的效力。

第五章　合同的变更和转让

第七十七条　当事人协商一致，可以变更合同。

法律、行政法规规定变更合同应当办理批准、登记等手续的，依照其规定。

第七十八条　当事人对合同变更的内容约定不明确的，推定为未变更。

第六章　合同的权利义务终止

第九十一条　有下列情形之一的，合同的权利义务终止：

（一）债务已经按照约定履行；

（二）合同解除；

（三）债务相互抵消；

（四）债务人依法将标的物提存；

（五）债权人免除债务；

（六）债权债务同归于一人；

（七）法律规定或者当事人约定终止的其他情形。

第九十二条　合同的权利义务终止后，当事人应当遵循诚实信用原则，根据交易习惯履行通知、协助、保密等义务。

第九十三条　当事人协商一致，可以解除合同。

当事人可以约定一方解除合同的条件。解除合同的条件成熟时，解除权人可以解除合同。

第一百零一条 有下列情形之一，难以履行债务的，债务人可以将标的物提存：

（一）债权人无正当理由拒绝受领；

（二）债权人下落不明；

（三）债权人死亡未确定继承人或者丧失民事行为能力未确定监护人；

（四）法律规定的其他情形。

标的物不适于提存或者提存费用过高的，债务人依法可以拍卖或者变卖标的物，提存所得的价款。

第一百零二条 标的物提存后，除债权人下落不明的以外，债务人应当及时通知债权人或者债权人的继承人、监护人。

第一百零三条 标的物提存后，毁损、灭失的风险由债权人承担。提存期间，标的物的孳息归债权人所有。提存费用由债权人负担。

第一百零四条 债权人可以随时领取提存物，但债权人对债务人负有到期债务的，在债权人未履行债务或者提供担保之前，提存部门根据债务人的要求应当拒绝其领取提存物。

债权人领取提存物的权利，自提存之日起五年内不行使而消灭，提存物扣除提存费用后归国家所有。

第七章　违约责任

第一百零七条 当事人一方不履行合同义务或者履行合同义务不符合约定的，应当承担继续履行、采取补救措施或者赔偿损失等违约责任。

第一百一十二条 当事人一方不履行合同义务或者履行合同义务不符合约定的，在履行义务或者采取补救措施后，对方还有其他损失的，应当赔偿损失。

第一百一十三条 当事人一方不履行合同义务或者履行合同义务不符合约定，给对方造成损失的，损失赔偿额应当相当于因违约所造成的损失，包括合同履行后可以获得的利益，但不得超过违反合同一方订立合同时预见到或者应当预见到的因违反合同可能造成的损失。

经营者对消费者提供商品或者服务有欺诈行为的，依照《中华人民共和国消费者权益保护法》的规定承担损害赔偿责任。

第一百一十四条 当事人可以约定一方违约时应当根据违约情况向对方支付一定数额的违约金，也可以约定因违约产生的损失赔偿额的计算方法。

约定的违约金低于造成的损失的，当事人可以请求人民法院或者仲裁机构予以增加；约定的违约金过分高于造成的损失的，当事人可以请求人民法院或者仲裁机构予以适当减少。

当事人就迟延履行约定违约金的，违约方支付违约金后，还应当履行债务。

第一百一十五条　当事人可以依照《中华人民共和国担保法》约定一方向对方给付定金作为债权的担保。债务人履行债务后，定金应当抵作价款或者收回。给付定金的一方不履行约定的债务的，无权要求返还定金；收受定金的一方不履行约定的债务的，应当双倍返还定金。

第一百一十六条　当事人既约定违约金，又约定定金的，一方违约时，对方可以选择适用违约金或者定金条款。

第一百一十七条　因不可抗力不能履行合同的，根据不可抗力的影响，部分或者全部免除责任，但法律另有规定的除外。当事人迟延履行后发生不可抗力的，不能免除责任。

本法所称不可抗力，是指不能预见、不能避免并不能克服的客观情况。

第一百一十八条　当事人一方因不可抗力不能履行合同的，应当及时通知对方，以减轻可能给对方造成的损失，并应当在合理期限内提供证明。

第一百一十九条　当事人一方违约后，对方应当采取适当措施防止损失的扩大；没有采取适当措施致使损失扩大的，不得就扩大的损失要求赔偿。

当事人因防止损失扩大而支出的合理费用，由违约方承担。

第一百二十条　当事人双方都违反合同的，应当各自承担相应的责任。

第一百二十一条　当事人一方因第三人的原因造成违约的，应当由对方承担违约责任。当事人一方和第三人之间的纠纷，依照法律规定或者按照约定解决。

三、《中华人民共和国民法通则》中的相关法律规定

（1986 年 4 月 12 日　中华人民共和国主席令第三十七号）

第六届全国人民代表大会第四次会议通过

第二章　公民（自然人）

第一节　民事权利能力和民事行为能力

第九条　公民从出生时起到死亡时止，具有民事权利能力，依法享有民事权

利，承担民事义务。

第十一条 十八周岁以上的公民是成年人，具有完全民事行为能力，可以独立进行民事活动，是完全民事行为能力人。

十六周岁以上不满十八周岁的公民，以自己的劳动收入为主要生活来源的，视为完全民事行为能力人。

第十二条 十周岁以上的未成年人是限制民事行为能力人，可以进行与他的年龄、智力相适应的民事活动；其他民事活动由他的法定代理人代理，或者征得他的法定代理人的同意。

不满十周岁的未成年人是无民事行为能力人，由他的法定代理人代理民事活动。

第十三条 不能辨认自己行为的精神病人是无民事行为能力人，由他的法定代理人代理民事活动。

不能完全辨认自己行为的精神病人是限制民事行为能力人，可以进行与他的精神健康状况相适应的民事活动；其他民事活动由他的法定代理人代理，或者征得他的法定代理人的同意。

第十四条 无民事行为能力人、限制民事行为能力人的监护人是他的法定代理人。

第二节 监护

第十六条 未成年人的父母是未成年人的监护人。

未成年人的父母已经死亡或者没有监护能力的，由下列人员中有监护能力的人担任监护人：

（一）祖父母、外祖父母；

（二）兄、姐；

（三）关系密切的其他亲属、朋友愿意承担监护责任，经未成年人的父、母的所在单位或者未成年人住所地的居民委员会、村民委员会同意的。

对担任监护人有争议的，由未成年人的父、母的所在单位或者未成年人住所地的居民委员会、村民委员会在近亲属中指定。对指定不服提起诉讼的，由人民法院裁决。

没有第一款、第二款规定的监护人的，由未成年人的父、母的所在单位或者未成年人住所地的居民委员会、村民委员会或者民政部门担任监护人。

第十七条 无民事行为能力或者限制民事行为能力的精神病人，由下列人员担任监护人：

（一）配偶；

（二）父母；

（三）成年子女；

（四）其他近亲属；

（五）关系密切的其他亲属、朋友愿意承担监护责任，经精神病人的所在单位或者住所地的居民委员会、村民委员会同意的。

对担任监护人有争议的，由精神病人的所在单位或者住所地的居民委员会、村民委员会在近亲属中指定。对指定不服提起诉讼的，由人民法院裁决。

没有第一款规定的监护人的，由精神病人的所在单位或者住所地的居民委员会、村民委员会或者民政部门担任监护人。

第十九条　精神病人的利害关系人，可以向人民法院申请宣告精神病人为无民事行为能力人或者限制民事行为能力人。

被人民法院宣告为无民事行为能力人或者限制民事行为能力人的，根据他健康恢复的状况，经本人或者利害关系人申请，人民法院可以宣告他为限制民事行为能力人或者完全民事行为能力人。

第三节　宣告失踪和宣告死亡

第二十条　公民下落不明满二年的，利害关系人可以向人民法院申请宣告他为失踪人。

战争期间下落不明的，下落不明的时间从战争结束之日起计算。

第二十一条　失踪人的财产由他的配偶、父母、成年子女或者关系密切的其他亲属、朋友代管。代管有争议的，没有以上规定的人或者以上规定的人无能力代管的，由人民法院指定的人代管。

失踪人所欠税款、债务和应付的其他费用，由代管人从失踪人的财产中支付。

第二十二条　被宣告失踪的人重新出现或者确知他的下落，经本人或者利害关系人申请，人民法院应当撤销对他的失踪宣告。

第二十三条　公民有下列情形之一的，利害关系人可以向人民法院申请宣告他死亡：

（一）下落不明满四年的；

（二）因意外事故下落不明，从事故发生之日起满二年的。

战争期间下落不明的，下落不明的时间从战争结束之日起计算。

第二十四条 被宣告死亡的人重新出现或者确知他没有死亡，经本人或者利害关系人申请，人民法院应当撤销对他的死亡宣告。

有民事行为能力人在被宣告死亡期间实施的民事法律行为有效。

第二十五条 被撤销死亡宣告的人有权请求返还财产。依照继承法取得他的财产的公民或者组织，应当返还原物；原物不存在的，给予适当补偿。

第四章 民事法律行为和代理

第二节 代理

第六十三条 公民、法人可以通过代理人实施民事法律行为。

代理人在代理权限内，以被代理人的名义实施民事法律行为。被代理人对代理人的代理行为，承担民事责任。

依照法律规定或者按照双方当事人约定，应当由本人实施的民事法律行为，不得代理。

第六十四条 代理包括委托代理、法定代理和指定代理。

委托代理按照被代理人的委托行使代理权，法定代理人依照法律的规定行使代理权，指定代理人按照人民法院或者指定单位的指定行使代理权。

第六十五条 民事法律行为的委托代理，可以用书面形式，也可以用口头形式。法律规定用书面形式的，应当用书面形式。

书面委托代理的授权委托书应当载明代理人的姓名或者名称、代理事项、权限和期间，并由委托人签名或者盖章。

委托书授权不明的，被代理人应当向第三人承担民事责任，代理人负连带责任。

第六十六条 没有代理权、超越代理权或者代理权终止后的行为，只有经过被代理人的追认，被代理人才承担民事责任。未经追认的行为，由行为人承担民事责任。本人知道他人以本人名义实施民事行为而不作否认表示的，视为同意。

代理人不履行职责而给被代理人造成损害的，应当承担民事责任。

代理人和第三人串通，损害被代理人的利益的，由代理人和第三人负连带责任。

第三人知道行为人没有代理权、超越代理权或者代理权已终止还与行为人实施民事行为给他人造成损害的，由第三人和行为人负连带责任。

第六十七条 代理人知道被委托代理的事项违法仍然进行代理活动的，或者被代理人知道代理人的代理行为违法不表示反对的，由被代理人和代理人负连带责任。

第六十八条　委托代理人为被代理人的利益需要转托他人代理的，应当事先取得被代理人的同意。事先没有取得被代理人同意的，应当在事后及时告诉被代理人，如果被代理人不同意，由代理人对自己所转托的人的行为负民事责任，但在紧急情况下，为了保护被代理人的利益而转托他人代理的除外。

第六十九条　有下列情形之一的，委托代理终止：

（一）代理期间届满或者代理事务完成；

（二）被代理人取消委托或者代理人辞去委托；

（三）代理人死亡；

（四）代理人丧失民事行为能力；

（五）作为被代理人或者代理人的法人终止。

第七十条　有下列情形之一的，法定代理或者指定代理终止：

（一）被代理人取得或者恢复民事行为能力；

（二）被代理人或者代理人死亡；

（三）代理人丧失民事行为能力；

（四）指定代理的人民法院或者指定单位取消指定；

（五）由其他原因引起的被代理人和代理人之间的监护关系消灭。

四、《中华人民共和国继承法》节选

（1985 年 4 月 10 日　中华人民共和国主席令第二十四号）

第六届全国人民代表大会第三次会议通过

第二章　法定继承

第十条　遗产按照下列顺序继承：

第一顺序：配偶、子女、父母。

第二顺序：兄弟姐妹、祖父母、外祖父母。

继承开始后，由第一顺序继承人继承，第二顺序继承人不继承。没有第一顺序继承人继承的，由第二顺序继承人继承。

本法所说的子女，包括婚生子女、非婚生子女、养子女和有扶养关系的继子女。

本法所说的父母，包括生父母、养父母和有扶养关系的继父母。

本法所说的兄弟姐妹，包括同父母的兄弟姐妹、同父异母或者同母异父的兄弟姐妹、养兄弟姐妹、有扶养关系的继兄弟姐妹。

第十一条 被继承人的子女先于被继承人死亡的，由被继承人的子女的晚辈直系血亲代位继承。代位继承人一般只能继承他的父亲或者母亲有权继承的遗产份额。

第十二条 丧偶儿媳对公、婆，丧偶女婿对岳父、岳母，尽了主要赡养义务的，作为第一顺序继承人。

第四章 遗产的处理

第二十八条 遗产分割时，应当保留胎儿的继承份额。胎儿出生时是死体的，保留的份额按照法定继承办理。

第三十二条 无人继承又无人受遗赠的遗产，归国家所有；死者生前是集体所有制组织成员的，归所在集体所有制组织所有。

第三十三条 继承遗产应当清偿被继承人依法应当缴纳的税款和债务，缴纳税款和清偿债务以他的遗产实际价值为限。超过遗产实际价值部分，继承人自愿偿还的不在此限。

继承人放弃继承的，对被继承人依法应当缴纳的税款和债务可以不负偿还责任。

五、《中华人民共和国婚姻法》节选

（2001 年 4 月 28 日　中华人民共和国主席令第五十一号）

1980 年 9 月 10 日第五届全国人民代表大会第三次会议通过

根据 2001 年 4 月 28 日第九届全国人民代表大会常务委员会第二十一次会议《关于修改〈中华人民共和国婚姻法〉的决定》修正

第二章 结婚

第五条 结婚必须男女双方完全自愿，不许任何一方对他方加以强迫或任何第三者加以干涉。

第六条　结婚年龄，男不得早于22周岁，女不得早于20周岁。晚婚晚育应予鼓励。

第七条　有下列情形之一的，禁止结婚：

（一）直系血亲和三代以内的旁系血亲；

（二）患有医学上认为不应当结婚的疾病。

第八条　要求结婚的男女双方必须亲自到婚姻登记机关进行结婚登记。符合本法规定的，予以登记，发给结婚证。取得结婚证，即确立夫妻关系。未办理结婚登记的，应当补办登记。

第九条　登记结婚后，根据男女双方约定，女方可以成为男方家庭的成员，男方可以成为女方家庭的成员。

第十条　有下列情形之一的，婚姻无效：

（一）重婚的；

（二）有禁止结婚的亲属关系的；

（三）婚前患有医学上认为不应当结婚的疾病，婚后尚未治愈的；

（四）未到法定婚龄的。

第三章　家庭关系

第二十四条　夫妻有相互继承遗产的权利。

父母和子女有相互继承遗产的权利。

第二十五条　非婚生子女享有与婚生子女同等的权利，任何人不得加以危害和歧视。不直接抚养非婚生子女的生父或生母，应当负担子女的生活费和教育费，直至子女能独立生活为止。

第二十六条　国家保护合法的收养关系。养父母和养子女间的权利和义务，适用本法对父母子女关系的有关规定。

养子女和生父母间的权利和义务，因收养关系的成立而消除。

第二十七条　继父母与继子女间，不得虐待或歧视。

继父或继母和受其抚养教育的继子女间的权利和义务，适用本法对父母子女关系的有关规定。

第二十八条　有负担能力的祖父母、外祖父母，对于父母已经死亡或父母无力抚养的未成年的孙子女、外孙子女，有抚养的义务。有负担能力的孙子女、外孙子女，对于子女已经死亡或子女无力赡养的祖父母、外祖父母，有赡养的义务。

第二十九条 有负担能力的兄、姐，对于父母已经死亡或父母无力抚养的未成年的弟、妹，有扶养的义务。由兄、姐扶养长大的有负担能力的弟、妹，对于缺乏劳动能力又缺乏生活来源的兄、姐，有扶养的义务。

第三十条 子女应当尊重父母的婚姻权利，不得干涉父母再婚以及婚后的生活。子女对父母的赡养义务，不因父母的婚姻关系变化而终止。

第三十六条 父母与子女间的关系，不因父母离婚而消除。离婚后，子女无论由父或母直接抚养，仍是父母双方的子女。

离婚后，父母对子女仍有抚养和教育的权利和义务。

离婚后，哺乳期内的子女，以随哺乳的母亲抚养为原则。哺乳期后的子女，如双方因抚养问题发生争执不能达成协议时，由人民法院根据子女的权益和双方的具体情况判决。

六、《中华人民共和国民事诉讼法》节选

（2012 年 8 月 31 日　中华人民共和国主席令第五十九号）

1991 年 4 月 9 日第七届全国人民代表大会第四次会议通过根据 2007 年 10 月 28 日第十届全国人民代表大会常务委员会第三十次会议《关于修改〈中华人民共和国民事诉讼法〉的决定》第一次修正

根据 2012 年 8 月 31 日第十一届全国人民代表大会常务委员会第二十八次会议《关于修改〈中华人民共和国民事诉讼法〉的决定》第二次修正

第六章　证据

第六十三条 证据包括：

（一）当事人的陈述；

（二）书证；

（三）物证；

（四）视听资料；

（五）电子数据；

（六）证人证言；

（七）鉴定意见；

（八）勘验笔录。

证据必须查证属实，才能作为认定事实的根据。

第六十四条　当事人对自己提出的主张，有责任提供证据。

当事人及其诉讼代理人因客观原因不能自行收集的证据，或者人民法院认为审理案件需要的证据，人民法院应当调查收集。

人民法院应当按照法定程序，全面地、客观地审查核实证据。

第六十五条　当事人对自己提出的主张应当及时提供证据。

人民法院根据当事人的主张和案件审理情况，确定当事人应当提供的证据及其期限。当事人在该期限内提供证据确有困难的，可以向人民法院申请延长期限，人民法院根据当事人的申请适当延长。当事人逾期提供证据的，人民法院应当责令其说明理由；拒不说明理由或者理由不成立的，人民法院根据不同情形可以不予采纳该证据，或者采纳该证据但予以训诫、罚款。

第六十六条　人民法院收到当事人提交的证据材料，应当出具收据，写明证据名称、页数、份数、原件或者复印件以及收到时间等，并由经办人员签名或者盖章。

第六十七条　人民法院有权向有关单位和个人调查取证，有关单位和个人不得拒绝。人民法院对有关单位和个人提出的证明文书，应当辨别真伪，审查确定其效力。

第六十八条　证据应当在法庭上出示，并由当事人互相质证。对涉及国家秘密、商业秘密和个人隐私的证据应当保密，需要在法庭出示的，不得在公开开庭时出示。

第六十九条　经过法定程序公证证明的法律事实和文书，人民法院应当作为认定事实的根据，但有相反证据足以推翻公证证明的除外。

第七十条　书证应当提交原件。物证应当提交原物。提交原件或者原物确有困难的，可以提交复制品、照片、副本、节录本。

提交外文书证，必须附有中文译本。

第七十一条　人民法院对视听资料，应当辨别真伪，并结合本案的其他证据，审查确定能否作为认定事实的根据。

第七十二条　凡是知道案件情况的单位和个人，都有义务出庭作证。有关单位的负责人应当支持证人作证。

不能正确表达意思的人，不能作证。

第七十三条 经人民法院通知，证人应当出庭作证。有下列情形之一的，经人民法院许可，可以通过书面证言、视听传输技术或者视听资料等方式作证：

（一）因健康原因不能出庭的；

（二）因路途遥远，交通不便不能出庭的；

（三）因自然灾害等不可抗力不能出庭的；

（四）其他有正当理由不能出庭的。

第七十四条 证人因履行出庭作证义务而支出的交通、住宿、就餐等必要费用以及误工损失，由败诉一方当事人负担。当事人申请证人作证的，由该当事人先行垫付；当事人没有申请，人民法院通知证人作证的，由人民法院先行垫付。

第七十五条 人民法院对当事人的陈述，应当结合本案的其他证据，审查确定能否作为认定事实的根据。

当事人拒绝陈述的，不影响人民法院根据证据认定案件事实。

第七十六条 当事人可以就查明事实的专门性问题向人民法院申请鉴定。当事人申请鉴定的，由双方当事人协商确定具备资格的鉴定人；协商不成的，由人民法院指定。

当事人未申请鉴定，人民法院对专门性问题认为需要鉴定的，应当委托具备资格的鉴定人进行鉴定。

第七十七条 鉴定人有权了解进行鉴定所需要的案件材料，必要时可以询问当事人、证人。

鉴定人应当提出书面鉴定意见，在鉴定书上签名或者盖章。

第七十八条 当事人对鉴定意见有异议或者人民法院认为鉴定人有必要出庭的，鉴定人应当出庭作证。经人民法院通知，鉴定人拒不出庭作证的，鉴定意见不得作为认定事实的根据；支付鉴定费用的当事人可以要求返还鉴定费用。

第七十九条 当事人可以申请人民法院通知有专门知识的人出庭，就鉴定人做出的鉴定意见或者专业问题提出意见。

第八十条 勘验物证或者现场，勘验人必须出示人民法院的证件，并邀请当地基层组织或者当事人所在单位派人参加。当事人或者当事人的成年家属应当到场，拒不到场的，不影响勘验的进行。

有关单位和个人根据人民法院的通知，有义务保护现场，协助勘验工作。

勘验人应当将勘验情况和结果制作笔录，由勘验人、当事人和被邀参加人签名或者盖章。

第八十一条　在证据可能灭失或者以后难以取得的情况下，当事人可以在诉讼过程中向人民法院申请保全证据，人民法院也可以主动采取保全措施。

因情况紧急，在证据可能灭失或者以后难以取得的情况下，利害关系人可以在提起诉讼或者申请仲裁前向证据所在地、被申请人住所地或者对案件有管辖权的人民法院申请保全证据。

证据保全的其他程序，参照适用本法第九章保全的有关规定。

七、《最高人民法院关于民事诉讼证据的若干规定》

（2001 年 12 月 21 日　法释〔2001〕33 号）

2001 年 12 月 6 日最高人民法院审判委员会第 1201 次会议通过

为保证人民法院正确认定案件事实，公正、及时审理民事案件，保障和便利当事人依法行使诉讼权利，根据《中华人民共和国民事诉讼法》（以下简称《民事诉讼法》）等有关法律的规定，结合民事审判经验和实际情况，制定本规定。

一、当事人举证

第一条　原告向人民法院起诉或者被告提出反诉，应当附有符合起诉条件的相应的证据材料。

第二条　当事人对自己提出的诉讼请求所依据的事实或者反驳对方诉讼请求所依据的事实有责任提供证据加以证明。

没有证据或者证据不足以证明当事人的事实主张的，由负有举证责任的当事人承担不利后果。

第三条　人民法院应当向当事人说明举证的要求及法律后果，促使当事人在合理期限内积极、全面、正确、诚实地完成举证。

当事人因客观原因不能自行收集的证据，可申请人民法院调查收集。

第四条　下列侵权诉讼，按照以下规定承担举证责任：

（一）因新产品制造方法发明专利引起的专利侵权诉讼，由制造同样产品的单位或者个人对其产品制造方法不同于专利方法承担举证责任；

（二）高度危险作业致人损害的侵权诉讼，由加害人就受害人故意造成损害的事实承担举证责任；

（三）因环境污染引起的损害赔偿诉讼，由加害人就法律规定的免责事由及其行为与损害结果之间不存在因果关系承担举证责任；

（四）建筑物或者其他设施以及建筑物上的搁置物、悬挂物发生倒塌、脱落、坠落致人损害的侵权诉讼，由所有人或者管理人对其无过错承担举证责任；

（五）饲养动物致人损害的侵权诉讼，由动物饲养人或者管理人就受害人有过错或者第三人有过错承担举证责任；

（六）因缺陷产品致人损害的侵权诉讼，由产品的生产者就法律规定的免责事由承担举证责任；

（七）因共同危险行为致人损害的侵权诉讼，由实施危险行为的人就其行为与损害结果之间不存在因果关系承担举证责任；

（八）因医疗行为引起的侵权诉讼，由医疗机构就医疗行为与损害结果之间不存在因果关系及不存在医疗过错承担举证责任。

有关法律对侵权诉讼的举证责任有特殊规定的，从其规定。

第五条 在合同纠纷案件中，主张合同关系成立并生效的一方当事人对合同订立和生效的事实承担举证责任；主张合同关系变更、解除、终止、撤销的一方当事人对引起合同关系变动的事实承担举证责任。

对合同是否履行发生争议的，由负有履行义务的当事人承担举证责任。

对代理权发生争议的，由主张有代理权一方当事人承担举证责任。

第六条 在劳动争议纠纷案件中，因用人单位做出开除、除名、辞退、解除劳动合同、减少劳动报酬、计算劳动者工作年限等决定而发生劳动争议的，由用人单位负举证责任。

第七条 在法律没有具体规定，依本规定及其他司法解释无法确定举证责任承担时，人民法院可以根据公平原则和诚实信用原则，综合当事人举证能力等因素确定举证责任的承担。

第八条 诉讼过程中，一方当事人对另一方当事人陈述的案件事实明确表示承认的，另一方当事人无需举证。但涉及身份关系的案件除外。

对一方当事人陈述的事实，另一方当事人既未表示承认也未否认，经审判人员充分说明并询问后，其仍不明确表示肯定或者否定的，视为对该项事实的承认。

当事人委托代理人参加诉讼的，代理人的承认视为当事人的承认。但未经特别授权的代理人对事实的承认直接导致承认对方诉讼请求的除外；当事人在场但对其代理人的承认不作否认表示的，视为当事人的承认。

当事人在法庭辩论终结前撤回承认并经对方当事人同意，或者有充分证据证明其承认行为是在受胁迫或者重大误解情况下做出且与事实不符的，不能免除对方当事人的举证责任。

第九条 下列事实，当事人无需举证证明：

（一）众所周知的事实；

（二）自然规律及定理；

（三）根据法律规定或者已知事实和日常生活经验法则，能推定出的另一事实；

（四）已为人民法院发生法律效力的裁判所确认的事实；

（五）已为仲裁机构的生效裁决所确认的事实；

（六）已为有效公证文书所证明的事实。

前款（一）、（三）、（四）、（五）、（六）项，当事人有相反证据足以推翻的除外。

第十条 当事人向人民法院提供证据，应当提供原件或者原物。如需自己保存证据原件、原物或者提供原件、原物确有困难的，可以提供经人民法院核对无异的复制件或者复制品。

第十一条 当事人向人民法院提供的证据系在中华人民共和国领域外形成的，该证据应当经所在国公证机关予以证明，并经中华人民共和国驻该国使领馆予以认证，或者履行中华人民共和国与该所在国订立的有关条约中规定的证明手续。

当事人向人民法院提供的证据是在香港、澳门、台湾地区形成的，应当履行相关的证明手续。

第十二条 当事人向人民法院提供外文书证或者外文说明资料，应当附有中文译本。

第十三条 对双方当事人无争议但涉及国家利益、社会公共利益或者他人合法权益的事实，人民法院可以责令当事人提供有关证据。

第十四条 当事人应当对其提交的证据材料逐一分类编号，对证据材料的来源、证明对象和内容作简要说明，签名盖章，注明提交日期，并依照对方当事人人数提出副本。

人民法院收到当事人提交的证据材料，应当出具收据，注明证据的名称、份数和页数以及收到的时间，由经办人员签名或者盖章。

二、人民法院调查收集证据

第十五条 《民事诉讼法》第六十四条规定的“人民法院认为审理案件需要的证据”，是指以下情形：

（一）涉及可能有损国家利益、社会公共利益或者他人合法权益的事实；

（二）涉及依职权追加当事人、中止诉讼、终结诉讼、回避等与实体争议无关的程序事项。

第十六条 除本规定第十五条规定的情形外，人民法院调查收集证据，应当依当事人的申请进行。

第十七条 符合下列条件之一的，当事人及其诉讼代理人可以申请人民法院调查收集证据：

（一）申请调查收集的证据属于国家有关部门保存并须人民法院依职权调取的档案材料；

（二）涉及国家秘密、商业秘密、个人隐私的材料；

（三）当事人及其诉讼代理人确因客观原因不能自行收集的其他材料。

第十八条 当事人及其诉讼代理人申请人民法院调查收集证据，应当提交书面申请。申请书应当载明被调查人的姓名或者单位名称、住所地等基本情况、所要调查收集的证据的内容、需要由人民法院调查收集证据的原因及其要证明的事实。

第十九条 当事人及其诉讼代理人申请人民法院调查收集证据，不得迟于举证期限届满前七日。

人民法院对当事人及其诉讼代理人的申请不予准许的，应当向当事人或其诉讼代理人送达通知书。当事人及其诉讼代理人可以在收到通知书的次日起三日内向受理申请的人民法院书面申请复议一次。人民法院应当在收到复议申请之日起五日内作出答复。

第二十条 调查人员调查收集的书证，可以是原件，也可以是经核对无误的副本或者复制件。是副本或者复制件的，应当在调查笔录中说明来源和取证情况。

第二十一条 调查人员调查收集的物证应当是原物。被调查人提供原物确有困难的，可以提供复制品或者照片。提供复制品或者照片的，应当在调查笔录中说明取证情况。

第二十二条 调查人员调查收集计算机数据或者录音、录像等视听资料的，应当要求被调查人提供有关资料的原始载体。提供原始载体确有困难的，可以提供复制件。提供复制件的，调查人员应当在调查笔录中说明其来源和制作经过。

第二十三条 当事人依据《民事诉讼法》第七十四条的规定向人民法院申请保全证据，不得迟于举证期限届满前七日。

当事人申请保全证据的，人民法院可以要求其提供相应的担保。

法律、司法解释规定诉前保全证据的，依照其规定办理。

第二十四条 人民法院进行证据保全，可以根据具体情况，采取查封、扣押、拍照、录音、录像、复制、鉴定、勘验、制作笔录等方法。

人民法院进行证据保全，可以要求当事人或者诉讼代理人到场。

第二十五条 当事人申请鉴定，应当在举证期限内提出。符合本规定第二十七条规定的情形，当事人申请重新鉴定的除外。

对需要鉴定的事项负有举证责任的当事人，在人民法院指定的期限内无正当理由不提出鉴定申请或者不预交鉴定费用或者拒不提供相关材料，致使对案件争议的事实无法通过鉴定结论予以认定的，应当对该事实承担举证不能的法律后果。

第二十六条 当事人申请鉴定经人民法院同意后，由双方当事人协商确定有鉴定资格的鉴定机构、鉴定人员，协商不成的，由人民法院指定。

第二十七条 当事人对人民法院委托的鉴定部门做出的鉴定结论有异议申请重新鉴定，提出证据证明存在下列情形之一的，人民法院应予准许：

（一）鉴定机构或者鉴定人员不具备相关的鉴定资格的；

（二）鉴定程序严重违法的；

（三）鉴定结论明显依据不足的；

（四）经过质证认定不能作为证据使用的其他情形。

对有缺陷的鉴定结论，可以通过补充鉴定、重新质证或者补充质证等方法解决的，不予重新鉴定。

第二十八条 一方当事人自行委托有关部门做出的鉴定结论，另一方当事人有证据足以反驳并申请重新鉴定的，人民法院应予准许。

第二十九条 审判人员对鉴定人出具的鉴定书，应当审查是否具有下列内容：

（一）委托人姓名或者名称、委托鉴定的内容；

（二）委托鉴定的材料；

（三）鉴定的依据及使用的科学技术手段；

（四）对鉴定过程的说明；

（五）明确的鉴定结论；

（六）对鉴定人鉴定资格的说明；

（七）鉴定人员及鉴定机构签名盖章。

第三十条 人民法院勘验物证或者现场，应当制作笔录，记录勘验的时间、地点、勘验人、在场人、勘验的经过、结果，由勘验人、在场人签名或者盖章。对于绘制的现场图应当注明绘制的时间、方位、测绘人姓名、身份等内容。

第三十一条 摘录有关单位制作的与案件事实相关的文件、材料，应当注明出处，并加盖制作单位或者保管单位的印章，摘录人和其他调查人员应当在摘录件上签名或者盖章。

摘录文件、材料应当保持内容相应的完整性，不得断章取义。

三、举证时限与证据交换

第三十二条 被告应当在答辩期届满前提出书面答辩，阐明其对原告诉讼请求及所依据的事实和理由的意见。

第三十三条 人民法院应当在送达案件受理通知书和应诉通知书的同时向当事人送达举证通知书。举证通知书应当载明举证责任的分配原则与要求、可以向人民法院申请调查取证的情形、人民法院根据案件情况指定的举证期限以及逾期提供证据的法律后果。

举证期限可以由当事人协商一致，并经人民法院认可。

由人民法院指定举证期限的，指定的期限不得少于三十日，自当事人收到案件受理通知书和应诉通知书的次日起计算。

第三十四条 当事人应当在举证期限内向人民法院提交证据材料，当事人在举证期限内不提交的，视为放弃举证权利。

对于当事人逾期提交的证据材料，人民法院审理时不组织质证。但对方当事人同意质证的除外。

当事人增加、变更诉讼请求或者提起反诉的，应当在举证期限届满前提出。

第三十五条 诉讼过程中，当事人主张的法律关系的性质或者民事行为的效力与人民法院根据案件事实做出的认定不一致的，不受本规定第三十四条规定的限制，人民法院应当告知当事人可以变更诉讼请求。

当事人变更诉讼请求的，人民法院应当重新指定举证期限。

第三十六条 当事人在举证期限内提交证据材料确有困难的，应当在举证期限内向人民法院申请延期举证，经人民法院准许，可以适当延长举证期限。当事人在延长的举证期限内提交证据材料仍有困难的，可以再次提出延期申请，是否准许由人民法院决定。

第三十七条 经当事人申请，人民法院可以组织当事人在开庭审理前交换证据。

人民法院对于证据较多或者复杂疑难的案件，应当组织当事人在答辩期届满后、开庭审理前交换证据。

第三十八条 交换证据的时间可以由当事人协商一致并经人民法院认可，也可以由人民法院指定。

人民法院组织当事人交换证据的，交换证据之日举证期限届满。当事人申请延期举证经人民法院准许的，证据交换日相应顺延。

第三十九条 证据交换应当在审判人员的主持下进行。

在证据交换的过程中，审判人员对当事人无异议的事实、证据应当记录在卷；对有异议的证据，按照需要证明的事实分类记录在卷，并记载异议的理由。通过证据交换，确定双方当事人争议的主要问题。

第四十条 当事人收到对方交换的证据后提出反驳并提出新证据的，人民法院应当通知当事人在指定的时间进行交换。

证据交换一般不超过两次。但重大、疑难和案情特别复杂的案件，人民法院认为确有必要再次进行证据交换的除外。

第四十一条 《民事诉讼法》第一百二十五条第一款规定的“新的证据”，是指以下情形：

（一）一审程序中的新的证据包括：当事人在一审举证期限届满后新发现的证据；当事人确因客观原因无法在举证期限内提供，经人民法院准许，在延长的期限内仍无法提供的证据；

（二）二审程序中的新的证据包括：一审庭审结束后新发现的证据；当事人在一审举证期限届满前申请人民法院调查取证未获准许，二审法院经审查认为应当准许并依当事人申请调取的证据。

第四十二条 当事人在一审程序中提供新的证据的，应当在一审开庭前或者开庭审理时提出。

当事人在二审程序中提供新的证据的，应当在二审开庭前或者开庭审理时提出；二审不需要开庭审理的，应当在人民法院指定的期限内提出。

第四十三条 当事人举证期限届满后提供的证据不是新的证据的，人民法院不予采纳。

当事人经人民法院准许延期举证，但因客观原因未能在准许的期限内提供，且不审理该证据可能导致裁判明显不公的，其提供的证据可视为新的证据。

第四十四条 《民事诉讼法》第一百七十九条第一款第（一）项规定的“新的证据”，是指原审庭审结束后新发现的证据。

当事人在再审程序中提供新的证据的，应当在申请再审时提出。

第四十五条 一方当事人提出新的证据的，人民法院应当通知对方当事人在合理期限内提出意见或者举证。

第四十六条 由于当事人的原因未能在指定期限内举证，致使案件在二审或者再审期间因提出新的证据被人民法院发回重审或者改判的，原审裁判不属于错误裁判案件。一方当事人请求提出新的证据的另一方当事人负担由此增加的差旅、误工、证人出庭作证、诉讼等合理费用以及由此扩大的直接损失，人民法院应予支持。

四、质证

第四十七条 证据应当在法庭上出示，由当事人质证。未经质证的证据，不能作为认定案件事实的依据。

当事人在证据交换过程中认可并记录在卷的证据，经审判人员在庭审中说明后，可以作为认定案件事实的依据。

第四十八条 涉及国家秘密、商业秘密和个人隐私或者法律规定的其他应当保密的证据，不得在开庭时公开质证。

第四十九条 对书证、物证、视听资料进行质证时，当事人有权要求出示证据的原件或者原物。但有下列情况之一的除外：

（一）出示原件或者原物确有困难并经人民法院准许出示复制件或者复制品的；

（二）原件或者原物已不存在，但有证据证明复制件、复制品与原件或原物一致的。

第五十条　质证时，当事人应当围绕证据的真实性、关联性、合法性，针对证据证明力有无以及证明力大小，进行质疑、说明与辩驳。

第五十一条　质证按下列顺序进行：

（一）原告出示证据，被告、第三人与原告进行质证；

（二）被告出示证据，原告、第三人与被告进行质证；

（三）第三人出示证据，原告、被告与第三人进行质证。

人民法院依照当事人申请调查收集的证据，作为提出申请的一方当事人提供的证据。

人民法院依照职权调查收集的证据应当在庭审时出示，听取当事人意见，并可就调查收集该证据的情况予以说明。

第五十二条　案件有两个以上独立的诉讼请求的，当事人可以逐个出示证据进行质证。

第五十三条　不能正确表达意志的人，不能作为证人。

待证事实与其年龄、智力状况或者精神健康状况相适应的无民事行为能力人和限制民事行为能力人，可以作为证人。

第五十四条　当事人申请证人出庭作证，应当在举证期限届满十日前提出，并经人民法院许可。

人民法院对当事人的申请予以准许的，应当在开庭审理前通知证人出庭作证，并告知其应当如实作证及作伪证的法律后果。

证人因出庭作证而支出的合理费用，由提供证人的一方当事人先行支付，由败诉一方当事人承担。

第五十五条　证人应当出庭作证，接受当事人的质询。

证人在人民法院组织双方当事人交换证据时出席陈述证言的，可视为出庭作证。

第五十六条　《民事诉讼法》第七十条规定的“证人确有困难不能出庭”，是指有下列情形：

（一）年迈体弱或者行动不便无法出庭的；

（二）特殊岗位确实无法离开的；

（三）路途特别遥远，交通不便难以出庭的；

（四）因自然灾害等不可抗力的原因无法出庭的；

（五）其他无法出庭的特殊情况。

前款情形，经人民法院许可，证人可以提交书面证言或者视听资料或者通过双向视听传输技术手段作证。

第五十七条 出庭作证的证人应当客观陈述其亲身感知的事实。证人为聋哑人的，可以其他表达方式作证。

证人作证时，不得使用猜测、推断或者评论性的语言。

第五十八条 审判人员和当事人可以对证人进行询问。证人不得旁听法庭审理；询问证人时，其他证人不得在场。人民法院认为有必要的，可以让证人进行对质。

第五十九条 鉴定人应当出庭接受当事人质询。

鉴定人确因特殊原因无法出庭的，经人民法院准许，可以书面答复当事人的质询。

第六十条 经法庭许可，当事人可以向证人、鉴定人、勘验人发问。

询问证人、鉴定人、勘验人不得使用威胁、侮辱及不适当引导证人的言语和方式。

第六十一条 当事人可以向人民法院申请由一至二名具有专门知识的人员出庭就案件的专门性问题进行说明。人民法院准许其申请的，有关费用由提出申请的当事人负担。

审判人员和当事人可以对出庭的具有专门知识的人员进行询问。

经人民法院准许，可以由当事人各自申请的具有专门知识的人员就有案件中的问题进行对质。

具有专门知识的人员可以对鉴定人进行询问。

第六十二条 法庭应当将当事人的质证情况记入笔录，并由当事人核对后签名或者盖章。

五、证据的审核认定

第六十三条 人民法院应当以证据能够证明的案件事实为依据依法做出裁判。

第六十四条 审判人员应当依照法定程序，全面、客观地审核证据，依据法律的规定，遵循法官职业道德，运用逻辑推理和日常生活经验，对证据有无证明力和证明力大小独立进行判断，并公开判断的理由和结果。

第六十五条 审判人员对单一证据可以从下列方面进行审核认定：

（一）证据是否原件、原物，复印件、复制品与原件、原物是否相符；

（二）证据与本案事实是否相关；

（三）证据的形式、来源是否符合法律规定；

（四）证据的内容是否真实；

（五）证人或者提供证据的人，与当事人有无利害关系。

第六十六条　审判人员对案件的全部证据，应当从各证据与案件事实的关联程度、各证据之间的联系等方面进行综合审查判断。

第六十七条　在诉讼中，当事人为达成调解协议或者和解的目的做出妥协所涉及的对案件事实的认可，不得在其后的诉讼中作为对其不利的证据。

第六十八条　以侵害他人合法权益或者违反法律禁止性规定的方法取得的证据，不能作为认定案件事实的依据。

第六十九条　下列证据不能单独作为认定案件事实的依据：

（一）未成年人所做的与其年龄和智力状况不相当的证言；

（二）与一方当事人或者其代理人有利害关系的证人出具的证言；

（三）存有疑点的视听资料；

（四）无法与原件、原物核对的复印件、复制品；

（五）无正当理由未出庭作证的证人证言。

第七十条　一方当事人提出的下列证据，对方当事人提出异议但没有足以反驳的相反证据的，人民法院应当确认其证明力：

（一）书证原件或者与书证原件核对无误的复印件、照片、副本、节录本；

（二）物证原物或者与物证原物核对无误的复制件、照片、录像资料等；

（三）有其他证据佐证并以合法手段取得的、无疑点的视听资料或者与视听资料核对无误的复制件；

（四）一方当事人申请人民法院依照法定程序制作的对物证或者现场的勘验笔录。

第七十一条　人民法院委托鉴定部门做出的鉴定结论，当事人没有足以反驳的相反证据和理由的，可以认定其证明力。

第七十二条　一方当事人提出的证据，另一方当事人认可或者提出的相反证据不足以反驳的，人民法院可以确认其证明力。

一方当事人提出的证据，另一方当事人有异议并提出反驳证据，对方当事人对反驳证据认可的，可以确认反驳证据的证明力。

第七十三条　双方当事人对同一事实分别举出相反的证据，但都没有足够的依据否定对方证据的，人民法院应当结合案件情况，判断一方提供证据的证明力是否明显大于另一方提供证据的证明力，并对证明力较大的证据予以确认。

因证据的证明力无法判断导致争议事实难以认定的，人民法院应当依据举证责任分配的规则做出裁判。

第七十四条 诉讼过程中，当事人在起诉状、答辩状、陈述及其委托代理人的代理词中承认的对己方不利的事实和认可的证据，人民法院应当予以确认，但当事人反悔并有相反证据足以推翻的除外。

第七十五条 有证据证明一方当事人持有证据无正当理由拒不提供，如果对方当事人主张该证据的内容不利于证据持有人，可以推定该主张成立。

第七十六条 当事人对自己的主张，只有本人陈述而不能提出其他相关证据的，其主张不予支持。但对方当事人认可的除外。

第七十七条 人民法院就数个证据对同一事实的证明力，可以依照下列原则认定：

（一）国家机关、社会团体依职权制作的公文书证的证明力一般大于其他书证；

（二）物证、档案、鉴定结论、勘验笔录或者经过公证、登记的书证，其证明力一般大于其他书证、视听资料和证人证言；

（三）原始证据的证明力一般大于传来证据；

（四）直接证据的证明力一般大于间接证据；

（五）证人提供的对与其有亲属或者其他密切关系的当事人有利的证言，其证明力一般小于其他证人证言。

第七十八条 人民法院认定证人证言，可以通过对证人的智力状况、品德、知识、经验、法律意识和专业技能等的综合分析做出判断。

第七十九条 人民法院应当在裁判文书中阐明证据是否采纳的理由。

对当事人无争议的证据，是否采纳的理由可以不在裁判文书中表述。

六、其他

第八十条 对证人、鉴定人、勘验人的合法权益依法予以保护。

当事人或者其他诉讼参与人伪造、毁灭证据，提供假证据，阻止证人作证，指使、贿买、胁迫他人作伪证，或者对证人、鉴定人、勘验人打击报复的，依照《民事诉讼法》第一百零二条的规定处理。

第八十一条 人民法院适用简易程序审理案件，不受本解释中第三十二条、

第三十三条第三款和第七十九条规定的限制。

第八十二条　本院过去的司法解释，与本规定不一致的，以本规定为准。

第八十三条　本规定自2002年4月1日起施行。2002年4月1日尚未审结的一审、二审和再审民事案件不适用本规定。

本规定施行前已经审理终结的民事案件，当事人以违反本规定为由申请再审的，人民法院不予支持。

本规定施行后受理的再审民事案件，人民法院依据《民事诉讼法》第一百八十四条的规定进行审理的，适用本规定。

八、《重大疾病保险的疾病定义使用规范》

前言

为方便消费者比较和选择重大疾病保险产品，保护消费者权益，结合我国重大疾病保险发展及现代医学进展情况，并借鉴国际经验，中国保险行业协会与中国医师协会共同制定重大疾病保险的疾病定义（以下简称疾病定义）。

为指导保险公司使用疾病定义，中国保险行业协会特制定《重大疾病保险的疾病定义使用规范》（以下简称规范）。

根据重大疾病保险的起源、发展和特点，本规范中所称“疾病”是指重大疾病保险合同约定的疾病、疾病状态或手术。

1. 适用范围

本规范中的疾病定义在参考国内外成年人重大疾病保险发展状况并结合现代医学进展情况的基础上制定，因此，本规范适用于保险期间主要为成年人（十八周岁以上）阶段的重大疾病保险。

2. 使用原则

2.1　保险公司将产品定名为重大疾病保险，且保险期间主要为成年人（十八周岁以上）阶段的，该产品保障的疾病范围应当包括本规范内的恶性肿瘤、急性心肌梗死、脑中风后遗症、冠状动脉搭桥术（或称冠状动脉旁路移植术）、重大器官移植术或造血干细胞移植术、终末期肾病（或称慢性肾功能衰竭尿毒症期）；除此六种疾病外，对于本规范疾病范围以内的其他疾病种类，保险公司可以选择使用；同时，上述疾病应当使用本规范的疾病名称和疾病定义。

2.2　根据市场需求和经验数据，各保险公司可以在其重大疾病保险产品中增加本规范疾病范围以外的其他疾病种类，并自行制定相关定义。

2.3　重大疾病保险条款和配套宣传材料中，本规范规定的疾病种类应当按照本规范3.1所列顺序排列，并置于各保险公司自行增加的疾病种类之前；同时，应当对二者予以区别说明。

2.4　保险公司设定重大疾病保险除外责任时，对于被保险人发生的疾病、达到的疾病状态或进行的手术，保险公司不承担保险责任的情形不能超出本规范3.2规定的范围。

3. 重大疾病保险条款的相关规定

重大疾病保险条款中的疾病名称、疾病定义、除外责任和术语释义应当符合本规范的具体规定。

3.1　重大疾病保险的疾病名称及疾病定义

被保险人发生符合以下疾病定义所述条件的疾病，应当由专科医生明确诊断。

3.1.1　恶性肿瘤

指恶性细胞不受控制的进行性增长和扩散，浸润和破坏周围正常组织，可以经血管、淋巴管和体腔扩散转移到身体其他部位的疾病。经病理学检查结果明确诊断，临床诊断属于世界卫生组织《疾病和有关健康问题的国际统计分类》（ICD－10）的恶性肿瘤范畴。

下列疾病不在保障范围内：

（1）原位癌；

（2）相当于Binet分期方案A期程度的慢性淋巴细胞白血病；

（3）相当于Ann Arbor分期方案I期程度的何杰金氏病；

（4）皮肤癌（不包括恶性黑色素瘤及已发生转移的皮肤癌）；

（5）TNM分期为T1N0M0期或更轻分期的前列腺癌（注）；

（6）感染艾滋病病毒或患艾滋病期间所患恶性肿瘤。

注：如果为女性重大疾病保险，则不包括此项。

3.1.2　急性心肌梗死

指因冠状动脉阻塞导致的相应区域供血不足造成部分心肌坏死。须满足下列至少三项条件：

（1）典型临床表现，例如急性胸痛等；

（2）新近的心电图改变提示急性心肌梗死；

（3）心肌酶或肌钙蛋白有诊断意义的升高，或呈符合急性心肌梗死的动态性变化；

（4）发病 90 天后，经检查证实左心室功能降低，如左心室射血分数低于 50%。

3.1.3　脑中风后遗症

指因脑血管的突发病变引起脑血管出血、栓塞或梗死，并导致神经系统永久性的功能障碍。神经系统永久性的功能障碍，指疾病确诊 180 天后，仍遗留下列一种或一种以上障碍：

（1）一肢或一肢以上肢体机能完全丧失；

（2）语言能力或咀嚼吞咽能力完全丧失；

（3）自主生活能力完全丧失，无法独立完成六项基本日常生活活动中的三项或三项以上。

3.1.4　重大器官移植术或造血干细胞移植术

重大器官移植术，指因相应器官功能衰竭，已经实施了肾脏、肝脏、心脏或肺脏的异体移植手术。

造血干细胞移植术，指因造血功能损害或造血系统恶性肿瘤，已经实施了造血干细胞（包括骨髓造血干细胞、外周血造血干细胞和脐血造血干细胞）的异体移植手术。

3.1.5　冠状动脉搭桥术（或称冠状动脉旁路移植术）

指为治疗严重的冠心病，实际实施了开胸进行的冠状动脉血管旁路移植的手术。

冠状动脉支架植入术、心导管球囊扩张术、激光射频技术及其他非开胸的介入手术、腔镜手术不在保障范围内。

3.1.6　终末期肾病（或称慢性肾功能衰竭尿毒症期）

指双肾功能慢性不可逆性衰竭，达到尿毒症期，经诊断后已经进行了至少 90 天的规律性透析治疗或实施了肾脏移植手术。

3.1.7　多个肢体缺失

指因疾病或意外伤害导致两个或两个以上肢体自腕关节或踝关节近端（靠近躯干端）以上完全性断离。

3.1.8　急性或亚急性重症肝炎

指因肝炎病毒感染引起肝脏组织弥漫性坏死，导致急性肝功能衰竭，且经血清学或病毒学检查证实，并须满足下列全部条件：

（1）重度黄疸或黄疸迅速加重；

（2）肝性脑病；

（3）B超或其他影像学检查显示肝脏体积急速萎缩；

（4）肝功能指标进行性恶化。

3.1.9　良性脑肿瘤

指脑的良性肿瘤，已经引起颅内压增高，临床表现为视神经乳头水肿、精神症状、癫痫及运动感觉障碍等，并危及生命。须由头颅断层扫描（CT）、核磁共振检查（MRI）或正电子发射断层扫描（PET）等影像学检查证实，并须满足下列至少一项条件：

（1）实际实施了开颅进行的脑肿瘤完全切除或部分切除的手术；

（2）实际实施了对脑肿瘤进行的放射治疗。

脑垂体瘤、脑囊肿、脑血管性疾病不在保障范围内。

3.1.10　慢性肝功能衰竭失代偿期

指因慢性肝脏疾病导致肝功能衰竭。须满足下列全部条件：

（1）持续性黄疸；

（2）腹水；

（3）肝性脑病；

（4）充血性脾肿大伴脾功能亢进或食管胃底静脉曲张。

因酗酒或药物滥用导致的肝功能衰竭不在保障范围内。

3.1.11　脑炎后遗症或脑膜炎后遗症

指因患脑炎或脑膜炎导致的神经系统永久性的功能障碍。神经系统永久性的功能障碍，指疾病确诊180天后，仍遗留下列一种或一种以上障碍：

（1）一肢或一肢以上肢体机能完全丧失；

（2）语言能力或咀嚼吞咽能力完全丧失；

（3）自主生活能力完全丧失，无法独立完成六项基本日常生活活动中的三项或三项以上。

3.1.12　深度昏迷

指因疾病或意外伤害导致意识丧失，对外界刺激和体内需求均无反应，昏迷程度按照格拉斯哥昏迷分级（Glasgow Coma Scale）结果为5分或5分以下，且已经持续使用呼吸机及其他生命维持系统96小时以上。

因酗酒或药物滥用导致的深度昏迷不在保障范围内。

3.1.13　双耳失聪

指因疾病或意外伤害导致双耳听力永久不可逆性丧失，在500赫兹、1 000赫兹和2 000赫兹语音频率下，平均听阈大于90分贝，且经纯音听力测试、声导抗检测或听觉诱发电位检测等证实。

注：如果保险公司仅承担被保险人在某年龄之后的保障责任，须在疾病定义中特别说明。

3.1.14　双目失明

指因疾病或意外伤害导致双眼视力永久不可逆性丧失，双眼中较好眼须满足下列至少一项条件：

（1）眼球缺失或摘除；

（2）矫正视力低于0.02（采用国际标准视力表，如果使用其他视力表应进行换算）；

（3）视野半径小于5度。

注：如果保险公司仅承担被保险人在某年龄之后的保障责任，须在疾病定义中特别说明。

3.1.15　瘫痪

指因疾病或意外伤害导致两肢或两肢以上肢体机能永久完全丧失。肢体机能永久完全丧失，指疾病确诊180天后或意外伤害发生180天后，每肢三大关节中的两大关节仍然完全僵硬，或不能随意识活动。

3.1.16　心脏瓣膜手术

指为治疗心脏瓣膜疾病，实际实施了开胸进行的心脏瓣膜置换或修复的手术。

3.1.17　严重阿尔茨海默病

指因大脑进行性、不可逆性改变导致智能严重衰退或丧失，临床表现为明显的认知能力障碍、行为异常和社交能力减退，其日常生活必须持续受到他人监护。须由头颅断层扫描（CT）、核磁共振检查（MRI）或正电子发射断层扫描（PET）

等影像学检查证实，且自主生活能力完全丧失，无法独立完成六项基本日常生活活动中的三项或三项以上。

神经官能症和精神疾病不在保障范围内。

注：如果保险公司仅承担被保险人在某年龄之前的保障责任，须在疾病定义中特别说明。

3.1.18　严重脑损伤

指因头部遭受机械性外力，引起脑重要部位损伤，导致神经系统永久性的功能障碍。须由头颅断层扫描（CT）、核磁共振检查（MRI）或正电子发射断层扫描（PET）等影像学检查证实。神经系统永久性的功能障碍，指脑损伤180天后，仍遗留下列一种或一种以上障碍：

（1）一肢或一肢以上肢体机能完全丧失；

（2）语言能力或咀嚼吞咽能力完全丧失；

（3）自主生活能力完全丧失，无法独立完成六项基本日常生活活动中的三项或三项以上。

3.1.19　严重帕金森病

是一种中枢神经系统的退行性疾病，临床表现为震颤麻痹、共济失调等。须满足下列全部条件：

（1）药物治疗无法控制病情；

（2）自主生活能力完全丧失，无法独立完成六项基本日常生活活动中的三项或三项以上。

继发性帕金森综合征不在保障范围内。

注：如果保险公司仅承担被保险人在某年龄之前的保障责任，须在疾病定义中特别说明。

3.1.20　严重Ⅲ度烧伤

指烧伤程度为Ⅲ度，且Ⅲ度烧伤的面积达到全身体表面积的20%或20%以上。体表面积根据《中国新九分法》计算。

3.1.21　严重原发性肺动脉高压

指不明原因的肺动脉压力持续性增高，进行性发展而导致的慢性疾病，已经造成永久不可逆性的体力活动能力受限，达到美国纽约心脏病学会心功能状态分级Ⅳ级，且静息状态下肺动脉平均压超过30mmHg。

3.1.22 严重运动神经元病

是一组中枢神经系统运动神经元的进行性变性疾病，包括进行性脊肌萎缩症、进行性延髓麻痹症、原发性侧索硬化症、肌萎缩性侧索硬化症。须满足自主生活能力完全丧失，无法独立完成六项基本日常生活活动中的三项或三项以上的条件。

注：如果保险公司仅承担被保险人在某年龄之前的保障责任，须在疾病定义中特别说明。

3.1.23 语言能力丧失

指因疾病或意外伤害导致完全丧失语言能力，经过积极治疗至少12个月（声带完全切除不受此时间限制），仍无法通过现有医疗手段恢复。

精神心理因素所致的语言能力丧失不在保障范围内。

注：如果保险公司仅承担被保险人在某年龄之后的保障责任，须在疾病定义中特别说明。

3.1.24 重型再生障碍性贫血

指因骨髓造血功能慢性持续性衰竭导致的贫血、中性粒细胞减少及血小板减少。须满足下列全部条件：

（1）骨髓穿刺检查或骨髓活检结果支持诊断；

（2）外周血象须具备以下三项条件：

①中性粒细胞绝对值$\leqslant 0.5\times 10^9/L$；

②网织红细胞$<1\%$；

③血小板绝对值$\leqslant 20\times 10^9/L$。

3.1.25 主动脉手术

指为治疗主动脉疾病，实际实施了开胸或开腹进行的切除、置换、修补病损主动脉血管的手术。主动脉指胸主动脉和腹主动脉，不包括胸主动脉和腹主动脉的分支血管。

动脉内血管成形术不在保障范围内。

3.2 重大疾病保险的除外责任

因下列情形之一，导致被保险人发生疾病、达到疾病状态或进行手术的，保险公司不承担保险责任：

3.2.1 投保人、受益人对被保险人的故意杀害、故意伤害；

3.2.2 被保险人故意自伤、故意犯罪或拒捕；

3.2.3 被保险人服用、吸食或注射毒品；

3.2.4　被保险人酒后驾驶、无合法有效驾驶证驾驶，或驾驶无有效行驶证的机动车；

3.2.5　被保险人感染艾滋病病毒或患艾滋病；

3.2.6　战争、军事冲突、暴乱或武装叛乱；

3.2.7　核爆炸、核辐射或核污染；

3.2.8　遗传性疾病，先天性畸形、变形或染色体异常。

3.3　术语释义

3.3.1　六项基本日常生活活动

六项基本日常生活活动是指：

（1）穿衣：自己能够穿衣及脱衣；

（2）移动：自己从一个房间到另一个房间；

（3）行动：自己上下床或上下轮椅；

（4）如厕：自己控制进行大小便；

（5）进食：自己从已准备好的碗或碟中取食物放入口中；

（6）洗澡：自己进行淋浴或盆浴。

3.3.2　肢体机能完全丧失

指肢体的三大关节中的两大关节僵硬，或不能随意识活动。肢体是指包括肩关节的整个上肢或包括髋关节的整个下肢。

3.3.3　语言能力或咀嚼吞咽能力完全丧失

语言能力完全丧失，指无法发出四种语音（包括口唇音、齿舌音、口盖音和喉头音）中的任何三种，或声带全部切除，或因大脑语言中枢受伤害而患失语症。

咀嚼吞咽能力完全丧失，指因牙齿以外的原因导致器质障碍或机能障碍，以致不能作咀嚼吞咽运动，除流质食物外不能摄取或吞咽的状态。

3.3.4　永久不可逆

指自疾病确诊或意外伤害发生之日起，经过积极治疗180天后，仍无法通过现有医疗手段恢复。

3.3.5　专科医生

专科医生应当同时满足以下四项资格条件：（1）具有有效的中华人民共和国《医师资格证书》；（2）具有有效的中华人民共和国《医师执业证书》，并按期到相关部门登记注册；（3）具有有效的中华人民共和国主治医师或主治医师以上职称的《医师职称证书》；（4）在二级或二级以上医院的相应科室从事临床工作三年以上。

3.3.6 感染艾滋病病毒或患艾滋病

艾滋病病毒指人类免疫缺陷病毒，英文缩写为 HIV。艾滋病指人类免疫缺陷病毒引起的获得性免疫缺陷综合征，英文缩写为 AIDS。

在人体血液或其他样本中检测到艾滋病病毒或其抗体呈阳性，没有出现临床症状或体征的，为感染艾滋病病毒；如果同时出现了明显临床症状或体征的，为患艾滋病。

3.3.7 遗传性疾病

指生殖细胞或受精卵的遗传物质（染色体和基因）发生突变或畸变所引起的疾病，通常具有由亲代传至后代的垂直传递的特征。

3.3.8 先天性畸形、变形或染色体异常

指被保险人出生时就具有的畸形、变形或染色体异常。先天性畸形、变形和染色体异常依照世界卫生组织《疾病和有关健康问题的国际统计分类》（ICD-10）确定。

4. 重大疾病保险宣传材料的相关规定

在重大疾病保险的宣传材料中，如果保障的疾病名称单独出现，应当采用以下主标题和副标题结合的形式。

4.1 恶性肿瘤——不包括部分早期恶性肿瘤

4.2 急性心肌梗死

4.3 脑中风后遗症——永久性的功能障碍

4.4 重大器官移植术或造血干细胞移植术——须异体移植手术

4.5 冠状动脉搭桥术（或称冠状动脉旁路移植术）——须开胸手术

4.6 终末期肾病（或称慢性肾功能衰竭尿毒症期）——须透析治疗或肾脏移植手术

4.7 多个肢体缺失——完全性断离

4.8 急性或亚急性重症肝炎

4.9 良性脑肿瘤——须开颅手术或放射治疗

4.10 慢性肝功能衰竭失代偿期——不包括酗酒或药物滥用所致

4.11 脑炎后遗症或脑膜炎后遗症——永久性的功能障碍

4.12 深度昏迷——不包括酗酒或药物滥用所致

4.13 双耳失聪——永久不可逆

注：如果保险公司仅承担被保险人在某年龄之后的保障责任，须在副标题中注明。

4.14 双目失明——永久不可逆

注：如果保险公司仅承担被保险人在某年龄之后的保障责任，须在副标题中注明。

4.15 瘫痪——永久完全

4.16 心脏瓣膜手术——须开胸手术

4.17 严重阿尔茨海默病——自主生活能力完全丧失

注：如果保险公司仅承担被保险人在某年龄之前的保障责任，须在副标题中注明。

4.18 严重脑损伤——永久性的功能障碍

4.19 严重帕金森病——自主生活能力完全丧失

注：如果保险公司仅承担被保险人在某年龄之前的保障责任，须在副标题中注明。

4.20 严重Ⅲ度烧伤——至少达体表面积的20%

4.21 严重原发性肺动脉高压——有心力衰竭表现

4.22 严重运动神经元病——自主生活能力完全丧失

注：如果保险公司仅承担被保险人在某年龄之前的保障责任，须在副标题中注明。

4.23 语言能力丧失——完全丧失且经积极治疗至少12个月

注：如果保险公司仅承担被保险人在某年龄之后的保障责任，须在副标题中注明。

4.24 重型再生障碍性贫血

4.25 主动脉手术——须开胸或开腹手术

5. 附则

5.1 中国保险行业协会建立常设机构，研究重大疾病保险相关疾病医疗实践的进展情况，并组织人员定期对疾病定义及规范进行修订。

5.2 本规范自发布之日起施行。2007年8月1日后，保险公司签订的保险期间主要为成年人（十八周岁以上）阶段的重大疾病保险合同应当符合本规范。对本规范施行前已经签订的重大疾病保险合同，保险公司要做好相关服务工作。

5.3 本规范由中国保险行业协会负责解释。

九、《人身保险伤残评定标准》

前言

根据保险行业业务发展要求，制订本标准。

本标准制订过程中参照世界卫生组织《国际功能、残疾和健康分类》（以下简称 ICF）的理论与方法，建立新的残疾标准的理论架构、术语体系和分类方法。

本标准制订过程中参考了国内重要的伤残评定标准，如《劳动能力鉴定，职工工伤与职业病致残等级》、《道路交通事故受伤人员伤残评定》等，符合国内相关的残疾政策，同时参考了国际上其他国家、地区的伤残分级原则和标准。

本标准建立了保险行业人身保险伤残评定和保险金给付比例的基础，各保险公司应根据自身的业务特点，根据本标准的方法、内容和结构，开发保险产品，提供保险服务。

本标准负责起草单位：中国保险行业协会。

本标准规定了人身保险伤残程度的评定等级以及保险金给付比例的原则和方法，人身保险伤残程度分为一至十级，保险金给付比例分为 10% 至 100% 。

1. 适用范围

本标准适用于意外险产品或包括意外责任的保险产品中的伤残保障，用于评定由于意外伤害因素引起的伤残程度。

2. 术语和定义

下列术语和定义适用于本标准。

2.1　伤残：因意外伤害损伤所致的人体残疾。

2.2　身体结构：指身体的解剖部位，如器官、肢体及其组成部分。

2.3　身体功能：指身体各系统的生理功能。

3. 标准的内容和结构

本标准参照 ICF 有关功能和残疾的分类理论与方法，建立“神经系统的结构和精神功能”“眼，耳和有关的结构和功能”“发声和言语的结构和功能”“心血管，免疫和呼吸系统的结构和功能”“消化、代谢和内分泌系统有关的结构和功能”“泌尿和生殖系统有关的结构和功能”“神经肌肉骨骼和运动有关的结构和功能”和“皮肤和有关的结构和功能”8大类，共281项人身保险伤残条目。

本标准对功能和残疾进行了分类和分级，将人身保险伤残程度划分为一至十级，最重为第一级，最轻为第十级。

与人身保险伤残程度等级相对应的保险金给付比例分为十档，伤残程度第一级对应的保险金给付比例为100%，伤残程度第十级对应的保险金给付比例为10%，每级相差10%。

4. 伤残的评定原则

4.1　确定伤残类别：评定伤残时，应根据人体的身体结构与功能损伤情况确定所涉及的伤残类别。

4.2　确定伤残等级：应根据伤残情况，在同类别伤残下，确定伤残等级。

4.3　确定保险金给付比例：应根据伤残等级对应的百分比，确定保险金给付比例。

4.4　多处伤残的评定原则：当同一保险事故造成两处或两处以上伤残时，应首先对各处伤残程度分别进行评定，如果几处伤残等级不同，以最重的伤残等级作为最终的评定结论；如果两处或两处以上伤残等级相同，伤残等级在原评定基础上最多晋升一级，最高晋升至第一级。同一部位和性质的伤残，不应采用本标准条文两条以上或者同一条文两次以上进行评定。

5. 说明

本标准中“以上”均包括本数值或本部位。

人身保险伤残评定标准（行业标准）

说明：本标准对功能和残疾进行了分类和分级，将人身保险伤残程度划分为一至十级，最重为第一级，最轻为第十级。与人身保险伤残程度等级相对应的保险金给付比例分为十档，伤残程度第一级对应的保险金给付比例为100%，伤残程度第十级对应的保险金给付比例为10%，每级相差10%。

1. 神经系统的结构和精神功能

外伤性脑脊液鼻漏或耳漏	10级

1.1 脑膜的结构损伤

1.2 脑的结构损伤，智力功能障碍

颅脑损伤导致极度智力缺损（智商小于等于20），日常生活完全不能自理，处于完全护理依赖状态	1级
颅脑损伤导致重度智力缺损（智商小于等于34），日常生活需随时有人帮助才能完成，处于完全护理依赖状态	2级
颅脑损伤导致重度智力缺损（智商小于等于34），不能完全独立生活，需经常有人监护，处于大部分护理依赖状态	3级
颅脑损伤导致中度智力缺损（智商小于等于49），日常生活能力严重受限，间或需要帮助，处于大部分护理依赖状态	4级

注：（1）护理依赖：应用"基本日常生活活动能力"的丧失程度来判断护理依赖程度。

（2）基本日常生活活动是指：①穿衣：自己能够穿衣及脱衣；②移动：自己从一个房间到另一个房间；③行动：自己上下床或上下轮椅；④如厕：自己控制进行大小便；⑤进食：自己从已准备好的碗或碟中取食物放入口中；⑥洗澡：自己进行淋浴或盆浴。

（3）护理依赖的程度分三级：①完全护理依赖指生活完全不能自理，上述六项基本日常生活活动均需护理者；②大部分护理依赖指生活大部不能自理，上述六项基本日常生活活动中三项或三项以上需要护理者；③部分护理依赖指部分生活不能自理，上述六项基本日常生活活动中一项或一项以上需要护理者。

1.3 意识功能障碍

意识功能是指意识和警觉状态下的一般精神功能，包括清醒和持续的觉醒状态。本标准中的意识功能障碍是指颅脑损伤导致植物状态。

颅脑损伤导致植物状态	1级

注：植物状态指由于严重颅脑损伤造成认知功能丧失，无意识活动，不能执行命令，保持自主呼吸和血压，有睡眠—醒觉周期，不能理解和表达语言，能自动睁眼或刺激下睁眼，可有无目的性眼球跟踪运动，丘脑下部及脑干功能基本保存。

2. 眼，耳和有关的结构和功能

2.1 眼球损伤或视功能障碍

视功能是指与感受存在的光线和感受视觉刺激的形式、大小、形状和颜色等有关的感觉功能。本标准中的视功能障碍是指眼盲目或低视力。

双侧眼球缺失	1级
一侧眼球缺失，且另一侧眼盲目5级	1级
一侧眼球缺失，且另一侧眼盲目4级	2级
一侧眼球缺失，且另一侧眼盲目3级	3级
一侧眼球缺失，且另一侧眼低视力2级	4级
一侧眼球缺失，且另一侧眼低视力1级	5级
一侧眼球缺失	7级

2.2 视功能障碍

除眼盲目和低视力外，本标准中的视功能障碍还包括视野缺损。

双眼盲目5级	2级
双眼视野缺损，直径小于5°	2级
双眼盲目大于等于4级	3级
双眼视野缺损，直径小于10°	3级
双眼盲目大于等于3级	4级
双眼视野缺损，直径小于20°	4级
双眼低视力大于等于2级	5级
双眼低视力大于等于1级	6级
双眼视野缺损，直径小于60°	6级
一眼盲目5级	7级
一眼视野缺损，直径小于5°	7级
一眼盲目大于等于4级	8级
一眼视野缺损，直径小于10°	8级
一眼盲目大于等于3级	9级
一眼视野缺损，直径小于20°	9级
一眼低视力大于等于1级	10级
一眼视野缺损，直径小于60°	10级

注：①视力和视野。

如果中心视力好而视野缩小，以中央注视点为中心，视野直径小于20°而大于10°者为盲目3级；如直径小于10°者为盲目4级。

本标准视力以矫正视力为准，经治疗而无法恢复者。

②视野缺损指因损伤导致眼球注视前方而不转动所能看到的空间范围缩窄，以致难以从事正常工作、学习或其他活动。

级别		低视力及盲目分级标准	
		最好矫正视力	
		最好矫正视力低于	最低矫正视力等于或优于
低视力	1	0.3	0.1
	2	0.1	0.05（三米指数）
盲目	3	0.05	0.02（一米指数）
	4	0.02	光感
	5	无光感	

2.3 眼球的晶状体结构损伤

外伤性白内障	10级

注：外伤性白内障：凡未做手术者，均适用本条；外伤性白内障术后遗留相关视功能障碍，参照有关条款评定伤残等级。

2.4　眼睑结构损伤

双侧眼睑显著缺损	8级
双侧眼睑外翻	8级
双侧眼睑闭合不全	8级
一侧眼睑显著缺损	9级
一侧眼睑外翻	9级
一侧眼睑闭合不全	9级

注：眼睑显著缺损指闭眼时眼睑不能完全覆盖角膜。

2.5　耳廓结构损伤或听功能障碍

听功能是指与感受存在的声音和辨别方位、音调、音量和音质有关的感觉功能。

双耳听力损失大于等于91dB，且双侧耳廓缺失	2级
双耳听力损失大于等于91dB，且一侧耳廓缺失	3级
一耳听力损失大于等于91dB，另一耳听力损失大于等于71dB，且一侧耳廓缺失，另一侧耳廓缺失大于等于50%	3级
双耳听力损失大于等于71dB，且双侧耳廓缺失	3级
双耳听力损失大于等于71dB，且一侧耳廓缺失	4级
双耳听力损失大于等于56dB，且双侧耳廓缺失	4级
一耳听力损失大于等于91dB，另一耳听力损失大于等于71dB，且一侧耳廓缺失大于等于50%	4级
双耳听力损失大于等于71dB，且一侧耳廓缺失大于等于50%	5级
双耳听力损失大于等于56dB，且一侧耳廓缺失	5级
双侧耳廓缺失	5级
一侧耳廓缺失，且另一侧耳廓缺失大于等于50%	6级
一侧耳廓缺失	8级
一侧耳廓缺失大于等于50%	9级

2.6　听功能障碍

双耳听力损失大于等于91dB	4级
双耳听力损失大于等于81dB	5级
一耳听力损失大于等于91dB，且另一耳听力损失大于等于71dB	5级
双耳听力损失大于等于71dB	6级
一耳听力损失大于等于91dB，且另一耳听力损失大于等于56dB	6级
一耳听力损失大于等于91dB，且另一耳听力损失大于等于41dB	7级
一耳听力损失大于等于71dB，且另一耳听力损失大于等于56dB	7级
一耳听力损失大于等于71dB，且另一耳听力损失大于等于41dB	8级
一耳听力损失大于等于91dB	8级
一耳听力损失大于等于56dB，且另一耳听力损失大于等于41dB	9级
一耳听力损失大于等于71dB	9级
双耳听力损失大于等于26dB	10级
一耳听力损失大于等于56dB	10级

3. 发声和言语的结构和功能

3.1　鼻的结构损伤

外鼻部完全缺失	5 级
外鼻部大部分缺损	7 级
鼻尖及一侧鼻翼缺损	8 级
双侧鼻腔或鼻咽部闭锁	8 级
一侧鼻翼缺损	9 级
单侧鼻腔或鼻孔闭锁	10 级

3.2　口腔的结构损伤

舌缺损大于全舌的2/3	3 级
舌缺损大于全舌的1/3	6 级
口腔损伤导致牙齿脱落大于等于16 枚	9 级
口腔损伤导致牙齿脱落大于等于8 枚	10 级

3.3　发声和言语的功能障碍

本标准中的发声和言语的功能障碍是指语言功能丧失。

语言功能完全丧失	8 级

注：语言功能完全丧失指构成语言的口唇音、齿舌音、口盖音和喉头音的四种语言功能中，有三种以上不能构声或声带全部切除，或因大脑语言中枢受伤害而患失语症，并须有资格的耳鼻喉科医师出具医疗诊断证明，但不包括任何心理障碍引致的失语。

4. 心血管，免疫和呼吸系统的结构和功能

4.1　心脏的结构损伤或功能障碍

胸部损伤导致心肺联合移植	1 级
胸部损伤导致心脏贯通伤修补术后，心电图有明显改变	3 级
胸部损伤导致心肌破裂修补	8 级

4.2　脾结构损伤

腹部损伤导致脾切除	8 级
腹部损伤导致脾部分切除	9 级
腹部损伤导致脾破裂修补	10 级

4.3　肺的结构损伤

胸部损伤导致一侧全肺切除	4 级
胸部损伤导致双侧肺叶切除	4 级
胸部损伤导致同侧双肺叶切除	5 级
胸部损伤导致肺叶切除	7 级

4.4　胸廓的结构损伤

本标准中的胸廓的结构损伤是指肋骨骨折或缺失。

胸部损伤导致大于等于12根肋骨骨折	8级
胸部损伤导致大于等于8根肋骨骨折	9级
胸部损伤导致大于等于4根肋骨缺失	9级
胸部损伤导致大于等于4根肋骨骨折	10级
胸部损伤导致大于等于2根肋骨缺失	10级

5. 消化、代谢和内分泌系统有关的结构和功能

5.1　咀嚼和吞咽功能障碍

咀嚼是指用后牙（如磨牙）碾、磨或咀嚼食物的功能。吞咽是指通过口腔、咽和食道把食物和饮料以适宜的频率和速度送入胃中的功能。

咀嚼、吞咽功能完全丧失	1级

注：咀嚼、吞咽功能丧失指由于牙齿以外的原因引起器质障碍或机能障碍，以致不能做咀嚼、吞咽运动，除流质食物外不能摄取或吞咽的状态。

5.2　肠的结构损伤

腹部损伤导致小肠切除大于等于90%	1级
腹部损伤导致小肠切除大于等于75%，合并短肠综合征	2级
腹部损伤导致小肠切除大于等于75%	4级
腹部或骨盆部损伤导致全结肠、直肠、肛门结构切除，回肠造瘘	4级
腹部或骨盆部损伤导致直肠、肛门切除，且结肠部分切除，结肠造瘘	5级
腹部损伤导致小肠切除大于等于50%，且包括回盲部切除	6级
腹部损伤导致小肠切除大于等于50%	7级
腹部损伤导致结肠切除大于等于50%	7级
腹部损伤导致结肠部分切除	8级
骨盆部损伤导致直肠、肛门损伤，且遗留永久性乙状结肠造口	9级
骨盆部损伤导致直肠、肛门损伤，且瘢痕形成	10级

5.3　胃结构损伤

腹部损伤导致全胃切除	4级
腹部损伤导致胃切除大于等于50%	7级

5.4　胰结构损伤或代谢功能障碍

本标准中的代谢功能障碍是指胰岛素依赖。

腹部损伤导致胰完全切除	1 级
腹部损伤导致胰切除大于等于 50%，且伴有胰岛素依赖	3 级
腹部损伤导致胰头、十二指肠切除	4 级
腹部损伤导致胰切除大于等于 50%	6 级
腹部损伤导致胰部分切除	8 级

5.5 肝结构损伤

腹部损伤导致肝切除大于等于 75%	2 级
腹部损伤导致肝切除大于等于 50%	5 级
腹部损伤导致肝部分切除	8 级

6. 泌尿和生殖系统有关的结构和功能

6.1 泌尿系统的结构损伤

腹部损伤导致双侧肾切除	1 级
腹部损伤导致孤肾切除	1 级
骨盆部损伤导致双侧输尿管缺失	5 级
骨盆部损伤导致双侧输尿管闭锁	5 级
骨盆部损伤导致一侧输尿管缺失，另一侧输尿管闭锁	5 级
骨盆部损伤导致膀胱切除	5 级
骨盆部损伤导致尿道闭锁	5 级
骨盆部损伤导致一侧输尿管缺失，另一侧输尿管严重狭窄	7 级
骨盆部损伤导致一侧输尿管闭锁，另一侧输尿管严重狭窄	7 级
腹部损伤导致一侧肾切除	8 级
骨盆部损伤导致双侧输尿管严重狭窄	8 级
骨盆部损伤导致一侧输尿管缺失，另一侧输尿管狭窄	8 级
骨盆部损伤导致一侧输尿管闭锁，另一侧输尿管狭窄	8 级
腹部损伤导致一侧肾部分切除	9 级
骨盆部损伤导致一侧输尿管缺失	9 级
骨盆部损伤导致一侧输尿管闭锁	9 级
骨盆部损伤导致尿道狭窄	9 级
骨盆部损伤导致膀胱部分切除	9 级
腹部损伤导致肾破裂修补	10 级
骨盆部损伤导致一侧输尿管严重狭窄	10 级
骨盆部损伤导致膀胱破裂修补	10 级

6.2　生殖系统的结构损伤

会阴部损伤导致双侧睾丸缺失	3 级
会阴部损伤导致双侧睾丸完全萎缩	3 级
会阴部损伤导致一侧睾丸缺失，另一侧睾丸完全萎缩	3 级
会阴部损伤导致阴茎体完全缺失	4 级
会阴部损伤导致阴道闭锁	5 级
会阴部损伤导致阴茎体缺失大于 50%	5 级
会阴部损伤导致双侧输精管缺失	6 级
会阴部损伤导致双侧输精管闭锁	6 级
会阴部损伤导致一侧输精管缺失，另一侧输精管闭锁	6 级
胸部损伤导致女性双侧乳房缺失	7 级
骨盆部损伤导致子宫切除	7 级
胸部损伤导致女性一侧乳房缺失，另一侧乳房部分缺失	8 级
胸部损伤导致女性一侧乳房缺失	9 级
骨盆部损伤导致子宫部分切除	9 级
骨盆部损伤导致子宫破裂修补	10 级
会阴部损伤导致一侧睾丸缺失	10 级
会阴部损伤导致一侧睾丸完全萎缩	10 级
会阴部损伤导致一侧输精管缺失	10 级
会阴部损伤导致一侧输精管闭锁	10 级

7. 神经肌肉骨骼和运动有关的结构和功能

7.1　头颈部的结构损伤

双侧上颌骨完全缺失	2 级
双侧下颌骨完全缺失	2 级
一侧上颌骨及对侧下颌骨完全缺失	2 级
同侧上、下颌骨完全缺失	3 级
上颌骨、下颌骨缺损，且牙齿脱落大于等于 24 枚	3 级
一侧上颌骨完全缺失	3 级
一侧下颌骨完全缺失	3 级
一侧上颌骨缺损大于等于 50%，且口腔、颜面部软组织缺损大于 20 平方厘米	4 级
一侧下颌骨缺损大于等于 6 厘米，且口腔、颜面部软组织缺损大于 20 平方厘米	4 级
面颊部洞穿性缺损大于 20 平方厘米	4 级
上颌骨、下颌骨缺损，且牙齿脱落大于等于 20 枚	5 级
一侧上颌骨缺损大于 25%，小于 50%，且口腔、颜面部软组织缺损大于 10 平方厘米	5 级
一侧下颌骨缺损大于等于 4 厘米，且口腔、颜面部软组织缺损大于 10 平方厘米	5 级

续表

一侧上颌骨缺损等于25%，且口腔、颜面部软组织缺损大于10平方厘米	6级
面部软组织缺损大于20平方厘米，且伴发涎瘘	6级
上颌骨、下颌骨缺损，且牙齿脱落大于等于16枚	7级
上颌骨、下颌骨缺损，且牙齿脱落大于等于12枚	8级
上颌骨、下颌骨缺损，且牙齿脱落大于等于8枚	9级
上颌骨、下颌骨缺损，且牙齿脱落大于等于4枚	10级
颅骨缺损大于等于6平方厘米	10级

7.2 头颈部关节功能障碍

单侧颞下颌关节强直，张口困难Ⅲ度	6级
双侧颞下颌关节强直，张口困难Ⅲ度	6级
双侧颞下颌关节强直，张口困难Ⅱ度	8级
一侧颞下颌关节强直，张口困难Ⅰ度	10级

注：张口困难判定及测量方法是以患者自身的食指、中指、无名指并列垂直置入上、下中切牙切缘间测量。正常张口度指张口时上述三指可垂直置入上、下切牙切缘间（相当于4.5厘米左右）；张口困难Ⅰ度指大张口时，只能垂直置入食指和中指（相当于3厘米左右）；张口困难Ⅱ度指大张口时，只能垂直置入食指（相当于1.7厘米左右）；张口困难Ⅲ度指大张口时，上、下切牙间距小于食指之横径。

7.3 上肢的结构损伤，手功能或关节功能障碍

双手完全缺失	4级
双手完全丧失功能	4级
一手完全缺失，另一手完全丧失功能	4级
双手缺失（或丧失功能）大于等于90%	5级
双手缺失（或丧失功能）大于等于70%	6级
双手缺失（或丧失功能）大于等于50%	7级
一上肢三大关节中，有两个关节完全丧失功能	7级
一上肢三大关节中，有一个关节完全丧失功能	8级
双手缺失（或丧失功能）大于等于30%	8级
双手缺失（或丧失功能）大于等于10%	9级
双上肢长度相差大于等于10厘米	9级
双上肢长度相差大于等于4厘米	10级
一上肢三大关节中，因骨折累及关节面导致一个关节功能部分丧失	10级

注：手缺失和丧失功能的计算：一手拇指占一手功能的36%，其中末节和近节指节各占18%；食指、中指各占一手功能的18%，其中末节指节占8%，中节指节占7%，近节指节占3%；无名指和小指各占一手功能的9%，其中末节指节占4%，中节指节占3%，近节指节占2%。一手掌占一手功能的10%，其中第一掌骨占4%，第二、第三掌骨各占2%，第四、第五掌骨各占1%。本标准中，双手缺失或丧失功能的程度是按前面方式累加计算的结果。

7.4 骨盆部的结构损伤

骨盆环骨折，且两下肢相对长度相差大于等于8厘米	7级
髋臼骨折，且两下肢相对长度相差大于等于8厘米	7级
骨盆环骨折，且两下肢相对长度相差大于等于6厘米	8级
髋臼骨折，且两下肢相对长度相差大于等于6厘米	8级
骨盆环骨折，且两下肢相对长度相差大于等于4厘米	9级
髋臼骨折，且两下肢相对长度相差大于等于4厘米	9级
骨盆环骨折，且两下肢相对长度相差大于等于2厘米	10级
髋臼骨折，且两下肢相对长度相差大于等于2厘米	10级

7.5 下肢的结构损伤，足功能或关节功能障碍

双足跗跖关节以上缺失	6级
双下肢长度相差大于等于8厘米	7级
一下肢三大关节中，有两个关节完全丧失功能	7级
双足足弓结构完全破坏	7级
一足跗跖关节以上缺失	7级
双下肢长度相差大于等于6厘米	8级
一足足弓结构完全破坏，另一足足弓结构破坏大于等于1/3	8级
双足十趾完全缺失	8级
一下肢三大关节中，有一个关节完全丧失功能	8级
双足十趾完全丧失功能	8级
双下肢长度相差大于等于4厘米	9级
一足足弓结构完全破坏	9级
双足十趾中，大于等于五趾缺失	9级
一足五趾完全丧失功能	9级
一足足弓结构破坏大于等于1/3	10级
双足十趾中，大于等于两趾缺失	10级
双下肢长度相差大于等于2厘米	10级
一下肢三大关节中，因骨折累及关节面导致一个关节功能部分丧失	10级

注：①足弓结构破坏：指意外损伤导致的足弓缺失或丧失功能。

②足弓结构完全破坏指足的内、外侧纵弓和横弓结构完全破坏，包括缺失和丧失功能；足弓1/3结构破坏指足三弓的任一弓的结构破坏。

③足趾缺失：指自趾关节以上完全切断。

7.6 四肢的结构损伤，肢体功能或关节功能障碍

三肢以上缺失（上肢在腕关节以上，下肢在踝关节以上）	1级
三肢以上完全丧失功能	1级
二肢缺失（上肢在腕关节以上，下肢在踝关节以上），且第三肢完全丧失功能	1级
一肢缺失（上肢在腕关节以上，下肢在踝关节以上），且另二肢完全丧失功能	1级
二肢缺失（上肢在肘关节以上，下肢在膝关节以上）	2级
一肢缺失（上肢在肘关节以上，下肢在膝关节以上），且另一肢完全丧失功能	2级
二肢完全丧失功能	2级
一肢缺失（上肢在腕关节以上，下肢在踝关节以上），且另一肢完全丧失功能	3级
二肢缺失（上肢在腕关节以上，下肢在踝关节以上）	3级
两上肢，或两下肢，或一上肢及一下肢，各有三大关节中的两个关节完全丧失功能	4级
一肢缺失（上肢在肘关节以上，下肢在膝关节以上）	5级
一肢完全丧失功能	5级
一肢缺失（上肢在腕关节以上，下肢在踝关节以上）	6级
四肢长骨一骺板以上粉碎性骨折	9级

注：①骺板：骺板的定义只适用于儿童，四肢长骨骺板骨折可能影响肢体发育，如果存在肢体发育障碍的，应当另行评定伤残等级。

②肢体丧失功能指意外损伤导致肢体三大关节（上肢腕关节、肘关节、肩关节或下肢踝关节、膝关节、髋关节）功能的丧失。

③关节功能的丧失指关节永久完全僵硬，或麻痹，或关节不能随意识活动。

7.7 脊柱结构损伤和关节活动功能障碍

本标准中的脊柱结构损伤是指颈椎或腰椎的骨折脱位，本标准中的关节活动功能障碍是指颈部或腰部活动度丧失。

脊柱骨折脱位导致颈椎或腰椎畸形愈合，且颈部或腰部活动度丧失大于等于75%	7级
脊柱骨折脱位导致颈椎或腰椎畸形愈合，且颈部或腰部活动度丧失大于等于50%	8级
脊柱骨折脱位导致颈椎或腰椎畸形愈合，且颈部或腰部活动度丧失大于等于25%	9级

7.8 肌肉力量功能障碍

肌肉力量功能是指与肌肉或肌群收缩产生力量有关的功能。本标准中的肌肉力量功能障碍是指四肢瘫、偏瘫、截瘫或单瘫。

四肢瘫（三肢以上肌力小于等于3级）	1级
截瘫（肌力小于等于2级）且大便和小便失禁	1级
四肢瘫（二肢以上肌力小于等于2级）	2级
偏瘫（肌力小于等于2级）	2级
截瘫（肌力小于等于2级）	2级
四肢瘫（二肢以上肌力小于等于3级）	3级

续表

偏瘫（肌力小于等于3级）	3级
截瘫（肌力小于等于3级）	3级
四肢瘫（二肢以上肌力小于等于4级）	4级
偏瘫（一肢肌力小于等于2级）	5级
截瘫（一肢肌力小于等于2级）	5级
单瘫（肌力小于等于2级）	5级
偏瘫（一肢肌力小于等于3级）	6级
截瘫（一肢肌力小于等于3级）	6级
单瘫（肌力小于等于3级）	6级
偏瘫（一肢肌力小于等于4级）	7级
截瘫（一肢肌力小于等于4级）	7级
单瘫（肌力小于等于4级）	8级

注：①偏瘫指一侧上下肢的瘫痪。
②截瘫指脊髓损伤后，受伤平面以下双侧肢体感觉、运动、反射等消失和膀胱、肛门括约肌功能丧失的病症。
③单瘫指一个肢体或肢体的某一部分瘫痪。
④肌力：为判断肢体瘫痪程度，将肌力分级划分为0—5级。
0级：肌肉完全瘫痪，毫无收缩。
1级：可看到或触及肌肉轻微收缩，但不能产生动作。
2级：肌肉在不受重力影响下，可进行运动，即肢体能在床面上移动，但不能抬高。
3级：在和地心引力相反的方向中尚能完成其动作，但不能对抗外加的阻力。
4级：能对抗一定的阻力，但较正常人为低。
5级：正常肌力。

8. 皮肤和有关的结构和功能

8.1　头颈部皮肤结构损伤和修复功能障碍

皮肤的修复功能是指修复皮肤破损和其他损伤的功能。本标准中的皮肤修复功能障碍是指瘢痕形成。

头颈部Ⅲ度烧伤，面积大于等于全身体表面积的8%	2级
面部皮肤损伤导致瘢痕形成，且瘢痕面积大于等于面部皮肤面积的90%	2级
颈部皮肤损伤导致瘢痕形成，颈部活动度完全丧失	3级
面部皮肤损伤导致瘢痕形成，且瘢痕面积大于等于面部皮肤面积的80%	3级
颈部皮肤损伤导致瘢痕形成，颈部活动度丧失大于等于75%	4级
面部皮肤损伤导致瘢痕形成，且瘢痕面积大于等于面部皮肤面积的60%	4级
头颈部Ⅲ度烧伤，面积大于等于全身体表面积的5%，且小于8%	5级
颈部皮肤损伤导致瘢痕形成，颈部活动度丧失大于等于50%	5级
面部皮肤损伤导致瘢痕形成，且瘢痕面积大于等于面部皮肤面积的40%	5级

续表

面部皮肤损伤导致瘢痕形成，且瘢痕面积大于等于面部皮肤面积的20%	6级
头部撕脱伤后导致头皮缺失，面积大于等于头皮面积的20%	6级
颈部皮肤损伤导致颈前三角区瘢痕形成，且瘢痕面积大于等于颈前三角区面积的75%	7级
面部皮肤损伤导致瘢痕形成，且瘢痕面积大于等于24平方厘米	7级
头颈部Ⅲ度烧伤，面积大于等于全身体表面积的2%，且小于5%	8级
颈部皮肤损伤导致颈前三角区瘢痕形成，且瘢痕面积大于等于颈前三角区面积的50%	8级
面部皮肤损伤导致瘢痕形成，且瘢痕面积大于等于18平方厘米	8级
面部皮肤损伤导致瘢痕形成，且瘢痕面积大于等于12平方厘米或面部线条状瘢痕大于等于20厘米	9级
面部皮肤损伤导致瘢痕形成，且瘢痕面积大于等于6平方厘米或面部线条状瘢痕大于等于10厘米	10级

注：①瘢痕：指创面愈合后的增生性瘢痕，不包括皮肤平整、无明显质地改变的萎缩性瘢痕或疤痕。

②面部的范围和瘢痕面积的计算：面部的范围指上至发际、下至下颌下缘、两侧至下颌支后缘之间的区域，包括额部、眼部、眶部、鼻部、口唇部、颏部、颧部、颊部和腮腺咬肌部。面部瘢痕面积的计算采用全面部和5等分面部以及实测瘢痕面积的方法，分别计算瘢痕面积。面部多处瘢痕，其面积可以累加计算。

③颈前三角区：两边为胸锁乳突肌前缘，底为舌骨体上缘及下颌骨下缘。

8.2 各部位皮肤结构损伤和修复功能障碍

皮肤损伤导致瘢痕形成，且瘢痕面积大于等于全身体表面积的90%	1级
躯干及四肢Ⅲ度烧伤，面积大于等于全身皮肤面积的60%	1级
皮肤损伤导致瘢痕形成，且瘢痕面积大于等于全身体表面积的80%	2级
皮肤损伤导致瘢痕形成，且瘢痕面积大于等于全身体表面积的70%	3级
躯干及四肢Ⅲ度烧伤，面积大于等于全身皮肤面积的40%	3级
皮肤损伤导致瘢痕形成，且瘢痕面积大于等于全身体表面积的60%	4级
皮肤损伤导致瘢痕形成，且瘢痕面积大于等于全身体表面积的50%	5级
躯干及四肢Ⅲ度烧伤，面积大于等于全身皮肤面积的20%	5级
皮肤损伤导致瘢痕形成，且瘢痕面积大于等于全身体表面积的40%	6级
腹部损伤导致腹壁缺损面积大于等于腹壁面积的25%	6级
皮肤损伤导致瘢痕形成，且瘢痕面积大于等于全身体表面积的30%	7级
躯干及四肢Ⅲ度烧伤，面积大于等于全身皮肤面积的10%	7级
皮肤损伤导致瘢痕形成，且瘢痕面积大于等于全身体表面积的20%	8级
皮肤损伤导致瘢痕形成，且瘢痕面积大于等于全身体表面积的5%	9级

注：①全身皮肤瘢痕面积的计算：按皮肤瘢痕面积占全身体表面积的百分数来计算，即中国新九分法：在100%的体表总面积中：头颈部占9%（9%×1）（头部、面部、颈部各占3%）；双上肢占18%（9%×2）（双上臂7%，双前臂6%，双手5%）；躯干前后包括会阴占27%（9%×3）（前躯13%，后躯13%，会阴1%）；双下肢（含臀部）占46%（双臀5%，双大腿21%，双小腿13%，双足7%）（9%×5+1%）（女性双足和臀各占6%）。

②烧伤面积和烧伤深度：烧伤面积的计算按中国新九分法，烧伤深度按三度四分法。Ⅲ度烧伤指烧伤深达皮肤全层甚至达到皮下、肌肉和骨骼。烧伤事故不包括冻伤、吸入性损伤（又称呼吸道烧伤）和电击伤。烧伤后按烧伤面积、深度评定伤残等级，待医疗终结后，可以依据造成的功能障碍程度、皮肤瘢痕面积大小评定伤残等级，最终的伤残等级以严重者为准。

十、《最高人民法院关于适用〈中华人民共和国保险法〉若干问题的解释（一）》

（2009年9月21日　法释〔2009〕12号）

为正确审理保险合同纠纷案件，切实维护当事人的合法权益，现就人民法院适用2009年2月28日第十一届全国人大常委会第七次会议修订的《中华人民共和国保险法》（以下简称保险法）的有关问题规定如下：

第一条　保险法施行后成立的保险合同发生的纠纷，适用保险法的规定。保险法施行前成立的保险合同发生的纠纷，除本解释另有规定外，适用当时的法律规定；当时的法律没有规定的，参照适用保险法的有关规定。

认定保险合同是否成立，适用合同订立时的法律。

第二条　对于保险法施行前成立的保险合同，适用当时的法律认定无效而适用保险法认定有效的，适用保险法的规定。

第三条　保险合同成立于保险法施行前而保险标的转让、保险事故、理赔、代位求偿等行为或事件，发生于保险法施行后的，适用保险法的规定。

第四条　保险合同成立于保险法施行前，保险法施行后，保险人以投保人未履行如实告知义务或者申报被保险人年龄不真实为由，主张解除合同的，适用保险法的规定。

第五条　保险法施行前成立的保险合同，下列情形下的期间自2009年10月1日起计算：

（一）保险法施行前，保险人收到赔偿或者给付保险金的请求，保险法施行后，适用保险法第二十三条规定的三十日的；

（二）保险法施行前，保险人知道解除事由，保险法施行后，按照保险法第十六条、第三十二条的规定行使解除权，适用保险法第十六条规定的三十日的；

（三）保险法施行后，保险人按照保险法第十六条第二款的规定请求解除合同，适用保险法第十六条规定的二年的；

（四）保险法施行前，保险人收到保险标的转让通知，保险法施行后，以保险标的转让导致危险程度显著增加为由请求按照合同约定增加保险费或者解除合同，适用保险法第四十九条规定的三十日的。

第六条 保险法施行前已经终审的案件，当事人申请再审或者按照审判监督程序提起再审的案件，不适用保险法的规定。

十一、《最高人民法院关于适用〈中华人民共和国保险法〉若干问题的解释（二）》

（2013 年 5 月 31 日　法释〔2013〕14 号）

为正确审理保险合同纠纷案件，切实维护当事人的合法权益，根据《中华人民共和国保险法》《中华人民共和国合同法》《中华人民共和国民事诉讼法》等法律规定，结合审判实践，就保险法中关于保险合同一般规定部分有关法律适用问题解释如下：

第一条 财产保险中，不同投保人就同一保险标的分别投保，保险事故发生后，被保险人在其保险利益范围内依据保险合同主张保险赔偿的，人民法院应予支持。

第二条 人身保险中，因投保人对被保险人不具有保险利益导致保险合同无效，投保人主张保险人退还扣减相应手续费后的保险费的，人民法院应予支持。

第三条 投保人或者投保人的代理人订立保险合同时没有亲自签字或者盖章，而由保险人或者保险人的代理人代为签字或者盖章的，对投保人不生效。但投保人已经缴纳保险费的，视为其对代签字或者盖章行为的追认。

保险人或者保险人的代理人代为填写保险单证后经投保人签字或者盖章确认的，代为填写的内容视为投保人的真实意思表示。但有证据证明保险人或者保险人的代理人存在保险法第一百一十六条、第一百三十一条相关规定情形的除外。

第四条 保险人接受了投保人提交的投保单并收取了保险费，尚未做出是否承保的意思表示，发生保险事故，被保险人或者受益人请求保险人按照保险合同承担赔偿或者给付保险金责任，符合承保条件的，人民法院应予支持；不符合承保条件的，保险人不承担保险责任，但应当退还已经收取的保险费。

保险人主张不符合承保条件的，应承担举证责任。

第五条 保险合同订立时，投保人明知的与保险标的或者被保险人有关的情况，属于保险法第十六条第一款规定的投保人“应当如实告知”的内容。

第六条 投保人的告知义务限于保险人询问的范围和内容。当事人对询问范围及内容有争议的，保险人负举证责任。

保险人以投保人违反了对投保单询问表中所列概括性条款的如实告知义务为由请求解除合同的，人民法院不予支持。但该概括性条款有具体内容的除外。

第七条 保险人在保险合同成立后知道或者应当知道投保人未履行如实告知义务，仍然收取保险费，又依照保险法第十六条第二款的规定主张解除合同的，人民法院不予支持。

第八条 保险人未行使合同解除权，直接以存在保险法第十六条第四款、第五款规定的情形为由拒绝赔偿的，人民法院不予支持。但当事人就拒绝赔偿事宜及保险合同存续另行达成一致的情况除外。

第九条 保险人提供的格式合同文本中的责任免除条款、免赔额、免赔率、比例赔付或者给付等免除或者减轻保险人责任的条款，可以认定为保险法第十七条第二款规定的“免除保险人责任的条款”。

保险人因投保人、被保险人违反法定或者约定义务，享有解除合同权利的条款，不属于保险法第十七条第二款规定的“免除保险人责任的条款”。

第十条 保险人将法律、行政法规中的禁止性规定情形作为保险合同免责条款的免责事由，保险人对该条款做出提示后，投保人、被保险人或者受益人以保险人未履行明确说明义务为由主张该条款不生效的，人民法院不予支持。

第十一条 保险合同订立时，保险人在投保单或者保险单等其他保险凭证上，对保险合同中免除保险人责任的条款，以足以引起投保人注意的文字、字体、符号或者其他明显标志做出提示的，人民法院应当认定其履行了保险法第十七条第二款规定的提示义务。

保险人对保险合同中有关免除保险人责任条款的概念、内容及其法律后果以书面或者口头形式向投保人做出常人能够理解的解释说明的，人民法院应当认定保险人履行了保险法第十七条第二款规定的明确说明义务。

第十二条 通过网络、电话等方式订立的保险合同，保险人以网页、音频、视频等形式对免除保险人责任条款予以提示和明确说明的，人民法院可以认定其履行了提示和明确说明义务。

第十三条 保险人对其履行了明确说明义务负举证责任。

投保人对保险人履行了符合本解释第十一条第二款要求的明确说明义务在相

关文书上签字、盖章或者以其他形式予以确认的，应当认定保险人履行了该项义务。但另有证据证明保险人未履行明确说明义务的除外。

第十四条 保险合同中记载的内容不一致的，按照下列规则认定：

（一）投保单与保险单或者其他保险凭证不一致的，以投保单为准。但不一致的情形系经保险人说明并经投保人同意的，以投保人签收的保险单或者其他保险凭证载明的内容为准；

（二）非格式条款与格式条款不一致的，以非格式条款为准；

（三）保险凭证记载的时间不同的，以形成时间在后的为准；

（四）保险凭证存在手写和打印两种方式的，以双方签字、盖章的手写部分的内容为准。

第十五条 保险法第二十三条规定的三十日核定期间，应自保险人初次收到索赔请求及投保人、被保险人或者受益人提供的有关证明和资料之日起算。

保险人主张扣除投保人、被保险人或者受益人补充提供有关证明和资料期间的，人民法院应予支持。扣除期间自保险人根据保险法第二十二条规定做出的通知到达投保人、被保险人或者受益人之日起，至投保人、被保险人或者受益人按照通知要求补充提供的有关证明和资料到达保险人之日止。

第十六条 保险人应以自己的名义行使保险代位求偿权。

根据保险法第六十条第一款的规定，保险人代位求偿权的诉讼时效期间应自其取得代位求偿权之日起算。

第十七条 保险人在其提供的保险合同格式条款中对非保险术语所做的解释符合专业意义，或者虽不符合专业意义，但有利于投保人、被保险人或者受益人的，人民法院应予认可。

第十八条 行政管理部门依据法律规定制作的交通事故认定书、火灾事故认定书等，人民法院应当依法审查并确认其相应的证明力，但有相反证据能够推翻的除外。

第十九条 保险事故发生后，被保险人或者受益人起诉保险人，保险人以被保险人或者受益人未要求第三者承担责任为由抗辩不承担保险责任的，人民法院不予支持。

财产保险事故发生后，被保险人就其所受损失从第三者取得赔偿后的不足部分提起诉讼，请求保险人赔偿的，人民法院应予依法受理。

第二十条 保险公司依法设立并取得营业执照的分支机构属于《中华人民共

和国民事诉讼法》第四十八条规定的其他组织，可以作为保险合同纠纷案件的当事人参加诉讼。

第二十一条　本解释施行后尚未终审的保险合同纠纷案件，适用本解释；本解释施行前已经终审，当事人申请再审或者按照审判监督程序决定再审的案件，不适用本解释。

十二、《最高人民法院关于适用〈中华人民共和国保险法〉若干问题的解释（三）》

（2015 年 11 月 25 日　法释〔2015〕21 号）

为正确审理保险合同纠纷案件，切实维护当事人的合法权益，根据《中华人民共和国保险法》《中华人民共和国合同法》《中华人民共和国民事诉讼法》等法律规定，结合审判实践，就保险法中关于保险合同章人身保险部分有关法律适用问题解释如下：

第一条　当事人订立以死亡为给付保险金条件的合同，根据保险法第三十四条的规定，“被保险人同意并认可保险金额”可以采取书面形式、口头形式或者其他形式；可以在合同订立时做出，也可以在合同订立后追认。

有下列情形之一的，应认定为被保险人同意投保人为其订立保险合同并认可保险金额：

（一）被保险人明知他人代其签名同意而未表示异议的；

（二）被保险人同意投保人指定的受益人的；

（三）有证据足以认定被保险人同意投保人为其投保的其他情形。

第二条　被保险人以书面形式通知保险人和投保人撤销其依据保险法第三十四条第一款规定所做出的同意意思表示的，可认定为保险合同解除。

第三条　人民法院审理人身保险合同纠纷案件时，应主动审查投保人订立保险合同时是否具有保险利益，以及以死亡为给付保险金条件的合同是否经过被保险人同意并认可保险金额。

第四条　保险合同订立后，因投保人丧失对被保险人的保险利益，当事人主张保险合同无效的，人民法院不予支持。

第五条 保险合同订立时，被保险人根据保险人的要求在指定医疗服务机构进行体检，当事人主张投保人如实告知义务免除的，人民法院不予支持。

保险人知道被保险人的体检结果，仍以投保人未就相关情况履行如实告知义务为由要求解除合同的，人民法院不予支持。

第六条 未成年人父母之外的其他履行监护职责的人为未成年人订立以死亡为给付保险金条件的合同，当事人主张参照保险法第三十三条第二款、第三十四条第三款的规定认定该合同有效的，人民法院不予支持，但经未成年人父母同意的除外。

第七条 当事人以被保险人、受益人或者他人已经代为支付保险费为由，主张投保人对应的交费义务已经履行的，人民法院应予支持。

第八条 保险合同效力依照保险法第三十六条规定中止，投保人提出恢复效力申请并同意补交保险费的，除被保险人的危险程度在中止期间显著增加外，保险人拒绝恢复效力的，人民法院不予支持。

保险人在收到恢复效力申请后，三十日内未明确拒绝的，应认定为同意恢复效力。

保险合同自投保人补交保险费之日恢复效力。保险人要求投保人补交相应利息的，人民法院应予支持。

第九条 投保人指定受益人未经被保险人同意的，人民法院应认定指定行为无效。

当事人对保险合同约定的受益人存在争议，除投保人、被保险人在保险合同之外另有约定外，按照以下情形分别处理：

（一）受益人约定为“法定”或者“法定继承人”的，以继承法规定的法定继承人为受益人；

（二）受益人仅约定为身份关系，投保人与被保险人为同一主体的，根据保险事故发生时与被保险人的身份关系确定受益人；投保人与被保险人为不同主体的，根据保险合同成立时与被保险人的身份关系确定受益人；

（三）受益人的约定包括姓名和身份关系，保险事故发生时身份关系发生变化的，认定为未指定受益人。

第十条 投保人或者被保险人变更受益人，当事人主张变更行为自变更意思表示发出时生效的，人民法院应予支持。

投保人或者被保险人变更受益人未通知保险人，保险人主张变更对其不发生效力的，人民法院应予支持。

投保人变更受益人未经被保险人同意的，人民法院应认定变更行为无效。

第十一条　投保人或者被保险人在保险事故发生后变更受益人，变更后的受益人请求保险人给付保险金的，人民法院不予支持。

第十二条　投保人或者被保险人指定数人为受益人，部分受益人在保险事故发生前死亡、放弃受益权或者依法丧失受益权的，该受益人应得的受益份额按照保险合同的约定处理；保险合同没有约定或者约定不明的，该受益人应得的受益份额按照以下情形分别处理：

（一）未约定受益顺序和受益份额的，由其他受益人平均享有；

（二）未约定受益顺序但约定受益份额的，由其他受益人按照相应比例享有；

（三）约定受益顺序但未约定受益份额的，由同顺序的其他受益人平均享有；同一顺序没有其他受益人的，由后一顺序的受益人平均享有；

（四）约定受益顺序和受益份额的，由同顺序的其他受益人按照相应比例享有；同一顺序没有其他受益人的，由后一顺序的受益人按照相应比例享有。

第十三条　保险事故发生后，受益人将与本次保险事故相对应的全部或者部分保险金请求权转让给第三人，当事人主张该转让行为有效的，人民法院应予支持，但根据合同性质、当事人约定或者法律规定不得转让的除外。

第十四条　保险金根据保险法第四十二条规定作为被保险人的遗产，被保险人的继承人要求保险人给付保险金，保险人以其已向持有保险单的被保险人的其他继承人给付保险金为由抗辩的，人民法院应予支持。

第十五条　受益人与被保险人存在继承关系，在同一事件中死亡且不能确定死亡先后顺序的，人民法院应根据保险法第四十二条第二款的规定推定受益人死亡在先，并按照保险法及本解释的相关规定确定保险金归属。

第十六条　保险合同解除时，投保人与被保险人、受益人为不同主体，被保险人或者受益人要求退还保险单的现金价值的，人民法院不予支持，但保险合同另有约定的除外。

投保人故意造成被保险人死亡、伤残或者疾病，保险人依照保险法第四十三条规定退还保险单的现金价值的，其他权利人按照被保险人、被保险人继承人的顺序确定。

第十七条　投保人解除保险合同，当事人以其解除合同未经被保险人或者受益人同意为由主张解除行为无效的，人民法院不予支持，但被保险人或者受益人已向投保人支付相当于保险单现金价值的款项并通知保险人的除外。

第十八条 保险人给付费用补偿型的医疗费用保险金时，主张扣减被保险人从公费医疗或者社会医疗保险取得的赔偿金额的，应当证明该保险产品在厘定医疗费用保险费率时已经将公费医疗或者社会医疗保险部分相应扣除，并按照扣减后的标准收取保险费。

第十九条 保险合同约定按照基本医疗保险的标准核定医疗费用，保险人以被保险人的医疗支出超出基本医疗保险范围为由拒绝给付保险金的，人民法院不予支持；保险人有证据证明被保险人支出的费用超过基本医疗保险同类医疗费用标准，要求对超出部分拒绝给付保险金的，人民法院应予支持。

第二十条 保险人以被保险人未在保险合同约定的医疗服务机构接受治疗为由拒绝给付保险金的，人民法院应予支持，但被保险人因情况紧急必须立即就医的除外。

第二十一条 保险人以被保险人自杀为由拒绝给付保险金的，由保险人承担举证责任。

受益人或者被保险人的继承人以被保险人自杀时无民事行为能力为由抗辩的，由其承担举证责任。

第二十二条 保险法第四十五条规定的“被保险人故意犯罪”的认定，应当以刑事侦查机关、检察机关和审判机关的生效法律文书或者其他结论性意见为依据。

第二十三条 保险人主张根据保险法第四十五条的规定不承担给付保险金责任的，应当证明被保险人的死亡、伤残结果与其实施的故意犯罪或者抗拒依法采取的刑事强制措施的行为之间存在因果关系。

被保险人在羁押、服刑期间因意外或者疾病造成伤残或者死亡，保险人主张根据保险法第四十五条的规定不承担给付保险金责任的，人民法院不予支持。

第二十四条 投保人为被保险人订立以死亡为给付保险金条件的保险合同，被保险人被宣告死亡后，当事人要求保险人按照保险合同约定给付保险金的，人民法院应予支持。

被保险人被宣告死亡之日在保险责任期间之外，但有证据证明下落不明之日在保险责任期间之内，当事人要求保险人按照保险合同约定给付保险金的，人民法院应予支持。

第二十五条 被保险人的损失系由承保事故或者非承保事故、免责事由造成难以确定，当事人请求保险人给付保险金的，人民法院可以按照相应比例予以支持。

第二十六条　本解释自2015年12月1日起施行。本解释施行后尚未终审的保险合同纠纷案件，适用本解释；本解释施行前已经终审，当事人申请再审或者按照审判监督程序决定再审的案件，不适用本解释。

十三、《最高人民法院关于适用〈中华人民共和国保险法〉若干问题的解释（四）》

（2018年7月31日　法释〔2018〕13号）

为正确审理保险合同纠纷案件，切实维护当事人的合法权益，根据《中华人民共和国保险法》《中华人民共和国合同法》《中华人民共和国民事诉讼法》等法律规定，结合审判实践，就保险法中财产保险合同部分有关法律适用问题解释如下：

第一条　保险标的已交付受让人，但尚未依法办理所有权变更登记，承担保险标的毁损灭失风险的受让人，依照保险法第四十八条、第四十九条的规定主张行使被保险人权利的，人民法院应予支持。

第二条　保险人已向投保人履行了保险法规定的提示和明确说明义务，保险标的受让人以保险标的的转让后保险人未向其提示或者明确说明为由，主张免除保险人责任的条款不生效的，人民法院不予支持。

第三条　被保险人死亡，继承保险标的的当事人主张承继被保险人的权利和义务的，人民法院应予支持。

第四条　人民法院认定保险标的是否构成保险法第四十九条、第五十二条规定的“危险程度显著增加”时，应当综合考虑以下因素：

（一）保险标的用途的改变；

（二）保险标的使用范围的改变；

（三）保险标的所处环境的变化；

（四）保险标的因改装等原因引起的变化；

（五）保险标的使用人或者管理人的改变；

（六）危险程度增加持续的时间；

（七）其他可能导致危险程度显著增加的因素。

保险标的危险程度虽然增加，但增加的危险属于保险合同订立时保险人预见或者应当预见的保险合同承保范围的，不构成危险程度显著增加。

第五条 被保险人、受让人依法及时向保险人发出保险标的转让通知后，保险人做出答复前，发生保险事故，被保险人或者受让人主张保险人按照保险合同承担赔偿保险金的责任的，人民法院应予支持。

第六条 保险事故发生后，被保险人依照保险法第五十七条的规定，请求保险人承担为防止或者减少保险标的的损失所支付的必要、合理费用，保险人以被保险人采取的措施未产生实际效果为由抗辩的，人民法院不予支持。

第七条 保险人依照保险法第六十条的规定，主张代位行使被保险人因第三者侵权或者违约等享有的请求赔偿的权利的，人民法院应予支持。

第八条 投保人和被保险人为不同主体，因投保人对保险标的的损害而造成保险事故，保险人依法主张代位行使被保险人对投保人请求赔偿的权利的，人民法院应予支持，但法律另有规定或者保险合同另有约定的除外。

第九条 在保险人以第三者为被告提起的代位求偿权之诉中，第三者以被保险人在保险合同订立前已放弃对其请求赔偿的权利为由进行抗辩，人民法院认定上述放弃行为合法有效，保险人就相应部分主张行使代位求偿权的，人民法院不予支持。

保险合同订立时，保险人就是否存在上述放弃情形提出询问，投保人未如实告知，导致保险人不能代位行使请求赔偿的权利，保险人请求返还相应保险金的，人民法院应予支持，但保险人知道或者应当知道上述情形仍同意承保的除外。

第十条 因第三者对保险标的的损害而造成保险事故，保险人获得代位请求赔偿的权利的情况未通知第三者或者通知到达第三者前，第三者在被保险人已经从保险人处获赔的范围内又向被保险人做出赔偿，保险人主张代位行使被保险人对第三者请求赔偿的权利的，人民法院不予支持。保险人就相应保险金主张被保险人返还的，人民法院应予支持。

保险人获得代位请求赔偿的权利的情况已经通知到第三者，第三者又向被保险人做出赔偿，保险人主张代位行使请求赔偿的权利，第三者以其已经向被保险人赔偿为由抗辩的，人民法院不予支持。

第十一条 被保险人因故意或者重大过失未履行保险法第六十三条规定的义

务，致使保险人未能行使或者未能全部行使代位请求赔偿的权利，保险人主张在其损失范围内扣减或者返还相应保险金的，人民法院应予支持。

第十二条 保险人以造成保险事故的第三者为被告提起代位求偿权之诉的，以被保险人与第三者之间的法律关系确定管辖法院。

第十三条 保险人提起代位求偿权之诉时，被保险人已经向第三者提起诉讼的，人民法院可以依法合并审理。

保险人行使代位求偿权时，被保险人已经向第三者提起诉讼，保险人向受理该案的人民法院申请变更当事人，代位行使被保险人对第三者请求赔偿的权利，被保险人同意的，人民法院应予准许；被保险人不同意的，保险人可以作为共同原告参加诉讼。

第十四条 具有下列情形之一的，被保险人可以依照保险法第六十五条第二款的规定请求保险人直接向第三者赔偿保险金：

（一）被保险人对第三者所负的赔偿责任经人民法院生效裁判、仲裁裁决确认；

（二）被保险人对第三者所负的赔偿责任经被保险人与第三者协商一致；

（三）被保险人对第三者应负的赔偿责任能够确定的其他情形。

前款规定的情形下，保险人主张按照保险合同确定保险赔偿责任的，人民法院应予支持。

第十五条 被保险人对第三者应负的赔偿责任确定后，被保险人不履行赔偿责任，且第三者以保险人为被告或者以保险人与被保险人为共同被告提起诉讼时，被保险人尚未向保险人提出直接向第三者赔偿保险金的请求的，可以认定为属于保险法第六十五条第二款规定的“被保险人怠于请求”的情形。

第十六条 责任保险的被保险人因共同侵权依法承担连带责任，保险人以该连带责任超出被保险人应承担的责任份额为由，拒绝赔付保险金的，人民法院不予支持。保险人承担保险责任后，主张就超出被保险人责任份额的部分向其他连带责任人追偿的，人民法院应予支持。

第十七条 责任保险的被保险人对第三者所负的赔偿责任已经生效判决确认并已进入执行程序，但未获得清偿或者未获得全部清偿，第三者依法请求保险人赔偿保险金，保险人以前述生效判决已进入执行程序为由抗辩的，人民法院不予支持。

第十八条 商业责任险的被保险人向保险人请求赔偿保险金的诉讼时效期间，

自被保险人对第三者应负的赔偿责任确定之日起计算。

第十九条 责任保险的被保险人与第三者就被保险人的赔偿责任达成和解协议且经保险人认可，被保险人主张保险人在保险合同范围内依据和解协议承担保险责任的，人民法院应予支持。

被保险人与第三者就被保险人的赔偿责任达成和解协议，未经保险人认可，保险人主张对保险责任范围以及赔偿数额重新予以核定的，人民法院应予支持。

第二十条 责任保险的保险人在被保险人向第三者赔偿之前向被保险人赔偿保险金，第三者依照保险法第六十五条第二款的规定行使保险金请求权时，保险人以其已向被保险人赔偿为由拒绝赔偿保险金的，人民法院不予支持。保险人向第三者赔偿后，请求被保险人返还相应保险金的，人民法院应予支持。

第二十一条 本解释自2018年9月1日起施行。

本解释施行后人民法院正在审理的一审、二审案件，适用本解释；本解释施行前已经终审，当事人申请再审或者按照审判监督程序决定再审的案件，不适用本解释。